정신과 의사로서 풍부한 임상 경험을 가진 저자는, 우리가 매일의 삶에서 너무 자주 느끼기 때문에 쉽게 지나치는 수치심이라는 감정이 우리의 정체성과 관계에 끼치는 해악을 신경생물학과 성경을 바탕으로 설득력 있게 풀어낸다. 무엇보다도 4차 산업 혁명 시대의 인재가 갖추어야 할 가장 중요한 자질인 창조성이 수치심이 사라질수록 더 많이 발현된다는 저자의 주장은, 그리스도인과 비그리스도인 모두, 특히 아이들을 교육하는 이들이 더 깊이 귀 기울여야 할 중요한 통찰이라고 생각한다.

김상일 작가, 서평 쓰는 남자 블로그(www.likeellul.com) 운영자

아주 빠르게 영위되는 현대의 삶에서 커트 톰슨 박사는 인간 영혼의 역학과, 특히 치유되지 않은 수치심의 치명적 영향력에 고도로 집중한다. 목회자의 마음과 외과의의 수련을 갖춘 톰슨 박사는 수치심을 켜켜이 파헤치고 또 치유되지 않은 채 방치된 수치심이 삶을 파괴하는 양상을 보여 준다. 그가 받은 정신 의학 및 의학 훈련 그리고 예수님의 삶과 정신에 대한 사랑과 헌신으로, 그는 우리에게 참된 삶의 유일한 근원으로 가는 길을 안내하는 동시에 그 질병을 진단하고 치료할 특별한 자격을 부여받는다. 수치심의 영향력 아래에서 고통당하는 모든 사람이 이 중요한 책에서 유익을 얻을 것이다.

게일 비브 웨스트몬트 대학 총장

수치심은 숨겨진 파괴적 영향력을 우리에게 행사할 때가 많다. 하지만 『수치심』은 우리가 서로와 함께 그리고 우리를 향한 하나님의 사랑의 이야기에서 자유를 발견하도록 권한다. 커트 톰슨은 함께 치유와 번영을 이루는 이야기로 우리를 초대하기 위해 경험, 통찰력 있는 이야기들, 과학, 성경을 함께 엮는다. 이 탁월한 책은 오랫동안 나의 생각과 관계를 이끌어 가는 데 도움이 될 것이다.

켄트 아난 After Shock와 Following Jesus Through the Eye of the Needle의 저자

누가 자기 영혼의 알려지지 않은 고통스러운 부분들, 악이 몸과 뇌와 마음에 부조화와 와해를 초래한 그 부분들을 탐험하기 원하겠는가? 그러나 커트 톰슨은 우리에게 이 일을 권한다. 우리의 오래된 이야기에서 수치심에 의해 우리는 자신의 부적절한 면이 노출될 수 있다는 흔한 핵심적 두려움에 사로잡혀 있다. 어렵지만 필요한 의학적 조치를 받는 과정 내내 우리에게 용기를 북돋워 주는 숙련된 외과의처럼, 톰슨은 우리를 우리의 오래된 이야기로부터 자유롭게 하기 위해 노력한다. 그 두려움을 명명하는 것은 우리 자신의 영혼뿐만 아니라 결혼 생활, 가족, 공동체, 교회, 일터에서도 치유와 희망에 이르는 길이다. 이 책은 도전적이고 지극히 생명을 주는 책으로서, 생각, 감정, 신체 감각으로 이루어진 우리의 내면 세계를 현대 뇌 과학의 흥미진진한

연구 결과와 관련짓는 법을 가르쳐 준다. 그리고 무엇보다도 우리가 그분의 사랑과 기쁨과 은총의 빛 안에서 숨김없이 살아가기를 바라시는 하나님의 열망에 관한 성경의 이야기와 우리의 내면 세계를 관련짓는 법을 가르쳐 준다. 이 과정에서 톰슨이 정신과 의사로서 일하면서 얻은 대단히 흥미로운 이야기 다수가 활용된다. 그렇게 새로운 이야기들이 태어난다.

리처드 윈터 심리 치료사, 커버넌트 신학교 실천신학 교수이자 상담 책임자

무엇보다도 커트 톰슨은 복잡하게 뒤얽힌 수치심의 덤불을 통과하도록 돕는 지혜롭고 친절하며 관대한 안내자다. 수치심보다 더 손쉽게 사람들을 숨게 만드는 단어나 주제는 없다. 게다가 수치심은 우리의 일생에서 기쁨을 죽이는 음침하고 무자비한 살해자다. 커트는 성경의 지혜, 신경과학 연구, 영향력 있는 이야기들을 엮어서 망토 하나를 만들어 낸다. 그 망토는 우리의 수치심을 가리기 위한 것이 아니다. 그 망토는, 우리에게 자유와 경이를 허락하지 않는 존재를 우리가 알아볼 수 있게 해 주는 표지 역할을 한다. 이 책은 권위 있는 저작으로, 사려 깊게 쓰였으며 설득력과 변화시키는 힘을 지녔다.

댄 알렌더 시애틀 신학 및 심리학대학원 상담 심리학 교수이자 설립 총장

커트 톰슨은 정직하고도 솔직한 책을 썼다. 우리의 자아 위축에 대해서는 솔직하고, 대안에 대해서는 정직하다. 그는 인간의 실상을 예민하게 관찰하고, 의미심장하고 설득력 있는 방식으로 성경을 읽는다. 이러한 특성들이 모여 많은 독자에게 변화와 해방을 가져올 수 있는 한 권의 책이 탄생했다. 내가 여러 저술을 읽고 생각한 끝에 얻은 것은 교회가 죄책감의 문제에 너무 많은 시간을 들였다는 인식이다. 죄책감에서 수치심으로 옮겨 가는 것은 숨 막히는 규칙에서 관계로 옮겨 가는 것이다. 관계는 우리에게 상처를 줄 수 있으나 치유 능력도 가지고 있다. 이 책은 우리의 현재 시제와 발생 가능한 미래에 대해 알고 있는 지혜로운 책이다.

월터 브루그만 콜럼비아 신학교

이 책은 시기적절하고 특별하며 적실성을 지녔다. 탄탄한 연구를 기반으로 논리적으로 구성되어 있다. 탁월한 정신과 의사이며 신경과학자인 커트 톰슨의 지혜와 전문성과 경험이 새로운 자료 및 그에 적합한 실제 이야기들을 통해 빛난다. 이 책이 특별한 것은 이론과 질문을 제안하는 데 그치지 않고 대답과 설명과 해결책을 제시하기 때문이다. 이 책은 신학적 저작으로서, 이 책의 전제는 수치심의 '영혼'에 관한 것이다. 이 점이 이 책을 독보적인 것으로 만든다. 그러나 무엇보다도 이것은 인간적인 책으로서, 우리 모두에 관한 것이며 우리가 보고 느끼는 바와 반응하는 방식에 관한

것이다. 이 책을 읽는 모든 이의 삶은 변화될 것이다.…이 책은 수치심에 대한 논의에서 하나의 기준이 될 운명을 지니고 있다.

스콧 밀른 뉴질랜드의 사업가, 결혼 생활 코치

20년 전 처음으로 교육 분야에서 경력을 쌓기 시작할 때 『수치심』을 읽을 수 있었다면 얼마나 좋았을까. 이 책은 학교에서 일하는 우리에게 엄청난 영향력을 가진다. 우리 모두가 한때는 학생들이었기에, 수치심이 교실에 숨어서 불화, 의심, 낙담의 씨앗들을 뿌리는 방식에 대해 증언할 수 있다. 『수치심』에서 커트 톰슨은 대인관계 신경생물학이라는 신생 분야와 기독교 신학을 능숙하게 결합한다. 이 두 학문은 그가 치료사로서의 업무 그리고 남편, 아버지, 아들, 형제, 친구, 예수님을 따르는 자로서의 다양한 역할을 수행할 때 구체화되고 이해된다. 톰슨은 이야기와 과학을 배합하여 신경생물학의 자세한 사항에 쉽게 접근하도록 도와주며, 각자의 이야기 안에서 수치심의 해로운 영향을 탐색하도록 독자를 초대한다. 도시의 암울한 빈곤 지역에 사는 아이들을 섬기고자 노력하는 교육가로서 나는 인간다운 풍성한 삶과 샬롬을 위한 이상적 환경을 조성하고픈 우리의 바람에 대해 논의할 때가 많다. 그런 나에게 커트 톰슨은 우리의 최대 적 중 하나를 명명하고 더 잘 이해할 수 있는 언어를 제공해 주었다. 그 적은 바로 수치심이다. 그러나 더 중요한 것은, 『수치심』이 수치심을 경멸하고 취약성과 기쁨과 공동체가 확장될 수 있는 틀을 제공한다는 점이다.

벤틀리 크래프트 웨스트 달라스 커뮤니티 학교 교장

커트 톰슨은 지혜로운 치료사의 안목으로 수치심이 인간의 죄의 결과일 뿐만 아니라 치명적인 '감정적' 무기이기도 하다는 점을 보여 준다. 그 수치심은 죄의 근원에 자리 잡고서 우리를 하나님으로부터, 타인들로부터, 하나님의 아름답고 선한 창조 세계 안에 있는 우리의 자리로부터 멀어지게 한다. 그러나 톰슨은, 그리스도 안에서 하나님이 우리의 수치심을 치유하기를 원하신다는 점을 일깨워 준다. 수치심은 우리가 무가치하며 사랑받지 못한다고, 뒤로 물러나 우리 자신을 보호해야 한다고 말한다. 그러나 복음은 우리가 취약한 모습을 드러내고 수치심으로부터 해방될 자유를 준다. 왜냐하면 우리가 그분의 기쁨에 참여할 수 있도록 우리의 수치심을 떠맡으신 그분이 우리를 알고 사랑하시기 때문이다. 당신이 수치심을 경험한다면, 다시 말해 당신이 인간이라면 이 책은 당신에게 좋은 소식을 전할 것이다.

워렌 킹혼 듀크 대학교 의료 센터와 듀크 신학대학원

톰슨은 심리학, 신경생물학, 신학, 그리고 그가 알아 온 환자들의 실제 이야기를 능수능란하게 엮어서, 수치심의 어두운 영역에서 나올 수 있는 통로를 보여 주고 희망과

치유에 이르는 출구로 우리를 인도한다. 우리 모두는 우리가 부족하다고 말하는 수치심의 끈질긴 목소리에서 벗어나기를 갈망한다. 그런 우리에게 이 책의 메시지는 충분히 좋은 소식이다. 그 자유에 이르는 길은 역설적인 것이다. 우리는 취약성을 두려워한다. 우리가 바로 그 취약성에 직면하기 위해 하나님의 사랑을 충분히 신뢰할 때 수치심은 할 말을 잃는다. 이 책을 읽고, 당신이 진정으로 누구인지에 대한 이야기를 발견하기 바란다. 그 이야기는 점점 커지는 자유와 온전함으로 당신을 인도할 것이다.

데이비드 슈레이더 풀 서클 그룹

마음과 영혼을 다루는 과학의 영역에 두려움 없이 들어서는 행동에는 아름다운 자유가 존재한다. 하나님은 선하시며 이 세계에 그분의 말씀과 사역이 실재한다고 가정하는 일, 또 그분의 사역 이면에 존재하는 자연 과학에 대해 알아야 할 것이 많다고 가정하는 일은 내가 보기에 솔직한 아름다움을 지닌다. 나는 과학의 이야기, 신앙의 이야기, 선과 악의 맹렬한 싸움의 이야기, 인간 경험의 이야기를 완전하게 통합하는 톰슨 박사의 능력에 감탄한다. 나는 수치심으로 인해 고군분투해 왔다. 그리고 가까운 친구들 몇 명도 많은 중압감과 슬픔을 일으키는 수치심으로 가득 찬 이야기를 지니고 있다. 이 책이 나를 감화시켰기에 나는 나의 '것들'을 드러내고 다른 이들도 그렇게 하도록 돕고 싶다.

사라 그로브즈 싱어송라이터

어느 현자가 언젠가 말한 것처럼, "인생에서 최악의 순간은 늘 원하던 모든 것을 얻고 나서 그것이 부족하다는 사실을 발견하는 때다." 커트 톰슨이 아주 명료하고 자애롭게 논증하는 것처럼, 바로 이 은밀한 부족함(not-enough-ness)이 수치심의 영혼을 구현한다. 수치심의 족쇄를 떨쳐 내기를 갈망하는 사람이라면 누구나 이 책에서 매우 유용한 수단을 잇달아 발견할 것이다.

데이비드 윌리엄스 복음주의 친구들 교회 총감독

커트 톰슨은 어둠 속에 숨어서 포착하기 어려운 현상인 수치심을 비판적으로 분석한다. 『수치심』에서 그는 신학적 렌즈를 사용하여, 수치심이란 편재하는 침투 세력으로서 마음에 혼돈을, 관계에 고립을, 영혼에 고통을 야기한다고 규정함으로써 그 실체를 드러낸다. 수치심은 관계적이므로, 그는 고립된 자아가 아니라 양육하는 공동체에서 치유를 발견한다. 모든 이가 이 명쾌한 분석으로 깨우침을 얻고, 정교한 언어에 매료되고, 공동체적 치유를 이룰 수 있다는 희망으로 가득 차게 될 것이다.

하빌 헨드릭스와 헬렌 러켈리 헌트
*Making Marriage Simple*과 *Getting the Love You Want*의 저자들

수치심에 대한 이 책을 펼칠 용기를 내기까지 나는 한 달 동안 망설였다. 나는 수치심으로부터 도망치고, 수치심의 그늘이 다가오면 무기력하게 몸을 웅크리고, 내가 누구인지에 관한 수치심의 무자비한 이야기에 속절없이 굴복하면서 인생의 대부분을 보냈다. 도대체 왜 나는 지금 (구태여!) 몸을 돌려 내 인생 전체의 주된 위협에 직면하려고 하는가? 우리 중 누구든 왜 그런 일을 하겠는가? 그 이유는 여기에 있다. 하나님이 우리를 사랑하시기 때문이다. 그리고 하나님은 우리를 사랑하시기 때문에, 우리가 달아날 때 우리를 따라오시고, 어둠 속에 있는 우리를 찾으시며, 우리 자신에 관한 새로운 이야기—참된 이야기—를 지으신다. 그 이야기에서 우리는 결국 미움받고 내쳐지는 것이 아니라 사랑받고 기꺼이 받아들여진다. 이것이 커트 톰슨이 이 책에서 내게 가르쳐 준 것이다. 그렇다. 나는 어둠에 대한 두려움을 품고 이 책을 펼쳤다. 그러나 각 장마다, 나는 누군가가 내 영혼에 새 창을 내서 전에 없던 따뜻한 빛으로 내 두려움을 가라앉히는 것처럼 느꼈다. 나는 희망을 품고 책을 읽었다. 눈물로 책에 표시를 남겼다. 감사로 책을 마쳤다. 수치심으로 괴로워하는 모든 사람에게 간청하는 마음으로 이 책을 추천한다. 숨어 있는 곳에서 나오라. 수치심이 아니라 사랑이 당신을 기다린다!

그레고리 톰슨 미국 버지니아주 샬로츠빌 트리니티 교회 담임 목사, 뉴 시티 커먼즈 상무 이사

『수치심』에서 커트 톰슨 박사는 두려움의 억압된 근원이 어떻게 인간의 행동을 (종종 무의식적으로) 지휘하는 취약성의 느낌으로 이어지는지 밝힌다. 그는 대개 어린 시절에서 유래하는 경험이 어떻게 수치심의 씨앗으로 변형되는지 실제 사례를 들어 설명한다. 이 씨앗들은 평생토록 인간의 행동을 형성하고, 결정을 내리는 데 영향을 주며, 수십 년 동안 매일의 개인적·직업적 삶에서 무의식적 반응을 일으키는 자극을 만들어 낸다. 자아를 찾는 여정에 있는 사람들, 자녀의 내면에 감정적 건강과 성숙을 위한 튼튼한 기초를 놓기 위해 애쓰는 부모들, 일터에서 획기적 혁신을 달성하기 위해 필요한 안전장치를 제공하고자 하는 경영인들까지 인간의 행동에 대한 고도의 통찰력을 구하는 많은 독자에게 이 책은 중요한 저술이다.

제이니 프라이스 노딘 버크 컨소시엄 회장

인간의 조건 안에 있는 깨어짐의 다양한 징후 가운데, 수치심보다 더 은밀하면서도 지배적인 힘을 지닌 것은 없다. 『수치심』에서 커트 톰슨은 이 어려운 주제에 관한 대화에 중요한 기여를 했다. 이 책에서 그는 수치심의 신경생물학적·관계적·영적 토대를 알아차리도록 독자를 안내하면서, 수치심의 더 어두운 의도를 폭로한다. 그것의 의도는 하나님이 우리가 살아 내기를 바라시는 아름답고 선한 이야기를 훼손하는 것이다. 그러나 톰슨은 우리를 그곳에 남겨 두지 않는다. 그는 치유와 창조성의 길로

우리를 초대하면서, 우리의 영혼뿐만 아니라 가족, 교회, 학교, 회사가 새로워질 수 있는 가능성에 대해 우리의 마음을 열도록 해 준다. 수치심에 직면하여 희망을 찾고 있다면, 생명을 불어넣는 이 책에서 시작하면 된다.

제프리 슈워츠 『뇌는 어떻게 당신을 속이는가』(갈매나무)와 *Brain Lock*의 저자

이 책은 『스크루테이프의 편지』의 정신과 의사 버전으로, 창조 이래 인류에 불리하게 사용되어 온 가장 은밀하고 파괴적인 도구를 폭로한다. 우리의 씨름은 혈과 육을 상대하는 것이 아니라는 점을 이토록 명료하게 보여 준 책은 이제껏 없었다. 톰슨 박사는 대인관계 신경생물학 분야의 임상 훈련을 활용하여, 우리의 마음결마다 존재하는 어둠의 영역에 밝은 사랑의 광선을 비추어 수치심의 영향력을 폭로하고 물리친다. 이것은 인생을 바꾸는 책이다.

니콜 존슨 '믿음의 여성들' 단체와 일하는 극작가, *Fresh Brewed Life*의 저자

'그리스도 예수 안에 있는 자에게는 결코 정죄함이 없을지도' 모르지만, 우리 중 다수의 언행은 그와 같지 않다. 당신이 자유로워지는 것을 막고 있는 요소를 당신의 삶에서 밝혀내기 위해 이 탁월한 안내서를 읽어 보라.

랍 몰 「크리스채너티 투데이」 대기자, *What Your Body Knows About God*의 저자

나는 커트의 책을 15년 동안 기다렸다. 목사이자 교수이자 임상의로서 나는 수치심이 일으키는 참사를 특히 수치심과 더불어 일어나는 파괴적 대응 기제에서 직접 목격한다. 커트는 일시적 해결책이 아니라, 하나님의 위대한 이야기 안에서 영위되는 삶에 대한 비전을 제시한다. 그 비전은 성경적으로 지혜롭고 과학적으로 타당하다. 그리고 하나님의 위대한 이야기는 우리의 수치심 이야기를 다시 서술하며, 우리로 하여금 치유를 경험하고 사명에 참여할 수 있게 해 준다. 나는 이 책을 자주 추천하게 될 것이다!

척 드그로트 웨스턴 신학교 '목회적 돌봄과 상담' 부교수, 뉴비긴 연구소 공동 설립자 및 선임 연구원, *Leaving Egypt*의 저자

수치심

IVP(InterVarsity Press)는
캠퍼스와 세상 속의 하나님 나라 운동을 지향하는
IVF(InterVarsity Christian Fellowship)의 출판부로
생각하는 그리스도인을 위한 문서 운동을 실천합니다.

The Soul of Shame
Copyright © 2015 by Curt Thompson
Translated and printed by permission of InterVarsity Press
P. O. Box 1400, Downers Grove, IL 60515, USA
www.ivpress.com
All rights reserved

Korean Edition © 2019 by Korea InterVarsity Press
156-10 Donggyo-Ro, Mapo-Gu, Seoul 04031, Republic of Korea

수치심

The Soul of Shame

수치심에 관한
성경적·신경생물학적
이해와 치유

커트 톰슨
김소영 옮김

lvp

데이비드 하퍼에게,
깊은 애정을 담아

서문: 수치심이 하려고 하는 이야기	13
1장 수치심에 관한 우리의 문제들	29
2장 수치심은 어떻게 마음을 겨냥하는가	57
3장 기쁨, 수치심, 그리고 뇌	85
4장 당신이 살고 있는 수치심의 이야기	117
5장 수치심과 성경 내러티브	145
6장 수치심의 치료법 – 취약성	173
7장 구름같이 둘러싼 치유하는 증인들	201
8장 양육 공동체에서 수치심을 저지하라	229
9장 직업적 창조성을 새롭게 하라	255
감사의 말	285
토론의 길잡이	289
주	297
참고 도서	301

서문
수치심이 하려고 하는 이야기

이 책은 수치심에 관한 것이다. 어째서 그 주제에 관해 또 다른 책이 필요한지 궁금해하는 이들이 있을지도 모른다. 수치심은 학계에서뿐만 아니라 대중 매체에서 인상적으로 되살아났다. 브레네 브라운(Brené Brown) 같은 연구자들이 유용하고 인상적인 연구에서 수치심에 초점을 맞추었으며, 토크쇼에서는 수치심이 단골 주제로 등장한다. 수치심이 우리 삶에서 차지하는 위치를 고려하면, 이러한 현상은 어떤 면에서 이해가 간다. 수치심은 실로 어디에나 있으며, 수치심에 오염되지 않은 대상은 사실상 없기 때문이다.

우리 가족에서 교회에 있는 가족에 이르기까지, 침실에서 회의실에 이르기까지, 학교에서 일터, 놀이터에 이르기까지, 미술 작업실에서 과학 및 기술 실험실에 이르기까지. 수치심은 우리의 몸, 우리의 결혼과 정치, 우리의 성공과 실패, 우리의 친구와 적, 특히 때때로 친구와 적 둘 다로 느껴질 수 있는 성경의 하나님 등, 모든 것에 대한 심상에 색을 입히는 최초의 감정적 안료다. 수치심은 전쟁을 시작하고 (놀랍게도) 전쟁을 끝내지만, 이는 그저 다시 전쟁을 시작하기 위해서다. 수치심은 부정의를 부추기며, 우리가 그 부정의에 대해 별다른 조치를 취하지 않는 것에 대한 변명을 지어낸다. 수치심은 학생들, 운동선수들, 고용인들에게 동기를 부여하기 위한 주요 수단이다. 수치심 덕에 우리는 우리와 의견을 달리하고 우리를 불편하게 하는 이들과 편리하게 거리를 유지하는 동시에, 우리가 듣고 싶어 하는 말만 해 줄 사람들의 곁에 머물 수 있다.

그렇다 하더라도 수치심의 문제가 최근에 방송을 탄 횟수를 고려하면 우리는 수치심의 모든 것을 다루어서 제시했다고 생각하기 쉽다. 이제는 그 문제를 잘 다루기 위해 할 수 있는 일을 해야 할 뿐이다. 수치심이란 것이 그것에 접근하기 위한 또 다른 관점이 필요할 만큼 그렇게 복잡한 문제란 말인가?

그런데 수치심의 치유가 그렇게 수월하다면 우리는 왜 아직도 수치심으로 인해 그리도 쉽게 무너지는 것일까? 이 책을 읽고 있는 당신은 수치심이 당신의 삶에서 하는 역할을 희미하게 인지하고 있을지도 모른다. 아니면 점점 더 많은 사람이 그것에 대해 이야기하기 때문에 흥미를 느낀 것일 수도 있다. 어쩌면 당신은 삶의 많은 부분에서 수치심을 직접 보거나 간접적으로 알아채며, 꽤 자주 그것과 씨름할 수도 있다. 이를 넘어서서, 당신은 수치심에 시달리거나 심지어 수치심에 완전히 설복당했다고 느낄지도 모른다. 그리고 당신은 할 수만 있다면 수치심을 당신의 삶으로부터 완전히 제거하려 할 것이다. 그것의 존재와 활동은 명백하다. 그것을 다루기 위한 당신의 방책이 명백히 무력한 것처럼 말이다.

우리가 수치심에 관해 알고 있는 모든 것에도 불구하고, 수치심을 (없애는 것은 고사하고) 억누르는 것은 수은을 붙잡는 일과 비슷하다. 말하자면, 그것을 더 세게 잡으려고 압박을 가할수록 그것은 더 잘 빠져 나간다. 나는 이전 저서인 『영혼의 해부』(Anatomy of the Soul)에서 기독교 영성 형성과 대인관계 신경생물학(interpersonal neurobiology)이라는 신생 분야의 연구 결과가 교차하는 지점을 탐구하였다. 나는 그 연구의 맥락에서 사람들과 동행하는 특권을 누리고 있는데, 그러는 중에 하나의 주제가 계속 고개를 든다. 그 배경이 내가 이끄는 피정이든, 내가 조언을 해 주는 회사든, 내가 강연을 하는 학회든, 내가 돌보는 환자들이든, 어떠한 것이든 상관없이 수치심이 결국 주목을 받는다. 우리의 내러티브를 변경하고 왜곡해서 고통스러운 이야기로 만들어 내는 수치심의 대인관계 신경생물학적 효과는 불쾌하긴 하지만 대단히 흥미롭다. 수치심은 어디에나 있으며, 삶의 구석구석으로 서서히 침투한다. 수치심은 치명적이며, 우리의 생각뿐 아니라 감각, 심상, 느낌 그리고 물론 궁극적으로 행동에도 만연하게 된다. 그것은 도무지 사라지지 않는 것 같다.

    수치심의 존재와 그것을 다루는 일에서 취약성(vulnerability)이 하는 필수적 역할을 효과적으로 일깨워 준 최근의 연구에 우리가 어떻게 반응하는지 살펴볼 필요가 있다. 급증하는 관심(이 책을 집필하는 시점에서 브라운의 TED 강연은 천만이 넘는 조회 수를 기록하고 있다)을 두고, 보통은 우리가 역사상 최초로 수치심을 발견하고 있다고 생각할 것이다. 확실히, 신성한 정신 분석 대기실에서도 수치심은 오랫동안 어둠 속에 머물러 있었으며, 최근 수십 년 사이에 겨우 작가들과 임상의들이 조명하기에 충분히 중요한 주제로 여겨지게 되었다.

    하지만 예전에도 이런 적이 있지 않았던가? 1988년에 존 브래드쇼(John Bradshaw)는 『수치심의 치유』(Healing the Shame that Binds

You, 한국기독교상담연구원)라는 책과 후속 PBS 시리즈를 냈다. 그로 인해 말 그대로 수백만의 독자들과 시청자들이 도움을 받았다. 이러한 방책이 있으니, 우리가 하나의 문화와 국가로서 우리의 행동을 바로잡는 일에 중대한 진전을 이루었을 것이라고 생각될 것이다. 그러나 놀랍게도 수치심은 어둠 속으로 슬그머니 모습을 감추었고, 이제야 새로운 사냥꾼 무리가 다시 그것을 탐색하고 있는 것 같다. 아무래도 우리가 브래드쇼와 다른 이들이 했던 말을 잊었거나, 애초에 주의를 기울인 적이 없었던 것 같다. 사실상 모든 세대가 수치심을 다시 처음으로 발견하는 과정에 착수해야 할 것처럼 보인다. 이 모든 것은 문화적 진보에 거는 우리의 희망이 착각이라는 것을 우리가 영혼 깊숙한 곳에서는 감지한다는 사실을 일깨워 준다.

생각해 보면, 이러한 주기는 바로 수치심에서 기인한다. 수치심은 자기의 일을 하다 노출되면 어둠 속으로 물러나고, 그런 후에 결국 전에 못지않게 강력하게 다시 나타나기를 좋아한다. 그러나 수치심이 작용하는 방식은 더 크고 더 사악한 무언가의 연장일 수도 있다. 그리고 이를 깨닫는다면 수치심의 치유가 그저 수치심에 대한 사회적 의식이 더 커져서 또는 새로운 정신 건강 훈련을 해서 나타나는 결과가 아니라는 점도 깨닫게 될 것이다. 수치심의 치유에 효과적으로 관여하기 위해 우리는 인류로서 우리의 이야기에서 수치심이 맡고 있는 역할을 알아야 한다. 그리고 이를 위해 우리는 우리가 정확히 어떤 이야기 안에서 살고 있다고 믿는지 알아야 한다. 그러므로 이 책은 단지 수치심에 관한 책이 아니다. 이것은 이야기하기(storytelling)에 관한 책이다. 다시 말해, 우리가 우리 자신에 대해 하는 이야기(물론, 타인들과 특히 하나님을 포함하는), 우리가 그 이야기를 하는 방식 그리고 더 중요하게는 수치심이 우리에 대해 하려고 하는 이야기에 관한 책이다.

우리의 이야기와 수치심의 이야기

인간인 우리를 여타의 창조 세계와 구별해 주는 모든 것 가운데 도드라지는 하나의 특징은 우리가 이야기를 한다는 점이다. 우리가 아는 다른 어떤 피조물도 우리가 하는 방식으로 이야기를 하지 않는다. (물론 특정 식물과 동물이 이야기를 할 수는 있다. 다만 **우리에게** 이야기하지는 않는다.) 우리가 알든 알지 못하든 의도하든 의도하지 않든, 우리는 이야기를 하며 일생을 살아간다. 사실 삶의 일상적 기능을 제대로 수행하면서 이야기를 하지 **않는** 법을 우리는 도무지 알지 못한다. 우리가 이야기를 하는 데는 많은 이유가 있다. 우리가 하고 있는 일을 설명하기 위해서뿐만 아니라 우리가 한 일을 해석하기 위해 이야기를 한다. 어떤 이들은, 우리에게 좀처럼 입을 다물지 않는 해설가가 있어서 우리가 살고 있는 삶에 대해 알려 주는데 그 해설가가 항상 언어만 사용하는 것은 아니라는 개념을 알고 있을 것이다. 우리 각 사람은 우리가 그 안에 자리 잡고 있다고 믿는 이야기 속에서 산다. 우리 모두가 동일하게 이를 의식하고 있는 것은 아니다. 우리가 어떤 이야기를 큰 이야기―다른 모든 이야기를 통합시키고 세계에 대한 참된 이야기가 되는―라고 믿느냐에 따라 수치심은 그에 맞추어 이해되고 다루어질 것이다.

이 책에서 나는 성경의 이야기라는 맥락에서 수치심을 살펴볼 것이다. 나중에 더 직접적으로 말하겠지만, 수치심이 이 맥락에서 이해되지 않을 경우 그것은 다른 이야기를 하는 강력한 원동력이 될 것이다. 성경의 이야기에 대한 대안들이 있는데, 이 이야기들은 수치심을 우리가 이 책에서 생각하게 될 것과는 다르게 생각한다. 예를 들어, 수치심은 자연주의적 진화론의 테두리 안에서 파악될 수 있지만, 내 생각에 그 이야기에는 극적 요소가 거의 없으며 아무런 목적도 없다. 그 이야기는 어떤 효과도 거두지 못한다. 그것은 지구와 인류가 불에 활활 타 없어지든지 꽁꽁 얼어 버리는 것으로 끝나며, 종말이 오기를 기다리는 동안 우리 자신의 실존적 의미를 창출하는 것은 우리 몫이 된다. 만약 그것이 우리가 그 안에서 살고 있는 이야기라면, 수치심은 흥미로운 토론 주제가 될 수는 있겠지만 기껏해야 감정적으로 멀미를 일으키는 역할을 할 뿐이다.

하지만 목적을 가진 이야기 속에 수치심이 단단히 새겨져 있다면? 훨씬 더 고민스러운 경우지만, 우리를 굴복시켜 죄를 짓게 하려는 악의 특성에 수치심이 적극적으로 영향을 받고 있다면?

일반적으로 연구자들은 수치심을 연구하고 논할 때마다 그것이 추상적인 감정적 혹은 인지적 현상인 것처럼 다룬다. 우리는 수치심을 그 자체의 의지를 가진 실체로서가 아니라 우리가 더 잘 조절해야 할 무언가로 설명한다. 그러나 우리가 사는 세상에서 선과 악이란 단순히 우리에게 일어나는 사건이 아니며, 오히려 좋은 또는 나쁜 **의도**를 가진 무언가 혹은 누군가의 표현이라고 나는 생각한다. 그래서 나는 수치심은 우리 개개인과 공동체를 와해시키고 하나님이 창조하신 모든 것을 파괴하려는 의도로 사용된다는 견해를 내놓을 것이다. 당신은 동의하지 않을지 모르지만, 그렇다 하더라도 나는 여전히 이 책이 당신에게 유익하리라고 생각한다.

그렇다면 이것은 수치심의 이야기에 관한 책이다. 우리가 수치심에 대해 하는 이야기, 수치심이 우리에 대해 하는 이야기, 그리고 더 본질적으로는 하나님이 처음부터 우리 모두에 관해 하고 계시는 이야기에 관한 책이다. 이 책은 또한 어떻게 성경의 이야기가 수치심을 이해할 방법뿐만 아니라 (비록 일생이 소요되더라도) 수치심을 효과적으로 처형할 방법도 제시하는지 검토한다. 이것은 가장 중요한 부분이다. 그러나 수치심의 처형이 단지 수치심을 감정적 면에서 그리고 관계에서 아주 파괴적인 골칫거리로 다루는 일하고만 관련되는 것은 아니다. 창조 세계와 그에 대한 하나님의 의도에 관해 이야기하지 않고서는 수치심에 대해 이야기할 수 없기 때문이다. 이 세계가 선함, 아름다움, 기쁨이 나타나는 세계가 되는 것이 처음부터 하나님의 목적이었다. 악은 그러한 세계가 결단코 발생하지 않도록 하려고 수치심을 주된 무기로 휘둘러 왔다. 결과적으로, 수치심과 싸우는 것은 우리가 혐오하는 대상에 맞서 싸우는 데 그치지 않는다. 그것은 우리 각자가 하나님처럼 살아가고 예수님처럼 되어 가며 예정된 대로의 존재로 성장하는 데 필요한 공간을 제공하는 일을 하는 것이다.

그렇다면 이 책의 전제는 수치심이 단순히 인류 최초의 부모가 에덴동산에서 한 일의 결과는 아니라는 점이다. 그것은 악이 (1) 우리가 하나님과 그리고 서로와 맺는 관계를 변질시키기 위해, (2) 직업적 비전과 창조성의 선물을 전부 와해시키기 위해 사용하는 감정적 무기다. 이 선물에는 타인의 삶 속에서 또 타인의 삶을 위해 선함과 아름다움과 기쁨을 증진시키는 모든 분야의 노력이 포함된다. 그것이 1학년 아이들을 가르치는 것이든, 배우자를 제대로 사랑하는 것이든, 산림을 관리하는 것이든, 치유 기도회를 이끄는 것이든, 새로운 의학 기술을 개발하는 것이든, 심리 치료를 제공하는 것이든, 교향곡을 작곡하는 것이든 말이다. 수치심은 우리가 자신에게 주어진 선물들을 사용하지 못하도록 하는 주된 수단이다. 그 선물들 덕에 우리는 예수님을 따르는 사람들로 이루어진, 빛을 지닌 공동체로서 활약할 수 있게 된다. 이 사람들은 그 공동체에 참여하고 싶어 하는 다른 이들도 그렇게 할 수 있는 공간을 창조하려고 애쓴다. 그러므로 수치심은 진화론에서 거론되는 원시 수프로부터 우리와 함께 무작위로 발생한 불운한 감정적 사건이 아니다. 그것은 하나님의 창조 세계에 대한 악의 적극적 습격의 근원이자 결과일 뿐만 아니라, 역사의 완결 지점에서 새 하늘과 새 땅이 나타날 때까지 악이 버티려 애쓰는 방법이다.

이 책은 거대한 이야기의 맥락 안에 수치심이 있다고 간주해서 그것의 역할과 의미를 다루며, 따라서 수치심이 작용하는 방식의 역학은 그 이야기의 목적 안에 들어 있다고 본다. 대인관계 신경생물학의 렌즈를 통해 그 기제들과 친숙해짐으로써, 우리는 (수치심의 목적론을 입증하지는 못하더라도) 자비와 정의가 다스리는 세계, 선함과 아름다움으로 충만하며 참된 관계의 기쁨이 우리에게 예정된 세계를 위해 하나님이 가지고 계신 목적에 협력할 방법을 찾게 된다.

앞으로의 이야기

그 목표를 위해 이 책은 다음과 같이 우리의 주제에 접근한다. 1장에서 나는 수치심에 대한 기본적 해설과 함께 우리가 수치심이 우리의 목적과 관련해 무엇을 의미한다고 가정하는지를 밝힐 것이다. 나는 우리가 일반적으로 어떻게 수치심을 경험하며, 수치심이 일상 생활에서 어떠한 성질을 지니는지 설명할 것이다. 2장과 3장은 대인관계 신경생물학적 접근법으로부터 나온 지식의 보고를 길게 다룬다. 우리는 대인관계 신경생물학적 관점에서 마음이 무엇인지, 건강하게 성장한다는 것이 무엇을 의미하는지 둘러볼 것이며, 다음으로 수치심이 마음, 관계, 공동체 안에서 어떻게 와해를 일으키는 힘으로 작용하는지 소개할 것이다.

이렇게 마련된 기초 위에서 4장은 우리가 본질적으로 이야기를 하는 피조물임을 일깨워 준다. 자신의 이야기를 아는 것은 그 이야기에서 수치심이 하는 역할을 아는 것이다. 여기서 우리는 이야기의 일반적 특징 몇 가지, 우리가 이야기를 하는 방식, 그리고 자기가 어떤 이야기 안에 살고 있다고 믿는지 아는 일의 중요성을 탐구할 것이다. 우리는 수치심이 우리가 구성하는 이야기의 원인이자 결과로서 지니는 잠재력을 알게 될 것이다. 5장은 우리를 특별히 성경 내러티브로 초대하며, 예수님을 따르는 이들이 자신이 자리 잡고 있다고 믿는 그 이야기에 비추어 수치심을 고찰하는 한 가지 방법을 제시한다. 우리는 창세기의 창조 기사에서 하나님이 의도하신 선하고 아름다운 창조 세계를 타락시키기 위해 악이 처음부터 수치심을 사용했다는 내용을 고찰한다.

6장에서 우리는 수치심의 치유의 성패에 중요한 영향을 끼치는 버팀목을 접한다. 우리는 (1) 우리가 관계적 존재이며 따라서 필연적으로 취약한 존재라는 것, (2) 수치심의 치유는 알려짐(being known)—하나님의 마음에서 시작되고 창세기에서 인간에게 제공되며 성금요일에 절정에 달하는 성경적 개념—의 경험에서 시작되고 끝난다는 것, 이 두 가지가 의미하는 바의 심층적 실재를 논의하게 될 것이다. 수치심을 치유하기 위해 우리는 구체화된 행위 안에서 다른 사람들에 대해 취약한 상태(being vulnerable)가 되어야 한다. 결코 다른 길은 없다. 그러나 앞으로 보게 되겠지만 수치심은 우리로 하여금 다른 길이 있다고 믿게 하려 할 것이다.

7장은 수치심을 구체적 방식으로 직접 다루는 일이 의미하는 바에 대한 모형을 제공한다. 히브리서와 요한복음의 구절들은 우리가 수치심을 치유하기 위해서뿐만 아니라 수치심으로부터의 구원이 더 큰 관계적 통합과 창조적 시도를 위한 기회를 낳는다는 것을 보기 위해 필요한 조건을 충족시키기 위한 지침이 되어 줄 것이다. 그런 후에 8장은 7장에서 배운 방법을 우리가 양육되는 주요 공동체(우리 가족, 교회, 교육 기관)로 확장한다. 우리는 이 영역들이 수치심을 배양하는 특유의 방식, 그리고 발달에 가장 심대한 영향을 끼치는 이 환경에서 우리의 이야기를 다시 상상하기 위해 우리가 구체적으로 할 수 있는 일에 대해 알아볼 것이다.

그다음, 우리는 이 책의 정점인 9장으로 인도된다. 이 장에서는 수치심의 치유가 어떻게 하나님이 우리를 부르신 다양한 방면에서의 새로워진 활력으로 이어지는지 탐구할 것이다. 수치심으로부터의 구원에서, 우리는 그저 더 친절하고 더 행복한 사람이 되기 위해 해방되는 것은 아니기 때문이다. 오히려 기쁨을 주는 창조성을 가지고 부르심받은 다양한 역할(육아, 가르치는 일, 기술 일에 이르기까지)에 충실하게 살아가도록 구원받는 것이다.

이 책을 읽는 데는 여러 가지 이유로 다양한 수준의 노력이 요구될 것이다. 수치심과 싸우는 데는 생각보다 더 많은 노력이 필요하다. 이 말을 하는 이유는 내가 여기에 저술되는 내용이나 그것이 논의된 방식에 (마치 그것들을 처음 보기라도 한 것처럼) 강한 인상을 받아서가 아니다. 나는 그것들에 익숙하다. 내가 내 수치심의 괴물들을 다 죽여서도 아니다. 천만의 말씀이다. 오히려 정반대다. 나는 이 문제에 직접 맞서는 것이 얼마나 어려운지 깊이 의식하고 있다. 나는 이에 대한 살아 있는 증거다. 사실, 이 책을 쓰는 바로 그 행위로 말미암아, 내 내면의 삶에서 내가 인정하고 싶은 것보다 더 많은 수치심 거주 구역이 드러났다. 책을 쓰는 과정은 부적절함에 대한 두려움, 내가 한 말이 명확하지 않거나 맞지 않거나 효과가 없을 것이라는 걱정, 내가 말할 내용이 무엇이든 다른 누군가가 더 잘 더 간단히 말할 수 있을 것이며 그는 분명 독자에게 책을 끝까지 읽기 위해 열심히 노력하라고 요구하지는 않을 것이라는 염려를 포함하는 수많은 느낌을 활성화했다. 수치심에 대한 책을 쓰는 일이 내 안에 수치심이 얼마나 깊이 뿌리박혀 있는지 드러내는 바로 그 일일 것이라고는 예상하지 못했다. 그런데 솔직히, 수치심을 처형하는 데 이렇게나 많은 노고가 필요하다면, 나는 그 과정에서 기꺼이 같은 수고를 하고자 하며 내가 혼자가 아님을 상기시켜 주는 사람들을 그 여행의 동반자로 두고 싶다.

주의할 점들

이 책에서 나는 수치심 문화, 수치-명예 문화, 혹은 수치심 사회 대 죄책감 문화와 관계 있는 특징적 사항은 다루지 않는다. 이 주제들에 관해 많은 출판물이 나와 있으니, 사회적 행동을 이해하고자 할 때는 그것들을 활용하면 된다. 우리가 여러 문화 전체에 대해 어떻게 이야기하기로 결정하든, 각 문화는 수치심과 죄책감을 나타내는 특유의 방식을 지니고 있다고 말하는 것으로 족하다. 이 근본적 감정 상태들의 사회화는 우리가 그것들을 해석하는 방식을 형성하겠지만, 수치심과 죄책감이라는 두 개의 단어는 인간의 보편적 경험을 상징한다. 이 수치-명예 문화, 죄책감 문화라는 범주들은 수치심 문화가 죄책감의 현상에 대해 알지 못하거나 경험하지 않는다고 암시하지 않으며, 죄책감 문화가 수치심을 경험하지 않는다고 암시하지도 않는다. 이 책에서 우리는 수치심을 사회적으로 구성된 결과물로서가 아니라 대인관계 신경생물학적 사건으로서 탐구한다. 그렇다고 해서 독자들이 이 책에서 알게 되는 내용이 수치심에 대한 결정판이라거나 수치심을 파악하는 유일한 혹은 심지어 최선의 길이라는 말은 아니다. 오히려 바라건대 이것은 우리가 더 충분히 통합된 삶을 살 수 있게 해 줄, 수치심에 접근하는 하나의 길이다.

또 다른 측면에서, 나는 어느 정도의 수치심이 좋은 것인지, 다시 말해 사람들이 알맞게 행동하도록 보장하기 위해 사회에서 요구되는 것인지에 대해 다루지 않는다. 이 책에서 나는 이 문제를 논의하지 않으며, 모든 수치심 경험이 반드시 나쁘다는 뜻을 어떤 식으로도 내비치지 않는다. 대인관계 신경생물학적 과정으로서의 수치심이 우리가 적절한 자기 조절 행동을 발휘하도록 돕는 데 필수적 역할을 한다고 추정하는 것은 확실히 타당하다. 그러나 억제되지 **않는**(하지만 그렇게 되어야 한다고 우리가 생각하는) 많은 행동이 (그 행동에 선행하는) 수치심에 기반을 둔 기존 생활 양식에서 나온다는 것도 마찬가지로 사실이다. 수치심이라는 주제의 모든 측면을 살펴보는 것은 이 책의 범위를 벗어난다. 이 책에서 나의 의도는, 선함과 아름다움을 위한 창조적 역량을 거의 갖추지 못한 와해된 공동체로 끝나는 와해된 마음 상태를 낳는 수치심의 보편적 경험을 다루는 것이다.

그럼에도 의문은 남을 수 있다. 내가 제안하는 식으로 수치심을 탐구하다 보면 수치심의 필요하고 유용한 측면들을 너무 쉽게 일축하게 되지 않을까? 수치심이 없다면 무분별한 우매함에 빠져들지 않을까? 더욱이 불륜을 저지르는 여자가 느끼는 수치심과 성폭행당한 여자가 느끼는 수치심 사이에는 분명한 차이가 있지 않은가?

이 의문들이 하찮은 것은 아니지만 우리 연구의 주된 주제는 아니며, 이 책에는 우리의 주제가 으레 제기하는 모든 의문을 다룰 지면도 없다. 그러나 수치심이 존재하지 않는 세상에는 우리가 저지를까 봐 두려워하는 바로 그 행동들도 존재하지 않을 공산이 크다. 그 행동들 가운데 얼마나 많은 것이 애초에 수치심에서 나오는지를 고려하면 말이다. 그리고 물론 불륜을 저지르는 여자의 이야기는 성폭행 피해자의 이야기와는 상당히 다르다. 그러나 많은 경우에 성폭행 피해자가 '단순히' 자신의 수치심이 자기 행동의 결과가 아니었음을 '안다'고 해서 그녀가 느끼는 수치심이 외도에 연루된 여자의 수치심보다 더 쉽게 치유되지는 않는다. 수치심의 힘은 우리가 명확히 할 수 있는 사실이 아니라 오히려 수치심의 감정적 상태에 자리 잡고 있기 때문이다. 그 감정적 상태는 떨쳐 내기가 훨씬 더 어렵다.

이 책의 처음부터 끝까지 당신이 읽게 될 이야기는, 처음부터 예정된 대로 창조하도록 해방되어 가는 도상에서 수치심과 씨름하고 예수님을 주시하고 그분이 행하신 바를 행하며 수치심을 경멸하기 위해 최선을 다하는 당신과 나 같은 사람들의 이야기다. 당신이 그냥 수치심에 대해 궁금한 사람이든 자신이 수치심 아래에 묻혀 있음을 깨달은 사람이든 상관없이, 나는 이 책이 도움과 희망을 제시할 수 있으리라 믿는다.

앞에서 나는 당신이 성경이 들려주는 이야기에 익숙하지 않거나 그것을 믿지 않을 수도 있음을 인정했다. 그렇더라도 걱정할 필요는 없다. 나 자신도 그것을 믿는 데 어려움을 겪는 날이 많다. 본질상 세상은 예수님이 실재하시고 하나님이 참으로 사랑이 깊으시며 우리가 악과 교전 중이라는 확신을 유지하기 위해 때로 초인에 가까운 노력이 요구되는 곳이다. 따라서 이 책은 무언가에 대한 증빙 자료가 아니다. 이 책은 오히려 (당신이 하나님을 믿든 믿지 않든) 알려지고 사랑받기를 권유하는 초대장일 뿐만 아니라, 나와 그리고 다른 사람들과 함께, 무언가가 우리 모두의 사이에 끼어들게 내버려두기보다는 차라리 죽음을 택하실 하나님께 당신의 모든 것을 걸어 보라고 권유하는 초대장이다. 그렇다면 이 초대장을 읽으면서 당신은 (특히 대인관계 신경생물학의 요소들을 적용하면서) 수치심을 다루기 위한 실제적 도움을 어느 정도 얻을 수 있을 것이다. 여전히 성경의 큰 이야기가 한번 믿어 볼 만큼 편안하게 느껴지지 않는다 해도 상관없다. 적어도 당신이 이 책을 읽고 나서 더 즐겁고 친밀한 관계로 나아가고, 더 의미 있고 창조적인 일에 몰두하며, 아마 전에는 선함과 아름다움을 보지 못했던 곳에서 이제는 그것들을 보는 비전을 제시하게 된다면, 나는 기쁠 것이다.

책의 말미에 각 장과 관련된, 추가 논의를 위한 질문들이 있다. 수치심은 개인의 정신 과정에서 '고쳐야 할' 부분이 아니다. 우리가 수치심이란 그런 것이라고 믿는다면 악은 아주 좋아할 것이다. 우리는 대화와 기도, 그리고 다른 공동체적·구체적 행위를 통해 수치심과 싸운다. 그러므로 나는 그 질문들을 당신 자신의 개인적 용도를 위해서뿐만 아니라, 현실의 시공간에서 치유를 이루는 수단으로서 서로의 참여를 유도하기 위해 사용할 것을 권장한다.

이러한 생각들을 염두에 둔 상태에서 나는 수치심의 영혼을, 그것이 하려고 하는 이야기를, 그리고 하나님이 하려고 하시는 선하고 아름다운 대안적 이야기를 발견하는 일에 당신이 나와 함께하기를 청한다. 이 대안적 이야기는 하나님이 우리 모두를 위해 마음속에 그리고 계시는 이야기이며, 그 이야기 속에서 하나님은 "우리 가운데서 역사하시는 능력대로 우리가 구하거나 생각하는 모든 것에 더 넘치도록" 하고 계신다.

1장

수치심에 관한 우리의 문제들

"아뇨, 그러고 싶지 않습니다." 그 남자는 간결하고 분명하게 말했다. 나는 그가 아내에게 자신의 외도에 관해 이야기하는 모습을 상상할 때 어떤 느낌이 드는지 물었다. "겁이 납니다." 무엇이 겁나냐는 나의 질문에, 그는 이 부정한 관계가 드러날 경우 자기가 견뎌야 할 처참한 굴욕감을 애매하게밖에는 표현하지 못했다.

～

성공적인 마케팅 회사의 최고 경영자인 그녀는 일을 완수하기 위해 자신을 혹사하곤 했다. 그녀는 자신의 회사가 기울어 가는 것에 당혹스러워했다. 그리고 더 열심히 일함으로써 기울어 가는 회사를 바로 세우려는 그녀의 시도가 실효를 거두지 못하는 것에 당혹스러워했다. 아이디어가 떨어지고 있었다. 나는 그녀가 누구에게 도움을 청할 수 있을지 물었다. 그녀는 자기에게 도움이 필요함을 인정하는 것은 사임하는 것이나 마찬가지라고 주저 없이 말했다. "효과적인 방안을 가지고 있어야만 해요. 도움을 요청해야 하는 상황이 되면, 저는 무능하다고 여겨질 테고 이사회에서는 저를 해고하겠지요."

~~~

"아이가 거기 들어가지 못했어요. 이 일이 아이의 미래에 대해 어떤 영향을 미칠지 걱정이 돼요." 딸아이가 최고의 학교에 입학하도록 돕기 위해 부지런히 애쓴 어머니의 말이다. 어쩌면 당연한 걱정일지 모르겠다. 그 딸이 세 살밖에 되지 않았다는 사실을 제외하면.

~~~

왜 아무도 그녀를 보호해 주지 않았을까? 그녀는 스물여섯 살이 될 때까지 열다섯 명이 넘는 남자들과 관계를 가졌고 두 번의 낙태를 견디어 냈다. 그녀가 열한 살 때 삼촌에 의해 성관계가 시작되었는데, 그는 처음에 그녀를 특별하게 대했으나 결국 그녀가 그 끔찍한 사실을 폭로하려고 하면 목숨까지 위협하였다. 이 관계는 그녀가 대학 진학을 위해 집을 떠난 열일곱 살 때까지 지속되었다. 대학에서 그녀는 삼촌으로부터 자유로워졌으나, 그녀가 아는 한 남자와의 '친밀감'에 이르는 유일한 길인 그 행위 속에 갇혀 있었다. 그녀가 도대체 어떻게 친구들이나 믿음의 공동체에 속한 누군가는 고사하고 자기 부모에게라도 그 일을 알릴 수 있었겠는가? 그녀가 내게 이야기를 하게 된 유일한 까닭은 우울증이 극심해져 제대로 생활할 수 없었기 때문이다.

~~~

가설은 마침내 입증되었다. 생화학적 정밀성, 약에 대한 환자들의 임상적 반응에 대한 복잡한 통계학적 분석, 그리고 약간의 운이 더해진 결과였다. 모든 연구 작업, 가족과 떨어져 있던 오랜 시간, 연구에 들어간 모든 보조금이 결국 그만한 가치가 있었던 셈이다. 이 발견으로

1장 수치심에 관한 우리의 문제들

인해 대학 측에서 그가 오래도록 탐내 왔던 종신 교수직을 제의할 것이 확실했다. 일단 특허를 받게 되면 발생할 잠재적 수익은 말할 것도 없었다. 단 하나의 문제가 있었다. 그의 실험실 연구가 비난의 여지가 없는지 확인하는 임무를 맡은 윤리 위원회에서 그 연구의 자료 보고서에서 미심쩍은 점을 발견한 것이다. 그 주가 지나기 전 그의 인생은 그가 상상할 수 있는 것 이상으로 더 빨리 해체되고 있었다. 그것은 암과 싸우는 일에서 역사에 남을 만한 성과를 내야 했던 누군가의 필요가 낳은 결과였다.

―᙮―

그 남자는 열세 살부터 술을 마시기 시작했다. 그는 스무 살이 되기까지 두 번의 음주 운전 기록이 있는데, 두 번째 음주 운전으로 인해 한 달간 수감 생활을 해야 했다. 이는 그가 예수님을 만나기 전인, 20년보다도 더 예전의 일이었다. 하지만 지난 5년간 밤이 되어 다들 자러 들어가면 으레 버번위스키가 다시 흐르기 시작했다. 그의 아내는 그가 술을 끊지 않으면 아이들을 데리고 떠나겠다고 통보했다. 다음으로 그의 직장 문제가 있었다. 그는 15년간 목회해 온 교회의 구성원들에게 정확히 무엇이라고 이야기할 것인가? 짐빔(Jim Beam: 버번위스키의 상표 중 하나―역주)은 그가 그렇게 힘든 무리를 인도하며 느끼는 극도의 피로에도 불구하고 계속 버티도록 도와주는 유일한 존재인 듯했다.

우리의 수치심 이야기

이야기. 우리 각 사람에게는 이야기가 있다. 앞의 각본에 나온 사람들은 어느 시점에선가 내 진료실에 앉아 자기 이야기를 들려주었다. 그런데 그들의 이야기는 빙산의 일각에 지나지 않는다. 더 많은 이야기가 있는데, 각각의 이야기는 상이한 각본을 가지고 있고, 상이한 원가족(原家族, family of origin)으로부터 생겨나며, 특유의 기쁨과 슬픔, 승리와 패배를 지니고 있다. 애초에 그들로 하여금 나를 보러 오게 만든 것이 무엇이든, 그들의 이야기는 결국 내가 인간관계의 최소 공통분모라고 여기는 것이 드러나는 순간으로 이어진다. 그 사람이 10억 원이 넘는 급여를 받는지 최저 임금을 받는지는 상관없다. 그녀는 기혼일 수도 있고 비혼일 수도 있다. 그는 흑인일 수도 있고 백인일 수도 있다. 우울하거나 불안하거나 아주 화가 난 상태일 수도 있고 행복하거나 슬프거나 무심할 수도 있다. 그는 아버지일 수도 있고 아들일 수도 있다. 그는 고용주일 수도 있고 고용인일 수도 있다. 당사자는 개인, 커플, 가족, 지역 사회, 학교, 사업체일 수도 있다. 또한 반드시 정신과 의사의 진료실을 방문한 적이 있어야만 하는 것은 아니다. 수치심으로 고통당하려면 정신 건강이 무너져야 하는 것은 아니다. 맥박이 있기만 하면 된다. 인간이 된다는 것은 우리가 수치심이라 부르는 이 현상에 감염되는 것이다.

수치심은 우리 모두가 어느 정도씩 경험하는 것으로, 어떤 이들은 다른 이들에 비해 더 의식적으로 경험한다. 당신의 마음에 명백한 사례들이 떠오르는 것이 당연하다. 가벼운 무안함부터 심한 굴욕감에 이르기까지 다양한 수준의 수치심을 느꼈던 그 모든 경우 말이다. 타

블로이드판 신문들은 예의 없이 행동하는 유명인이나 정치인이 최근 저지른 어리석은 행동에 대한 표지 기사로 가득 차 있다. 그러나 우리 가운데 다수는 수치심을 덜 공개적으로, 흔히 가장 친한 친구 몇 명마저 쉽게 알아차리지 못하는 상태에서 감당한다. 실업, 가족 구성원이 알코올 의존증을 앓고 있다는 사실이 친구들에게 알려지는 것, 업무상 주 고객을 잃는 것, 파경에 이르게 된 결혼, 학교에 흥미를 잃은 것 같은 자녀, 우리에게 동기를 부여하겠다는 목적으로 우리의 실적을 다른 사원의 더 뛰어난 실적과 비교하는 상사. 더 일반적인 이 각본들은 우리가 수치심을 감추려고 노력하는 방식들 안에 수치심의 짐을 담고 있다. 우리의 대처 전략은 너무 반사적인 것이 되어 버려서 우리는 그러한 전략의 존재와 활동을 전혀 의식하지 못할 수도 있다.

수치심의 범위는 관계적으로 가장 교묘한 방식(배우자에게 업신여기는 눈길을 보내거나 그런 어조로 말하는 것)으로부터 집단, 지역 사회, 결국에는 나라에 맞서 싸우는 나라를 포함하는 대규모 문화 운동[창 34장의 디나 이야기, 인종적 편견과 억압, 혹은 (어떤 문화에서는 보통 명예 살인으로 알려진) 가문을 공개적으로 수치스럽게 했다는 이유로 여성을 살해하는 것]에 이르기까지 다양하다. 따라서 수치심은 내가 나 자신이나 타인들에 대해 생각하는 바나 말하는 바의 작용이 아니다. 뿐만 아니라 두 사람 사이에서 일어나는 일에 한정되지도 않는다. 수치심은 침실이나 주방에서 운동장으로, 회의실로, 세계적 차원에서 결정이 이루어지는 백악관 상황실로 은밀하게 옮겨 갈 수 있다. 이렇게 하여, 개인들 간에 수치심을 자아내는 아주 작은 상호 작용조차 결국 다수의 관계자가 연루된 대화재로 커질 수 있다. 중동이나 이스트로스앤젤레스(East Los Angeles)에서의 갈등 같은 오랜 세월에 걸친 갈등은 개인이 사적 차원에서 경험하는 수치심을 다루지 않을 때 그것에 잠재된 점화 효과(kindling effect)가 결국 인간의 거주 지역을 통째로 집어삼킬 수 있다는 증거다. 이 책의 취지 가운데 하나는 수치심을 개인적 차원에서 어떻게 다루느냐가 가족, 일터, 교회, 혹은 더 큰 지역 사회 등 우리가 자리 잡고 있는 사회 조직에 잠재적으로 기하급수적 결과를 가져온다는 점을 강조하는 것이다.

이 책의 첫머리에서, 내가 이 만연한 현상을 중립적이거나 무해하다고 보지 않는다는 점을 특별히 언급하는 것도 중요하다. 수치심은 결국 '나는 나쁜 사람이야' 같은 말로 변하게 되는 감정에 불과한 것이 아니다. 앞으로 제안하겠지만, 이 현상은 악이 활용하는 주요 수단으로, 그로부터 우리가 죄라고 부를 만한 모든 것이 나온다. 그러므로 수치심은 개인의 내면뿐만 아니라 개인과 개인 사이에 활발히 그리고 **의도적으로** 작용한다. 그것의 목표는 표적이 되는 조직을 와해시키는 것으로서, 그 대상은 개인적 이야기, 가족, 결혼, 우정, 교회, 학교, 지역 사회, 사업, 혹은 정치 체제일 수도 있다. 수치심의 힘은 교묘함과 침묵에 있으며, 수치심은 해당 조직이 문자 그대로 아수라장이 될 때까지 만족하지 않을 것이다.

지난 10년 동안 나는, 자신의 이야기에 용기 있게 참여하는 사람들, (내가 『영혼의 해부』에서 탐구하는) 대인관계 신경생물학 분야에서 밝혀진 새로운 통찰들을 적용하면서 더 깊은 곳으로, 하나님 및 타인들과 더 연결되는 곳으로 옮겨 가는 사람들과 동행하는 특권을 부여받았다. 그들은 마음의 여러 영역에 대해, 그리고 마음(mind, 개역개정에는 이 단어가 '뜻'으로 번역되어 있다―역주)을 다해 하나님과 다른 이들을 사랑하는 것의 의미에 대해 배웠다. 자기가 주목하는 대상에 주목하는 일이 무엇을 의미하는지를, 인간의 행동에서 감정이 차지하는 지배적 역할을, 어떻게 기억이 과거에 대한 회상과 관련되는 만큼 미래에 대한 예견과 관련되는지를, 주요 양육자와의 애착 방식과 현재의 친밀한 관계가 어떻게 하나님 경험을 형성하는지를, 언제 어디서나 우리를 매우 흡족해하시는 하나님의 기쁨에 대한 우리의 의식이 우리의 감각, 심상, 느낌, 생각, 행동을 해석하는 방식에 관한 모든 것을 변화시킨다는 것을, 삶의 관건은 엉망진창이 되지 않는 것이 아니라 우리가 처한 엉망진창의 상황을 창조적으로 다루는 데 있다는 것을, 불화가 발생하겠지만 우리가 그것을 바로잡는 방식에서 회복력과 생기를 찾을 수 있다는 것을, 그리고 예수님은 우리에게 앞에서 언급된 모든 것을 어떻게 하는지 보여 주시기 위해서뿐만 아니라 온전히 임할 하나님 나라로 가는 도상에서 그렇게 할 수 있는 능력을 주시기 위해 오셨다는 것을 그들은 깨달았다.

  이 모든 것은 많은 이에게 매우 복된 소식이다. 그러나 더 큰 자유로 가는 도상에서 예외 없이 그들은 (우리 모두가 그러하듯이) 공통된 고통의 자리, 곧 수치심의 자리를 통과해야만 한다. 그것은 한 사람의 내러티브의 세세한 부분에 은폐되어 있을 수도 있고, 누구나 볼 수 있게 공개되어 있을 수도 있다. 그것은 슬픔, 분노, 실망, 혹은 심지어 죄책감같이 우리에게 더 친숙한 다른 감정들의 언어에 가려져 있을지도 모른다. 혹은 우리가 깨어 있을 때 의식 차원에서 여러 차례 강하게 느껴지는 실재일 수도 있다. 수치심에 해당하는 사건, 심상, 말, 혹은 명백한 느낌은 사람마다 서로 다를지도 모른다. 수치심이 우리의 에너지를 많이 잡아먹을 수도 있고, 우리가 일상 생활에서 수치심의 활동을 거의 알아채지 못할 수도 있다. 그러나 결국 우리 모두는 이

망령 곧 우리의 성장과 번영을 가로막는, (사실상) 말로 표현되지 않는 원시적 장애물과 대면하게 되며, 그것을 피할 도리는 없는 듯하다.

그렇다면 우리가 수치심이라고 부르는 이것은 정확히 무엇일까? 우리는 수치심이 일어나는 순간 그것을 어떻게 식별하는 것일까? 각자의 순례 길에 있는 사람들과 보낸 수많은 시간을 토대로 볼 때, 수치심을 정의하는 것조차 결코 쉬운 과업이 아니다. 내가 나중에 독자에게 생각해 보기를 권하겠지만, 이것은 수치심이 의도하는 바의 일환이다. 그것의 모호함은 그것이 지닌 힘의 핵심 요소이기 때문이다. 우리는 '굴욕' '당혹감' '수모' '불명예' 등 여러 단어를 사용할 수 있다. 이 단어들이 우리가 실제로 뜻하는 바에 근접하기는 하지만, 궁극적으로 그 단어들은 본질상 우리가 수치심을 경험할 때 진입하는 실제 **신경심리학적 상태**를 나타내는 상징들이다.

우리의 주제를 간단하게 분류하거나 설명하기는 쉽지 않다. 하지만 보편적으로 받아들여지는 수치심의 정의를 이끌어 내기가 어렵기는 해도, 우리가 수치심을 경험할 때 공통된 요소로 즉시 인식되는 특질들이 있다.

느낌 이상의 것

수치심의 본질에 다가가는 방법 한 가지는 그것을 감지된 감정의 암류(暗流)로서 이해하는 것이다. 그 감정적 암류에서 우리는 가벼운 인상을 받을 수도 있고 강한 인상을 받을 수도 있다. 만일 그 인상에 말을 입힌다면, 그것은 '나는 부족해' '나는 무언가 문제가 있어' '나는 나쁜 사람이야' '나는 중요한 사람이 아니야' 같은 표현일 것이다.

 그러나 수치심의 이야기가 그 말들로 시작된다거나 그 말들이 수치심의 이야기를 온전히 전해 준다고 생각한다면 오해다. 우리가 자신의 정체성의 많은 부분을 (현실을 파악하는 수단으로서의) 언어라는 매개를 통해 이해하게 됨에도 불구하고, 우리의 삶은 근본적으로 신체적 감각과 움직임, 지각, 감정의 형태로 나타나기 때문이다. 감정 자체는 우리의 인간다움의 탱크에 담긴 휘발유라고 볼 수 있을 것이다. 만일 인간의 경험에서 감정을 빼 버린다면 우리는 말 그대로 움직이기를 멈출 것이다. 그러므로 우리의 수치심 경험에 대한 묘사가 흔히 말로 표현됨에도 불구하고, 그것의 본질은 느낌으로 먼저 경험된다. 내가 '나는 그 일을 더 잘했어야 해' 혹은 '나는 그다지 훌륭하지 못해'라고 말할지도 모르지만, 그 순간들의 힘은 원인이 되는 자극에 대한 우리의 감정적 반응에 있다. 그 자극이 어떤 평가의 말이 되었든, 눈길이 되었든, 선생님이 반 전체 앞에서 내가 그다지 똑똑하지 않다고 지적하셨던 3학년의 그날에 대한 회상이 되었든 말이다.

 우리는 감정적 톤의 다양한 대역폭을 전달하기 위해 여러 단어를 사용한다. 우리는 기쁨과 슬픔이 다름을, 실망과 분노가 다르게 느껴짐을 알고 있다. 그러나 우리가 '부정적' 감정들(다시 말해, 일반적으로 괴로움을 준다고 여겨지는 감정들)이라고 부르는 아주 많은 것이 실제로 수치심에 근원을 두고 있다는 점은 의미심장하다. 다시 말하지만, 내가 수치심이라고 말할 때, 반드시 극심한 강도의 굴욕을 수반하는 무언가를 가리키는 것이 아니다. 오히려 수치심은 나에게 '무언가 문제가 있다' 또는 '부족하다'는 감(sense)으로부터 생기며, 따라서 본인의 조건이나 상황을 바꿀 능력이나 힘이 없다는 분위기를 물씬 풍긴다.

여기서 중요한 특징은 내가 내 삶을 변화시키기에 부족하다는 사실이 아니라(물론 그 사실은 경험의 일부로서 필요하지만), 오히려 **나는 이 순간 혹은 상황을 견뎌 내는 데 필요한 것을 가지고 있지 않다는, 느낌으로 체험된 감각**(the felt sense)이다. 이에 관한 다른 예들이 있다. 질적 면에서, 우리는 통상적으로 슬픔과 수치심을 연관시키지는 않는다. 절친한 벗이 암으로 내 곁을 떠난다면, 처음에 나는 내가 느끼게 될 감정이 수치심과 조금이라도 가까울 것이라고 예상하지 않는다. 그렇지만 슬픔은 (분명 늘 그런 것은 아니지만 흔히) 무언가가 줄어드는 것과 관련된다. (죽음이나 배신 같은) 관계가 줄어드는 것, 기능이나 작용이 줄어드는 것(실업이나 신체 일부의 절단), 혹은 한 사람의 이야기의 본질이 줄어드는 것(예를 들어, 장성한 다음에야 우리가 어릴 때 아버지가 외도를 했고 우리가 몰랐던 자식을 두었다는 사실을 알게 되면서 가족 안에서의 우리의 자리에 대한 확신이 줄어드는 것). 각각의 경우에 우리는 우리가 현재 마음에 그리는 대로 현실을 변화시키기에는 부족한 순간에 불가피하게 맞닥뜨린다. 이와 같이 이 순간을 견뎌 내기에 '부족한 상태'는 수치심이 작용하는 방식을 위한 기초가 된다. (그것이 수치심이라는 것을 즉시 알아차리는) 나의 의식에서 벗어나 있는 정신 활동의 차원에서도 그러하다.

여기에서 목적은 불편한 것으로 경험되는 모든 감정이 수치심에 뿌리박고 있음을 증명하는 것이 아니라, 우리의 내면에서 고통에 해당하는 많은 감정이 이 특별한 감정 상태가 확장된 소산이라는 점에 주목하는 것이다. 그리고 이 감정 상태로부터, 우리가 그것을 이해하는(그러면 그 상태에 대해 무언가를 할 수 있다) 데 사용하는 단어들이 생겨난다. 앨리슨이 시험에서 92점을 맞았을 때 어머니는 "나머지 8점은 어떻게 된 거니?"라고 물었다. 앨리슨이 무엇을 감지하고 느꼈을지 상상하기는 어렵지 않다. 그리고 이와 같은 수많은 상호 작용의 결과로 앨리슨이 (여러 가지 가능성 중에서) 자신이 충분히 노력하지 않았다고 말하는 버릇이 생겼다고 해도 놀랍지 않을 것이다. 뿐만 아니라 그녀는 점수를 향상시키기 위해서 더 노력해야 한다고 스스로에게 말하기 시작할 것이다. 그러한 혼잣말이 주로 수치심에 대한 대처와 관련이 있음을 그녀가 반드시 의식하지는 못할 것이다. 그것이야말로 그녀의 행위에서 가장 근원이 되는 것인데도 불구하고 말이다. 그러므로 수치심의 감정으로부터 '나는 충분히 노력하지 않는다'라는 말이 나온다.

그러나 얼마 되지 않아 이제는 역으로 우리가 구사한 그 말이 그 느낌을 강화한다. 앨리슨은 자기가 결코 충분히 노력하고 있지 않다고(그래서 더 노력해야 한다고) 되풀이해 말함으로써 느낌으로 체험되는 수치감을 심화시킨다. 그리하여 끝없이 순환하는 고리가 만들어진다. 즉, 감각과 느낌이 생각을 낳고 그 생각은 결국 그 느껴진 경험을 강화한다. 그러므로 수치심은 분명 감정의 세계에서 형성되지만, 결국 우리의 생각, 심상, 행동을 구성하며 그것들에 영향을 미치기도 한다.

이렇게 하여 첫머리에서부터 우리는 수치심이 어디에나 있을 뿐만 아니라(그것이 오염시키지 않는 사람이나 경험은 없다) 무한히 형태를 바꾸며 나타난다는 인식에 도달한다. 그것이 원소 주기율표를 구성하는 요소라면, 모든 생물에 공통된 원소인 탄소에 해당할 것이다. 수치심이 우리의 존재 내부의 기초가 된다는 점은 그것을 뿌리 뽑는 일을 상당히 힘들게 만들기도 한다. 우리가 수치심을 그저 우리 생각의 방식이나 내용을 바꿈으로써 해결할 수 있는 문제라고 여기며 접근한다면, 그것과 싸우는 일에서 우리의 효율성이 제한된다. 맷은 이 점을 깨달았다.

그는 마케팅 경영자로서 사업을 성공시켰으며, 이제 자기를 위해 일하는 고용인 몇 명을 두고 있었다. 그는 양심적이었고, 고용인들에게 마음을 쓰며, 그들을 관대하고 공정하게 대했다. 그러나 그는 어느 날 갑자기 누군가를 해고해야 할 만큼 경제 상태가 나빠질까 봐, 혹은 더 나쁘게는 사업이 완전히 실패하게 될까 봐 걱정했고, 그로 인해 밤에 잠을 이루지 못하는 때도 있었다. 그는 자기가 회사의 사활을 결정지을 모든 변수를 통제할 수 없음을 인식할 만큼 통찰력이 있었다. 뿐만 아니라 그는 자기가 그야말로 모든 일에 대해 너무 많은 걱정을 한다는 점을 쉽게 인정했다. 그는 자신의 문제를 주로 불안의 문제로 보았기 때문에 도움을 구했다. 그 문제는 그를 쇠약하게 하지는 않았지만 그의 아내가 주의를 기울일 만큼 티가 났다. 사업이 꾸준히 번창하고 있는데도 맷이 그의 가족이 어느 날 다리 밑 상자 안에서 사는 신세가 되는 상황을 곰곰이 생각하곤 한다는 사실이 그녀로서는(그리고 결국 그의 입장에서도) 이해가 가지 않았다. 주목할 만한 주의 사항은 그가 얼마나 효과적으로 이 모든 것을 엄격히 구분하는가였다. 아이러니하게도 그는 (나중에 내게 말한 대로) 사람들이 그가 얼마나 걱정이 많은지 알면 그에 대해 어떻게 생각할지 신경이 쓰였기 때문에 거의 모든 사람 앞에서 자기의 염려를 효과적으로 관리해 왔다. 그래서 그의 아내를 제외하고는 누구도 그에게 걱정거리가 있으리라고 도무지 짐작하지 못했을 것이었다. 참 알 수 없는 노릇이다.

그는 자신의 인생에 대한 생각을 재구성하기 위해 인지 치료를 활용할 가능성을 알아보려고 나를 찾아왔다. 인지에 기반을 둔 개입이 수많은 감정적 문제, 특히 불안을 다루는 데 효과적이라는 점이 입증되었으므로, 이것은 타당한 목표였다. 그러나 맷은 최선을 다해 노력했음에도 불구하고 계속 상상 속의 비극적 미래에 휘말려 옴짝달싹할 수 없는 것처럼 느꼈다. 그에게 가장 두드러진 근심 중 하나는 하나님과 함께하는 그의 삶이 끊임없이 재앙에 대해 되새김질하는 그의 경향을 조금도 변화시키지 못하는 것 같은 현실이었다. 예수님과의 관계가 그의 인생에서 가장 중요하다는 사실에도 불구하고, 염려를 문앞에 두고 가라고 권고하는 성경 구절들을 생각하고 반추하다 보면 그는 하릴없이 문지방에 서 있게 될 뿐이었다. 바로 그의 걱정과 함께 말이다. 우리가 그의 경험의 본질을 그것이 **생각으로 체험되는** 것만큼이나 **느껴지고 감지되고 심상이 그려지는** 것으로서 탐구하기 시작한 후에야, 그는 비로소 문제를 극복할 견인력을 어느 정도 얻기 시작했다.

예를 들어, 우리는 그가 걱정이라고 느끼는 바가 '일이 줄어들기 시작하면 무엇을 해야 할지 알 수 없을 거야' 같은 생각과 관련될 때가 많다는 점을 곧 알아내었다(그가 사업을 하면서 한 차례 이상의 침체를 효과적으로 극복했음에도 불구하고 그랬다). '조만간 내가 가짜라는 것이 들통날 거야'라고 생각하는 일은 훨씬 더 흔했다. 그는 대부분의 친구들이 한결같이 유능했던 그의 이력을 고려할 때 그의 사고방식을 이해하기 어려워할 것이라는 점에 수긍했다. 맷의 관심은 대안적 사고 과정으로 이 생각들에 맞서는 데 있었다. 이것은 인지 행동 치료를 위한 표준 수행 절차다. 그러나 그의 사례에서 알게 된 것은 그가 생각을 재구성하려고 최선을 다해 노력했음에도 불구하고 이 접근법은 '내게는 필요한 자질이 없어. 그 자질이 가장 중요해지는 때가 되면 나는 부족한 사람이 되고 말 거야'라는 생각을 뒷받침하는, 해결되지 않은 느낌을 계속 그에게 남겼다는 것이다.

표면적으로 맷이 호소하는 고통에서 그의 주된 문제는 불안의 문제인 것 같았으며, 불안이 하나의 문제인 것은 확실했다. 그러나 더 심도 있게 파고들자, 이 모든 것 아래에 자기는 유능해지는 데 필요한 자질을 갖추지 못했다는 깊은 감, 하나의 진술로 환원될 수 없으며 오히려 그의 유전자에 짜 넣어진 것 같은 어떤 감각이 있음이 드러났다. 우리는 언어를 사용해 수치심을 이해하려고 애쓸 때가 많다(이것이 중요하지 않은 것은 아니다). 하지만 수치심의 본질은 언어에 선행하므로, 말을 사용함으로써 수치심을 다스리는 데 어려움을 겪을 때가 많다. 우리 자신에게 수치스러워해서는 안 된다고 말하는 것은 보통 수치심을 강화할 뿐이다.

판단받지 않으려거든 판단하지 말라

수치심의 특징 중 하나는 판단의 사용이다. 여기서 내가 '판단'이라고 지칭하는 것은 우리 각 사람이 삶을 지혜롭게 헤쳐 나가는 데 필요한 일상적 분별 과정이 아니다. 성숙과 성공을 이루는 사람들이 가정, 교회, 사업, 정부 등 그가 속한 곳에서 자신과 타인들을 위해 적절한 한계를 정하기 위해 취하는 행동도 내가 생각하는 바가 아니다. 내가 지칭하는 것은 오히려 우리가 우리 자신, 다른 누군가 혹은 다른 무언가를 분석하거나 비평하며 취하는 정죄의 태도 혹은 업신여기는 태도다. 나는 자신에게 "그 과제를 더 잘했어야 해"라고 말할 수 있다. 결정적인 것은 그 말을 뒷받침하는 감정적 톤이다. 예수님이 경계하신 판단의 태도는 우리의 심리적 삶에서 너무도 예사로운 부분이어서 우리는 그 존재를 거의 알아채지 못한다. 사실 그 태도는 매우 반사적인 것이 되어서, 그 태도를 드러내기 위해 발화되는 말이 필요하지 않다. 오히려 그것은 느낌으로 체험되는 무언가로 나타난다. 그 태도가 명백하게 공격적일 필요도 없다. 실로 우리 자신이나 타인에 관한 '타당한 소견'으로 통하는 많은 것이 은폐된 판단에 지나지 않는다.

월은 그가 고용인들에게서 능력의 최대치를 끌어내는 법을 안다고 믿었다. 그 방법이란 실적 향상을 '촉진하기' 위해 그들의 결점을 꼬박꼬박 지적하는 것이었다. 그는 자신의 끊임없는 비판이 직원들의 이직률이 높은 이유 가운데 하나라는 점을 의식하지 못했다. 그는 언제나 사람들이 열심히 일하기 싫어서 또는 솔직한 피드백을 받아들이기 싫어서 그런 것이라고 생각했다. 그가 사람들을 이런 식으로 관리하려는 드는 원인이 그 자신의 부적절감과 수치감에 있다는 생각은 결코 해 본 적이 없었다. 그 부적절감과 수치감에 대해 그가 배운 대처 방식은 그것을 외부로, 타인들에게로 돌리는 것이었다.

부모가 자녀, 특히 10대 자녀를 훈육해야 할 때(이 경우에 부모는 흠잡을 데 없는 논리를 사용하여 자신들의 논리는 명백하고 아이들의 논리는 근거가 없다는 것을 알려 줄 수 있다고 생각한다) 이와 비슷한 결과를 경험한다. 우리는 우리가 그들의 행위를 교정하고 있을 뿐이라고 생각하지만, 우리가 보기에 필요한 조치를 제안하는 동안 수치심이 그 과정에 들어서는 것은 보지 못한다. 우리는 마리화나를 피우거나 친구들과 성관계를 가져서는 안 되는 이유에 대해 논리적으로 설득했는데도 자녀들이 반응을 보이지 않을 때 당혹스러워한다.

그러나 타인을 판단하는 행위는 우리의 자기 판단에 기원을 두고 있음을 의식하는 것이 중요하다. 내가 환자들에게 흔히 말하듯, "수치를 당한 사람은 사람들에게 수치를 가한다." 우리가 타인을 비판하기 훨씬 전에 그 비판의 원천은 우리 자신의 삶에 심기고 양분을 얻어 자라나서 우리를 겨냥한다. 게다가 우리는 이를 의식하지 못하는 경우가 많다. 우리의 자기 판단, 즉 스스로에게 충분하지 못하다(충분히 날씬하지 못하다, 충분히 똑똑하지 못하다, 충분히 재미있지 못하다, 충분히 …하지 못하다)고 말하는 경향은 타인에 대한 우리의 판단, 특히 하나님에 대한 우리의 판단이 자라나는 병소라고 말해 두는 것으로 족하다. 문제는 우리가 이 행위 둘레에 맹목의 정교한 울타리를 쳤으며, 그로 인해 그것을 의식할 수 없게 된다는 점이다.

결국 판단과 그것의 주인인 수치심은 계속 그 범위가 확대되는 갈등의 원천이 될 수 있다. 한 사람이 다른 사람을 비판할 때 처음에는 그것을 감지하기 힘들다. 하지만 그 일에 관계된 사람이 점점 늘어나서 급기야 조직 전체가 비판으로 손상되곤 한다. 누구나 이런 경험을 겪는다. 학교 이사회 도중에 메리가 스탠의 제안에 대해 밝힌 견해가 발단이 되어 이내 온 무리의 사람들이 공개적으로는 몇천 달러를 어떻게 써야 할지를 놓고 편이 갈렸고 사적으로는 특정 인물들을 놓고 편이 갈렸다. 그 결과 분노와 상처가 사방을 뒤덮었다. 지역 사회나 세계 무대에서 이러한 형태의 갈등이 어떻게 우리가 주변 어디에서나 볼 수 있는 폭력을 초래하는지 추론하기는 어렵지 않다.

숨바꼭질

수치심을 보여 주는 또 다른 특징은 숨는 것이다. 마음의 침묵 속으로 움츠러드는 것이든 그야말로 눈을 내리깔고 의기소침한 표정으로 누군가를 외면하는 것이든, 수치심은 우리로 하여금 그 감정이 더 강화되지 않도록 우리 자신을 보이지 않게 해 주는 투명 망토를 입게끔 유도한다. 누군가가 우리에 관한 진실을 알아낸다면 우리가 겪게 될 거절을 사전에 차단하기 위해 우리가 지금까지 힘들게 숨겨 온 비밀 하나를 떠올리는 것은 어렵지 않다. 우리가 다수의 비밀을 수집하여 옷장에 더 이상 들어갈 자리가 없을 때까지 차곡차곡 쌓아 보관하는 동안, 이 노고에 드는 경비는 보통 숨은 비용이 되어 묻힌다.

이 은밀한 행동은 우리가 일반적으로 고상하다고 여기는 활동부터 비열하다고 여기는 활동까지 활동의 스펙트럼 전체에 걸쳐 나타난다. 우리는 흉악범일 수도 있고 로즈 장학생[영국 옥스퍼드 대학에서 공부하는 미국, 독일, 영연방 출신 학생들에게 주어지는 로즈 장학금(Rhodes scholarship)을 받는 학생-역주]일 수도 있다. 어떤 경우가 되었든, 우리는 수치심의 표현에 해당하는 삶의 요소들을 가지고 있다. 수치심은 횡령죄 안에 혹은 연방 고등 법원 판사직 임명장 안에 숨겨져 있을 뿐이다. 분명 스티븐의 성실한 업무 처리는 법정 변호사로서의 기량을 연마하면서 시간을 보낸 것에 대한 애착에서 기인했다. 그러나 아내와 아이들보다 고객들에게 훨씬 더 많은 에너지를 쏟은 탓에 그의 결혼 생활이 무너지기 시작한 후로, 그는 하던 일을 갑자기 멈추게 되었다. 동료들에게 업무 측면에서 타의 추종을 불허한다는 평가를 받았음에도 불구하고, 그는 결국 자신의 업무 중 상당량에 동력을 부여한 것은 자신의 잘못이 드러나는 것에 대한 오랜 걱정이라는 점을 기꺼이 인정하였다. 그는 자신이 맡았던 사건과 관련된 잘못, 직업 선택에서의 잘못, 정치나 신학에 대한 견해에서의 잘못, 하나님에 대한 생각에서의 잘못이 드러날까 봐 오래도록 노심초사해 왔다. 스티븐의 말에 따르면, 성장기에 저녁 식사 자리에서 오간 대화(표면적으로는 그저 재미난 언쟁 같았던)는 아버지가 아들의 생각이 모든 사안에 대해 흠이 없는지 확인할 필요가 있다는 명목으로 스티븐의 생각을 비판할 기회가 되었다. 이것은 결국 '충분히 똑똑하지 못하다'는 느낌을 관리하는 것을 감정적 최우선 사항으로 만드는 공부 방식 및 전반적 삶의 방식을 낳았다. 그 외에는 상냥하고 친절한 그의 처신을 고려할 때, 그가 어느 정도로 남몰래 수치심에 빠져서 살아가는지 아무도 추측하지 못했을 것이다.

글로리아는 사랑하는 남자와 결혼한 지 30년 만에 (그동안 남편에게 밝히지 않았던) 10대 시절의 임신중절을 받아들이려 애쓰게 되었다. 그녀는 자신이 정신 질환적 붕괴 직전에 있음을 깨닫고서야 비로소 자신의 내력에 대해 심사숙고하기 시작했다. 내가 환자들과의 첫 번째 상담 회기에 그들의 성적 내력에 관해, 즉 그들이 (자신이 생각하기에) 유의미한 성적·신체적·감정적 외상을 겪었는지 묻는 것은 표준적 관행이다. 그럼에도 글로리아는 두 달가량 나를 만나고 나서야 마침내 자신의 이야기를 할 수 있었다. 마치 우리가 처음 만났을 때는 그녀가 그 이야기에 대해 의식하지 못했던 것처럼 말이다. '익명의 알코올 중독자들의 모임'(Alcoholics Anonymous)의 전문가들이 말하는 것처럼, 우리는 우리가 품고 있는 비밀만큼 병들어 있다. 그리고 수치심은 우리를 계속 병든 상태로 머물게 하는 데 전념한다.

악순환에 빠지다

우리는 수치심이 스스로를 강화시키는 경향이 있음을 일찍이 그리고 자주 인식한다. 수치심을 경험할 때 우리는 타인을 외면하는 경향이 있다. 우리의 실상이 다른 사람에게 보이거나 알려질 수 있다는 예상은 수치심이 강화되거나 다시 활성화될 것이라는 예측을 수반하기 때문이다. 그러나 바로 그 외면의 행위는 한시적으로 우리를 우리의 느낌(그리고 '타자'의 응시)으로부터 보호하고 구해 주는 반면, 아이러니하게도 동시에 우리가 피하려고 하는 바로 그 수치심을 강화한다. 특히, 우리는 이 일이 발생하고 있다는 것을 반드시 알아차리지는 못한다. 그저 그 순간을 무사히 넘기려 할 뿐이다. 그러나 사실 숨는 것과 수치심을 느끼는 것 사이를 오가는 이 춤 자체가 올가미를 조이게 된다. 우리는 수치심을 느낀다. 그러고는 수치심을 느끼는 것에 대해 수치심을 느낀다. 수치심은 스스로를 낳는다.

아무도 다부진 체격의 매력적인 그녀를 언뜻 보고 의심을 품지는 못했을 것이다. 낸시는 거의 15년 동안 폭식을 한 다음 하제를 써서 장을 비우곤 했다. 그녀는 10대 시절부터 결혼 첫해까지 꽤 효과적으로 이 일을 숨겼다. 남편 마크가 그 일을 처음으로 알았을 때 곧바로 둘이서 전문가의 도움을 구해 보자고 제안했지만, 그녀는 방어적 자세를 취했다. 그는 그들이 결혼에 이르는 과정에서 정직한 의사소통이 잘 이루어졌다고 여기던 터라, 그녀의 이 어마어마한 비밀에 망연자실하게 되었다. 이제 그는 그 일에 대해 아무것도 할 수 없다는 무력함을 느낄 뿐이었다. 그가 우려를 제기할 때마다 낸시는 단호하게, 때로는 매몰차게 화제를 바꾸었다. 그 일에 대해 이야기하는 바로 그 행위가 참을 수 없는 수치심의 분출을 일으켜서 그녀는 그를 쳐다볼 수조차 없었던 것이다. 그리하여 그녀는 마크를 외면하고 수치심의 감각을 직접 대면하기를 거부했다. 그리고 시간이 흐르면서 그녀가 지고 있는 수치심의 부담을 증가시킬 뿐인 바로 그 행동들로 향하였다. 이 순환의 주기가 반복될 때마다, 돌아섬으로써 그녀의 수치심을 모면하려고 시도할 때마다 그녀는 실패에 실이 단단히 감기는 것처럼 점점 더 견고하게 자기가 되지 않기를 바라던 모습이 되어 갔다.

분할하여 정복하라

고립과 단절은 숨는 행위 그리고 다시 관계 맺지 않으려고 저항하는 행위의 자연스러운 결과다. 이제껏 우리가 고찰한 특징들이 충분히 강화되는 경우, 그 결과로 사람들은 서로에게서 분리된다. 앞의 어떤 사례에서든 관계의 와해는 명백하다. 그러나 이 고립은 사람들 사이의 고립에 한정되지 않는다. 2장에서 보게 되겠지만, 수치심 경험의 근본적 신경생물학은 각 개인의 뇌 내부의 여러 신경망과 그에 상응하는 기능들을 붕괴시키고 고립시키면서, 마음으로 하여금 환경에 적응하는 능력에서 점점 더 융통성을 잃도록 만들기 때문이다. 우리는 풍성한 삶을 살아가기 위해 다른 이들과 연결될 수 있어야 한다. 그런데 이 연결은 우리가 자신의 마음 안에서 경험하는 연결의 정도를 강화하는 지속적 노력에 깊이 뿌리박고 있다. 대니얼 시겔(Daniel Siegel)과 다른 저자들이 지적하는 대로, 이 개인 내면적·대인 관계적 통합은 개인의 노력과 공동체의 노력 사이의 유동적 움직임에 의해 좌우되는 하나의 춤이다.[1] 내 마음이 통합되기 위해 나는 공동체가 필요하다. 그리고 나는 더 통합된 마음으로 더 통합된 공동체를 이루기 위해 더 노력할 수 있게 된다. 이로 인해 그 순환은 강화된다. 수치심은 이 통합의 과정을 적극적으로 해체할 뿐 아니라 저지하며, 공동체 안의 개별 구성원들 사이에서뿐만 아니라 개인의 마음 내부의 심리 작용들 사이에서도 단절을 초래한다.

헬렌은 아동기와 청소년기에 그녀의 가정을 깨어진 가정이라고 생각해 본 적이 없었다. 그녀는 부모(특히 어머니)의 관심을 받지 못하는데 오빠 잭은 늘 받는 것이 이상하다는 생각이 그녀에게 떠오른 적은 한 번도 없었다. 오빠가 학교와 교회 공동체의 총아로 지내 왔기 때문에 그런 것이라고 여길 따름이었다. 그는 그러한 대우를 받을 자격이 충분했던 것이다. 그녀의 부모는 공개적으로 아들을 아낌없이 칭찬하는 일에는 적극적이었지만, 딸에 대해서는 한마디도 하지 않았다. 이러한 상황은 그들이 성인이 될 때까지 계속되었다. 심지어 헬렌과 잭이 각각 결혼하여 자녀들을 두었을 때도, 잭의 아이들은 헬렌의 아이들이 받지 못하는 각별한 애정을 받았다. 그녀의 반응은 부모의 지지를 얻기 위해 더 애쓰는 것뿐이었다. 그녀 자신뿐만 아니라 그녀의 아이들을 위해서도 그래야 했다.

결국 그 모든 것은 너무 과도한 지경에 이르렀다. 가족이 오랜만에 모인 자리에서 대화는 다시 자연스럽게 잭이 그의 일에서 달성한 모든 것으로 향했다가 이제 잭의 아들이 야구에 흥미를 갖게 된 일로 옮겨 갔다. 눈에 띄기를 간절히 바라던 헬렌은 딸아이가 라크로스(lacrosse: 그물채처럼 생긴 라켓으로 공을 던지거나 잡으면서 하는 하키와 비슷한 경기-역주)에 흥미를 가져서 얼마나 기뻤는지 이야기했다. 그녀는 빈 의자에 대고 이야기하는 편이 나았을 것이다. 헬렌의 어머니는 헬렌의 말을 무시하고는, 잭의 아들이 맡고 싶어 하는 포지션이 무엇인지 물었다. 그 누구도 다음에 일어날 일에 대비하지 못했다.

그 일은 음식이 담긴 접시를 내던지고 포도주 잔을 깨뜨리는 것으로 시작되었다. 헬렌의 장황한 비난이 터져 나왔고 10분 동안 계속되었다. 그녀의 목소리와 시선이 미치는 범위 내의 모든 이에게, 40년 동안 방치되고 상처받은 한이 분출되었다. 그녀의 행동은 감정의 탄약고가 비워지자 겨우 멈추었다. 헬렌과 남편은 오빠나 부모의 반응을 기다리지 않고 떠나 버렸다. 그 소동 이후에 난장판이 된 집안을 정리하면서, 그녀의 부모는 예상대로 지난 40년에 대해서나 그들이 그 세월 동안 했던 역할에 대해서 아무 말도 하지 않았다. 그들은 다만 가족 모임에서 헬렌이 써 버린 마지막 10분과 그녀가 일으킨 모든 분란에 대해서만 말했다. 그들은 그녀가 상황을 바로잡기를, 특히 오빠에 대해 그렇게 하기를 기대했다. 어련하겠는가.

헬렌의 이야기는 어떻게 감정적 홀대가 주는 수치심이 (그것이 그녀의 인생 초년에 특별해 보이지 않았더라도, 어쩌면 특히 그 이유 때문에) 그녀에게 고립감과 가족으로부터의 단절감을 초래했는지 보여 준다. 이는 결국 온 조직이 와해되는 사건으로 이어졌다. 고립의 과정을 유발하려는 수치심의 의도를 고려할 때, 헬렌도 그녀의 가족 체계도 그 치명적 불화를 바로잡는 데 필요한 수단을 가지고 있지 않았다.

수치심의 이 모든 특징 중에서 문제의 핵심에 있는 것은 감정이며 활발하게 작용하는 것은 판단이다. 사람들이 숨는 동안 그들은 서로에게서 그리고 자신의 마음속에서 연결이 끊어지게 되며, 그 과정은 자기 영속적 순환에 걸린 채로 눈덩이처럼 커지는 경향이 있다. 우리에게 희망이 있을까? 다행스럽게도, 우리에게 바른 방향을 알려 줄 수 있는, 수치심에 대한 반응 한 가지가 남아 있다.

우리의 직관에 반하는 갈등

우리는 수치심이라는 근본적 느낌이 어떻게 판단하기, 숨기, 반응 강화, 고립을 초래하는지 어렵지 않게 짐작할 수 있다. 하지만 노출이야말로 수치심이 치유되기 위해 필요한 것임을 이해하기란 그리 간단하지 않다. 우리가 수치심에 대한 반응으로 외면할 수밖에 없다고, 안으로는 우리 자신을, 밖으로는 다른 이들을 공격할 수밖에 없다고 강하게 느낀다는 점을 고려하면, 수치심의 문제를 해결하기 위한 방도로서 서둘러 **타인에게로** 향하는 것은 우리의 직관에 해당하지 않는다. 우리가 휩쓸아치는 수치심의 한가운데 있을 때는, 다시 몸을 돌려 누군가의 얼굴을, 심지어 이런 상황이 아니라면 우리가 안심하고 함께 할 수도 있는 누군가의 얼굴을 보는 것이 사실상 불가능하다고 느껴진다. 마치 우리의 유일한 피난처는 고립되는 것뿐이기라도 한 것처럼 말이다. 우리가 느끼는 바를 노출할 수 있다는 예상은 수치심이 가중될 것이라는 예측을 활성화한다.

    수치심의 타성을 극복하고 취약한 마음가짐으로 다른 누군가에게로 향하는 데 필요한 노력이 처음에는 엄청난 것으로 느껴질 수 있다. 추후에 우리는 진지하게 이 과정을 시작하기 위한 방책을 고려할 것이다. 그렇지만 수치심의 힘은 마음의 내부에서뿐만 아니라 마음과 마음 사이에서 고립을 일으키는 능력에 있다는 점을 기억해야 한다.

이 감정적 멀미를 치유할 힘을 지닌 것은 바로 분리되어 있던 우리의 부분들의 재결합이다.

조던이 성장할 때 속했던 학교 조직은 초등학생과 중학생을 위해 제공하는 영재 교육 프로그램의 수와 고등학생들에게 제공하는 대학 과목 선이수제 과목의 수에 자부심을 가졌다. 그러나 학생들에게 더 많은 기회를 제공하려는 시도로 시작된 일이 결국 학생과 부모 모두에게 압박감과 불안을 내뿜는 가마솥 같은 상황으로 변질되었다. 교사들은 학생들에게 호기심을 확장하고 인격을 도야할 기회를 제공하는 대신에, 학생들이 최고의 대학에 들어가도록 대학 과목 선이수제 시험에서 좋은 점수를 받을 수 있게 훈련시켜야 한다는 압박감을 느끼면서, 동일한 소용돌이에 휘말리고 말았다. 학교와 그것이 상징하는 배움은 더 이상 기쁨으로 충만하지 않았다. 학교는 오히려 걱정의 온상이 되어 버렸다. 수치심이 부추긴 걱정 말이다. 학교와 그것의 모든 부분(시험 점수, 학생들, 교사들, 관리자들)이 지닌 조직화된 수치심은 교묘하지만 뚜렷했다. 아무리 많은 졸업 예정자가 아이비리그 대학교에 입학 허가를 받는다 해도, 그들은 결국 자신들이 부족하다는 판단과 평가를 받을 것이라는 두려움에 쫓기고 있었다.

대학원을 마치고 고등학교 영어 교사로 일을 시작했을 즈음에 조던은 그가 가르치는 학생들의 삶이 그의 과거의 삶과는 다르기를 바랐다. 그래서 학생들을 한 달에 한 번 방과 후에 동네 커피숍 모임으로 초대해 그들의 삶이 어떠한지 대화를 나누기 시작했다. 그들은 다양한 주제에 대해 이야기를 나누었지만, 결국 논의는 그들이 조던의 수업뿐만 아니라 다른 모든 분야에서 자신들의 성과에 대해 많은 압박감과 염려를 경험한다는 내용으로 흘러갔다. 그들은 그런 걱정을 할 때면 얼마나 외로움을 느끼는지를 묘사했다. 그들에게 삶은 그다지 즐겁지 않았으나, 이것은 그들이 나무랄 데 없는 대학에 들어가서, 나무랄 데 없는 직업을 찾아, 나무랄 데 없는 액수의 돈을 벌어, 자신의 아이들과 전 과정을 처음부터 다시 시작하기 위해 치러야 하는 대가라고 판단하였다. 그런데 학생 몇 명이 자기들이 받고 있는 중압감을 인정하기가 얼마나 어렵고 심지어 당혹스러운지 이야기한 것은 의미심장했다. 그들은 압력솥 같은 이 억압적 상황에서 그저 살아남을 수 있어야 한다고 믿는다고, 또한 이 상황에 문제가 있다고 불평하는 것은 약한 모습을 보이는 것이라고 말하였다. 비교적 안전한 장소인 곳에서 조던과, 또 친구들과 함께 있는데도 그들은 그것에 대해 터놓고 이야기하면서 취약하다는 느낌이 들었다.

그렇지만 그들이 가장 도움이 된다고 여긴 점, 그리고 그들로 하여금 다달이 그 커피숍으로 되돌아오게 한 점은 자신의 당혹감을 인정하면 외로움을 훨씬 덜 느낀다는 것이었다. 그리고 많은 학생이 한 해를 보내는 동안 성취에 대한 압박감과 좋은 성과를 내지 못했을 때 느낄 수치심에 대한 두려움이 점차 줄어든다고 말했다. 그들이 조던과, 또 서로와 경험한 연결됨은 실제로 그들이 학생으로서 더 편안하게 느끼도록 해 주었다. 결국 이 모임에서 일어나는 일에 대한 소문이 학교 관리자들에게 알려졌다. 관리자들은 조던에게 그 모임의 대화에 관해 더 알려 달라고 청했고, 이는 궁극적으로 학교에서 제공하는 대학 과목 선이수제 수업의 수를 줄이는 것을 포함하여 교과 과정이 재구성되는 결과로 이어졌다. 이것은 교육 부문에서 흔치 않은 이야기다. 이 이야기는 한 교사가 학생들(이들이 학교가 존재하는 표면적인 이유다)의 목소리로 조직화된 수치심을 폭로할 기회를 대담하게 만든 데서부터 시작되었다.

이 사례에서 우리는 수치심의 치유가 우리가 가장 무서워하는 것으로 향하는 반(反)직관적 행위를 포함한다는 것을 알게 된다. 우리는 수치심에 대해 이야기할 때 느끼게 될 바로 그 수치심을 두려워한다. 어떤 상황에서 우리는 이 취약한 노출이 너무 큰 일이어서 생명을 위협할 것이라고 예상한다. 그러나 우리가 삶을 그리고 이 감옥으로부터의 자유를 알게 되는 것은 바로 **다른 사람을 향한 움직임**, 안심할 수 있는 사람과의 연결을 향한 움직임에 있다. 조던의 이야기에서는, 한 개인이 아니라 기관의 전 조직이 더 통합된 상태에 이르고 수치심으로부터의 해방에 이르는 도상에서 신선한 공기를 호흡하게 되었다.

여행하는 순례자들

우리의 관계에서 수치심을 제거할 수 있기를 바라는 것은 솔깃하지만 부질없는 일이다. 오히려 (지금도 존재하지만 아직 완전히 이루어지지는 않은) 하나님 나라를 향해 우리가 함께 여행하는 동안 수치심에 대한 우리의 반응을 바꾸는 일에 우리의 희망이 있다. 우리는 뇌를 수술해서 수치심을 절제하면 좋겠다고 생각하지만, 그 대신에 수치심과 싸우는 일에서 우리의 자신감을 키워야 함을 알게 된다. 그렇게 되기 위해서 우리는 수치심 외의 것에 주의를 돌리는 능력을 강화해야 한다. 그러므로 우리는 수치심을 행동의 단두대에서 신속히 처형하기보다는 시간을 두고 굶주려 죽게 해야 한다. 그렇게 하려면 (수치심을 피하는 것이 아니라) 그것을 더 큰 이야기의 구성 요소로서 이해해야 한다. 그 이야기의 시작은 우리가 **왜** 만들어졌는지에 관한 것만큼이나 **어떻게** 만들어졌는지에 관한 것이다. 그 **어떻게**의 일부가 2장의 주제다. 이 주제는, 수치심을 이해할 뿐만 아니라 복음이 수치심을 치유하기 위해 전하는 이야기를 이해하고자 하는 우리의 연구에 유익한 해석의 층을 덧붙여 줄 것이다.

2장

수치심은 어떻게 마음을 겨냥하는가

저스틴은 자신의 문제에 대해 어느 누구에게도 이야기해 본 적이 없었다. 30대 후반의 독신으로서 이제야 도움을 구했는데, 그때 그는 여성과의 교제에 대한 갈망과 (일단 관계를 맺게 되면 솟아나는) 거절에 대한 극심한 공포 사이의 반복되는 충돌이 최악에 이른 상태였다. 처음에는 투자 중개인으로, 그다음에는 사업가로 이룬 엄청난 성공에도 불구하고, 그는 자기에게 상당한 문제가 있다고 확신하였다. 그가 진심으로 좋아하는 여성과 감정적으로 가까워질 때마다 더 깊은 연결을 저지하는 장벽을 (거의 부지불식간에) 세우는 이유는 무엇이었을까? 결국 그 패턴은 반복될 것이며, 그가 자신의 갈망에도 불구하고 여성과 가까운 관계를 가질 수 없으리라는 예언은 성취될 것이었다.

심리 치료 과정이 시작된 지 오래지 않아 나는 성적으로 학대당한 내력을 포함해서 그의 성적 발달에 관해 다시 한번 물어보았다. 저스틴은 나를 멍하니 바라보았다. 그의 침묵은 몇 초간 계속되었다. 마침내 그가 속삭임에 가까운 소리로 말하였다. "사촌이 있었습니다."

그는 자신이 깊이 흠모하던 이 사촌 형과의 관계를 상당히 세세하게 설명하였다. 저스틴은 아홉 살 때 그 사촌을 통해 처음으로 음란물을 접하게 되었다. 이는 결국 둘 사이의 성적 행동으로 이어졌는데, 저스틴은 그 행동을 역겨운 동시에 흥분과 자극을 주는 것이라 여겼다. 이러한 형태의 친밀감은 3, 4년 동안 지속되었으나, 저스틴은 나와 대화하기 전까지는 그 누구에게도 이 일을 이야기한 적이 없었다. 나는 그가 부모님께 이 일을 이야기하는 것을 고려해 본 적이 있었는지 물었다. 저스틴은 그 당시에 그것은 어림도 없는 일이라고 생각했었다. 그는 자신의 행동에 대해 혼란과 수치심을 느꼈고 그의 사촌은 가족 내에서 평판이 좋았기 때문에 결국 그는 아무도 그의 말을 믿지 않을 것이라고 확신하게 되었다.

    이 경험들로부터, 감정적으로 친밀한 애착에 대한 불편함이 생겨났다. 그리고 그 불편함은 계속 커졌다. 남자 친구든 여자 친구든 상관없이 친구 관계가 알려짐의 더 친밀한 단계로 옮겨 가자마자 곧 깊은 수치심의 느낌을 이끌어 내기 시작했다. 나는 뇌가 작동하는 방식을 탐구하는 것이 (그를 끝나지 않는 슬픔과 고립의 관계 패턴에 계속 가두어 두는) 그의 수치심 경험을 더 잘 이해하고 변화시키는 데 도움이 될 수도 있다고 제안하였다. 그의 관계 패턴이 반복되는 동안 실제로 그의 내면에서는 그리고 그와 타인들 사이에서는 신경생물학적으로 무슨 일이 일어났을까? 더욱이 이러한 것들을 익히 아는 것은 어떤 차이를 만들어 낼까?

    알고 보면, 상당한 차이를 만들어 낸다. 마음의 건강한 신경생물학적·관계적 발달을 위해 예정된 진로를 그리고 수치심이 그 발달에 끼치는 영향을 더 잘 이해하면서, 우리는 수치심의 본질을 더 잘 알게 되고 그로 인해 구체적·효과적 방식으로 수치심에 반응할 수 있게 되기 때문이다. 이렇게 하나님은 예수님의 구원의 사명을 반영하는 동시에 훗날 도래할 새 하늘과 새 땅을 가리키는, 창조 세계 안의 또 하나의 도구(신경과학 그리고 관련 학문 분야의 연구 결과들)를 제공하신다.¹ 그리고 구원은 저스틴이 절박하게 필요로 하는 것이었다.

지난 10년 동안 줄곧 뇌에 관한 새로운 정보는 연구가들과 일반 대중 둘 다의 흥미를 끌었다. 「뉴욕타임스 매거진」(*New York Times Magazine*)에 뇌에 대한 새로운 정보를 다루는 기사가 실리지 않는 달은 거의 없으며, 2012년에 발행된 「사이언티픽 아메리칸」(*Scientific American*)의 열두 호 가운데 네 호가 마음의 특정 측면을 다루는 커버스토리를 특집으로 삼았다.² [「사이언티픽 아메리칸」의 격월간 간행물인 「사이언티픽 아메리칸: 마음」(*Scientific American: MIND*)은 말할 것도 없다.] 기억에서부터 신경 가소성, 거울 신경세포에 이르기까지 온갖 것에 대하여, 그리고 그것들에 대해 더 많이 아는 일이 우리가 미래에 대해 생각하는 방식에, 과학·윤리·법·교육을 실행하는 방식에, 아주 많은 공공 정책 의사 결정을 내리는 방식에 어떤 영향을 끼치는지에 대하여 집필되는 새로운 책들 때문에 책장 선반이 내려앉을 지경이다.

『영혼의 해부』에서 나는 대인관계 신경생물학과 그것이 기독교 영성 형성과 만나는 교차 지점을 탐구하였다. 그 개념들에 대한 상세한 개관을 위해서는 그 책을 참조하기 바란다. 여기서 나는 그 책에서 제시되는 내용의 몇 가지 요소를 다시 검토하겠다. 그 요소들을 기억하면 우리가 수치심을 이해하는 데 도움이 될 것이다.

마음: 기본적 정의

먼저, (수치심이 유래하고 살아가는 곳인) 마음은 우리가 무엇을 혹은 어떻게 **생각하는지**에 한정되지 않으며, 단지 그러한 측면에서만 이해되어서도 안 된다. 대인관계 신경생물학의 언어로 말하자면, 마음은 유동적인 창발적(創發的) 작용—이는 구체적이고 관계적이다—으로, 그것의 임무는 에너지와 정보의 흐름을 조절하는 것이다.[3] 그것은 말 그대로 결코 완전히 정지하지는 않는다는 점에서 유동적 작용이다. 우리는 의식적으로든 무의식적으로든 깨어 있는 동안이든 잠을 자는 동안이든 늘 무언가를 감지하거나 마음속에 그리거나 느끼거나 생각하거나 행동으로 옮긴다. 뿐만 아니라 마음은 창발적이다. 이는 뇌의 활동 전체가 그것의 부분들의 총합보다 더 크다는 개념을 나타낸다. 하나의 신경세포가 아무리 근사하다 해도 홀로 많은 일을 할 수는 없다. 하지만 천억 개의 신경세포들로 하여금 (개별 구조와 기능이 각기 다를지라도) 서로 협력하도록 하면, 머지않아 드보르작의 "신세계 교향곡", 반 고흐의 "뽕나무", 또는 양자 역학의 발견같이 쉽게 예측할 수 없는 일이 발생하기 시작한다. 더욱이 외관상 눈에 띄는 이 위업들뿐만 아니라 치유, 인내, 용서, 고백, 그리고 관계에서 건강한 경계 짓기라는 '단순한' 행위들도 마음의 창발을 입증한다. 그러나 그와 동시에 마음은 아우슈비츠를 만들어 내는 능력을 가진다. 창발은 왜곡될 경우 지상의 지옥이나 다름없을 수 있다. 앞으로 보게 되겠지만, 이것이 악이 수치심을 활용하는 궁극적 목적이다.

유동적이고 창발적인 것에 더하여, 마음은 구체화된다. 그것은 내면의 창공 어딘가에 존재하는 추상이 아니며 단순히 뇌에 한정된 것도 아니다. 마음은 뇌의 확장된 신경계를 통하여 우리 피부의 안과 밖 모두에서 세계와 상호 작용한다. 우리는 땀에 젖은 손바닥과 빨라진 맥박을 통해 우리가 불안하다는 것을 안다. 사랑에 빠져 있을 때 우리는 단지 애정의 대상을 사랑하는 것만이 아니다. 우리는 그 사람과 함께 있거나 그 사람을 생각할 때 우리가 내면에서 느끼는 것을 사랑한다. 가슴의 두근거림, 경쾌한 기분. 그리고 그 느낌들은 다른 어떤 것 못지않게 우리 몸의 기능으로 여겨진다. 마음이 온전히 구체화된 경험이 없다면, 우리는 마음이 우리에게 이야기하려는 바의 많은 부분을 의식하지 못할 것이다.

또한 마음은 구체적인 만큼 관계적이기도 하다. 관계적이라는 말이 뜻하는 바는, 마음이 일을 할 능력의 창발 자체가 관계들의 존재에 결정적으로 의존한다는 것이다. 우리가 태어나는 날부터 신경세포들은 유전적으로 영향을 받은 패턴에 따라 발화할 뿐만 아니라, 우리가 다른 사람들과 마주칠 때 감지하고 지각하는 무수한 사회적 상호 작용에 대한 반응으로서도 발화한다. 이뿐만 아니라 오늘날 후성 유전학 분야의 정보는 인간의 경험이 유전자들을 켜고 끄는 능력을 가지고 있음을 시사한다.[4] 이렇게 우리의 관계적 상호 작용은 가장 기본적인 생물학적 수준의 삶에 실제로 영향을 미칠 수 있다. 따라서 신경계가 다양한 감정적 경험에 대한 반응들을 연결하는 방식은 그러한 감정들이 생겨나는 관계적 맥락에 상당한 영향을 받는다. 이는 마음의 발달에 관한 한 '천성 대 양육' 논쟁에서의 경계가 환상에 지나지 않는다는 의미다.

(신학적 측면이 아니라) 과학적 측면에서 마음이 가장 효과적으로 하는 일을 고려할 때 마음의 임무는 에너지와 정보의 흐름을 조절하는 것이다. '에너지'는 문자 그대로 신경세포에서 신경세포로의 전기 화학적 전달을 나타낸다. 그리고 '정보'는, 매 순간 우리의 삶 속을 흐르면서 신경생물학적 에너지와 서로 연결되는 유의미한 지각들을 나타

낸다. 이 지각들은 의식적일 수도 있고 비의식적일 수도 있다. 수치심은 마음의 다양한 기능을 서로에게서 효과적으로 단절시키고 그리하여 마음의 각 영역이 우리가 스스로 다른 사람들에게서 단절되었다고 느끼는 것만큼 서로에게서 단절되도록 내버려둠으로써, 이 "에너지와 정보의 흐름을 조절하는" 작용을 방해한다.

에너지와 정보 사이의 상호 작용에 대해 이야기할 때 내가 신경생물학적 기질(基質)(에너지)이 우리가 경험하고 처리하는 현상들(정보)의 원인이 되는 것이 아니라 서로 연결되는 것이라고 언급한다는 점에 유의하라. 비록 뇌가 그리고 중추 신경계와 자율 신경계로부터 연장된 부분들이 삶에 필수적이긴 해도, 예수님을 따르는 우리는 우리의 마음이, 따라서 **우리의** '정체성'의 본질이 뇌의 신경세포 활동으로 환원될 수 없다고 생각한다는 점을 항상 분명히 해야 한다. 따라서 분노를 느끼거나 그랜드캐니언을 상상하거나 가장 좋아하는 축구팀을 응원하거나 새로운 조각 작품을 만들거나 우리 앞에 특정한 하나님 상(像)을 두고 깊이 기도할 때, 우리는 신경세포들의 접점에서 발생하는 바와 우리의 지각하는 마음 사이의 상호 작용—이것이 오로지 뇌세포들로부터 독립적으로 생겨났다고 한정 지을 수는 없다—을 수정 및 조정하는 것이다. 이것의 중요성은 우리가 수치심이 하려고 하는 이야기의 플롯을 더 깊이 파고들 때 분명해질 것이다.

비록 처음에는 마음에 관한 이 기본적 정의가 저스틴에게 약간 부담스럽게 느껴졌지만, 그는 자신의 경험이 그저 '머릿속에서' 일어난 '추상적' 현상에 불과하지 않음을 알게 된 데서 위안을 찾았다. 그의 경험은 그의 육체적 실재 안에 그가 바꿀 수도 있을 구체적 연결 부분들을 가지고 있었던 것이다. 우리는 건강하게 활동하는 마음의 주요 특징 중 하나로 곧장 주의를 돌렸다. 이 특징은 수치심이 하나님이 의도하신 선하고 아름다운 창조 세계를 해치려고 시도하며 표적으로 삼는 대상이다.

통합된 마음

몇몇 부서로 이루어진 사업체에 대해 생각해 보자. 이 사업체가 번창하기 위해서는 경영진, 영업부, 마케팅부, 연구 개발부, 인사부 등 각 부서가 특정 영역에서 맡은 임무에 필요한 자원을 가지고 효과적으로 기능을 다해야 한다. 그러나 또한 각 부서는 다른 부서들과 잘 소통해야 한다. 그렇지 않으면 마케팅 직원이나 영업 사원이 어떤 상품을 내놓아야 하는지를 어떻게 알겠는가? 이것은 **통합**이라는 현상의 예다. 통합된 조직은 그것의 부분 집합들이 **분화**와 **결합**을 나타내는 조직이다. 각 부분은 적절하게 분화하거나 성숙해지는 동시에 다른 부분들과의 결합이나 연결에서 발전한다. 이와 비슷하게, 마음은 다수의 기능적 영역을 가진 것으로 묘사될 수 있다. 마음이 제대로 기능하기 위해, 이 영역들은 각각 성장하고 성숙해져야(분화) 하지만 동시에 다른 영역들에 연결되어야만 한다(결합). 이 연결의 유지에 대한 책임은 전전두피질의 활동에 있다(전전두피질은 우리를 가장 독보적으로 인간다운 존재로 만들어 주는 뇌의 부분이다). 우리가 마음의 이 여러 활동에 주의를 기울일 때 우리는 그 활동들의 변화와 변천을 의식하기에 더 유리한 입장에 서게 되고, 따라서 그 활동들이 우리를 통제하도록 하는 대신 우리가 그것들을 더 잘 조절하게 된다.

대니얼 시겔은 획기적 저작인 『성장하는 마음』(The Developing Mind)에서 '대인관계 신경생물학'이라는 표현을 고안해 냈다. 그는 이후의 저작인 『마음을 여는 기술』(Mindsight, 21세기북스)에서 마음의 아홉 가지 영역(기능) 그리고 그 영역들의 통합이 어떻게 활기찬 정신 건강에 기여하는지 설명하였다. 그러므로 통합은 각 영역이 자기가 하도록 설계된 바를 하는 능력 면에서 성장하고 성숙해지는 동시에 다른 영역들과 결합하는 것을 의미한다. 이렇게 그 영역들은 서로 유연한 소통 가운데 있다. 각 영역을 살펴보는 동안, 이러한 것들이 현재의 뇌 과학 지식을 말해 준다는 것을 의식하라. 미래에 이 지식이 변화되고 발전하면서, 우리는 이 영역들을 다르게 볼지도 모른다.

간략하게 살펴보자면, 시겔이 설명하는 마음의 아홉 가지 영역은 다음과 같다.[5]

의식(consciousness). '의식'은 어느 순간에든 우리가 감지하고 지각하고 느끼고 생각하고 행하는 바에 대한 우리의 일반적 수준의 자각을 가리킨다. 주의는 이 영역의 전형적 특징이다. 우리가 얼마나 진정으로 의식하고 있는지는 우리가 주의를 기울이는 대상에 얼마나 잘 주의를 기울이고 있는지에 달려 있다.

수직적(vertical). 우리의 뇌는 아래에서 위로 발달한다. 다시 말해, 뇌간(몇 가지를 예로 들자면, 심장 박동 수와 호흡수, 식욕, 수면-각성 주기, 성적 흥분의 요소들, 도피-투쟁 반응을 담당한다)이 먼저 발달하고, 뒤이어 변연계 회로(우리가 감정이라고 지각하는 것의 상당 부분이 나타나는 특정 부위), 그다음으로 신피질(아주 적은 수의 예를 들자면, 우리 몸의 내부와 환경으로부터 오는 감각 정보 처리하기, 결정 내리기, 반성, 논리적으로 정리하기, 구체적 창조성, 절제를 사용하는 능력, 행동의 결과 고려하기를 담당하는 뇌의 부분)이 발달한다.

수평적(horizontal). 또한 뇌는 측면으로 우반구와 좌반구라는 두 개의 반구로서 발달한다. 신경세포들의 연결 면에서 우반구의 성장은 생의 첫 18-24개월 동안 좌반구의 성장을 앞지르고, 머지않아 좌반구가 빠르게 따라잡기 시작한다. 두 반구는 특정 기능들을 담당하는 경향이 있다. 우반구는 시공간(視空間, visuo-spatial) 지향, 비언어적 소통, 몸에 관한 통합된 내적 지도, 감정의 중심이 된다. 그리고 좌반구는 논리적·직선적·문자적 사고의 처리뿐만 아니라 언어의 (전부는 아닐지라도) 많은 부분이 발달하는 중심이 된다. 이것을 이해하는 한 가지 방법은, 시간이 흐르면서 좌뇌는 우뇌가 자기에게 전송하는 것을 이해하기 위해 일한다고 보는 것이다.

기억(memory). 기억에 관한 여러 사항 중에 하나만 언급하자면, 기억은 과거에 대한 회상에 관한 것인 만큼 미래에 대한 예견에 관한 것이다. 우리는 우리 미래가 어떠할지 예측하기 위해 기억한다. 내가 외출할 때 찾을 수 있게 열쇠를 둔 곳은 어디일까? 과거에 내 느낌을 남에게 말했던 경험을 고려할 때, 내 느낌을 드러내는 것은 안전할까? 하나님은 신뢰할 수 있는 분이실까? 우리의 **암묵** 기억은 먼저 다양한 신체적 감각, 느낌, 지각, 비의식적으로 의도된 행동을 통해 발달한다. 그러나 결국 우리가 이른바 자전적 기억과 함께 사실들(3×2=6)을 기억하기 시작하면서, **외현** 기억이 활성화된다. 여기서 자전적 기억이란 우리가 과거에 겪은 사건들의 사실적·감정적 세부 사항들을 기억할 뿐만 아니라 특정 미래를 예측할 수 있는 능력이다.

내러티브(narrative). 마음이 발달하면서, 우리는 마침내 자신의 삶을 이해하려고 애쓴다. 우리는 의식의 영역, 수직적 영역, 수평적 영역, 기억의 영역에 대한 자각에서 유래하는 정보를 취하여 우리의 이야기를 하기 시작하는데, 그 내용의 대부분은 사실상 비언어적이고 비의식적이다. 이 내러티브는 우리의 가장 친밀한 애착 관계들에 크게 영향을 받는다. 따라서 나는 누구인가(즉, 내가 나 자신에 대해 말로만이 아니라 시각적 심상, 감각, 느낌으로 스스로에게 이야기하는 것)는 언제나 내 현재의 관계들의 관점에서 이해될 것이다. 여기서 **현재의** 관계들이란 내 마음의 활동에 현재 영향을 주는, 과거 혹은 현재의 모든 관계를 나타낸다. 그래서 고인이 된 사람들조차, 내가 그들에 관한 기억의 지속적 경험을 어떤 식으로 계속 처리하는지에 따라, 내 삶에 계속 영향을 미칠 수 있다. 이 때문에 이미 세상을 떠난 부모님이 연루된 사건들의 기억이 있을 때, 나는 계속 수치심의 느낌을 품을 수 있다.

상태(state). 알고 보면, '마음의 상태'라는 어구는 구체화된 실제 현상을 나타낸다. 신경과학자들은 마음의 상태가 구체적 신경망 활동과 서로 깊은 관련이 있다고 생각한다. 그래서 내가 테니스를 치려고 준비할 때 내 뇌의 신경세포들이 보여 주는 발화 패턴은 내가 배우자와 말다툼할 때와 상당히 다르다. 우리는 (깨닫지 못할 때도 많지만) 하루 종일 이 상태에서 저 상태로 옮겨 다닌다. 퇴근하여 집에 갈 때, 내 마음은 한 상태에서 다른 상태로 옮겨 간다. 진짜 문제는 내가 이 변화와 그로 인한 모든 결과(예를 들면, 나는 직장에서만큼 긴장하거나 조심스럽게 반응할 필요가 없는 곳으로 가고 있다)에 주의를 기울이는지 여부다. 인생에서 우리에게 문제를 일으키는 요인들의 상당 부분은 우리가 한 상태에서 다른 상태로 예기치 않게 옮겨 가는 것 혹은 그러한 유형의 이행에 주의를 기울이지 않는 것과 관련이 있다.

대인관계적(interpersonal). 내 마음은 '나'에게 한정된다고 나를 설득하는 모든 것에도 불구하고, 내 마음의 많은 활동이 다른 사람들의 마음에 대해 생각하고 그것과 상호 작용하는 일에 사로잡힌다는 진실은 여전히 남는다. 이는 시겔이 "우리의 신경생물학"이라고 언급하는 것을 가리킨다. 다시 말해, 내가 하는 어떤 일이든 다른 사람들의 마음에 영향을 끼치지 않는 혹은 그들의 마음의 영향을 받지 않는 경우는 거의 없다. 그리고 수치심은 우리들 사이에 끊임없이 흐르는 물결을 따라 자유롭게 헤엄쳐 다닌다.

시간적(temporal). 우리가 아는 한, 인간은 과거와 미래에 대해 **반추하는** 능력을 지닌 유일한 피조물이다. 이는 이번 겨울에 내가 도토리를 먹고 싶어져서 그것을 어디에 두었는지 기억하는 것과는 다르다. 그것은 우리가 기억하는 것들에 의미를 부여할 수 있는 능력을 나타낸다. 그러므로 우리는 우리에게 시작이 있었고 미래의 어느 시점에 죽으리라는 것을 알고 있다. 시간과 그 경과에 대한 이 자각은 우리가 현재의 순간에 어떻게 반응하는지에 커다란 영향을 미친다.

영역 포괄적(transpirational). 시겔은 앞선 여덟 가지 영역을 동시에 돌아보는 작용을 나타내기 위해 이 새로운 단어를 만들었다. 전반적 함의는 마음의 활동을 알아차리는 것이 노고를 요하는 일이라는 것이다. 그것은 해방을 가져오는 일임에 틀림없지만, 그래도 힘든 일이다. 그러나 이 책의 나머지 부분을 거치는 동안, 우리가 그 영역들을 돌아보지 않으면 수치심이 훨씬 더 수월하게 그 영역 모두를 사정없이 파괴하리라는 것을 알게 될 것이다.

요약하자면, 중추 신경계의 발달은 아래부터 위로, 오른쪽부터 왼쪽으로 진행된다. 그리고 우리의 구체화된 마음에서 기능 및 정교함이 낮은 부분들이 먼저 발달하고(이 순서가 중요성의 순서와 반드시 일치

인간의 뇌

외부에서 바라본 좌뇌의 측면

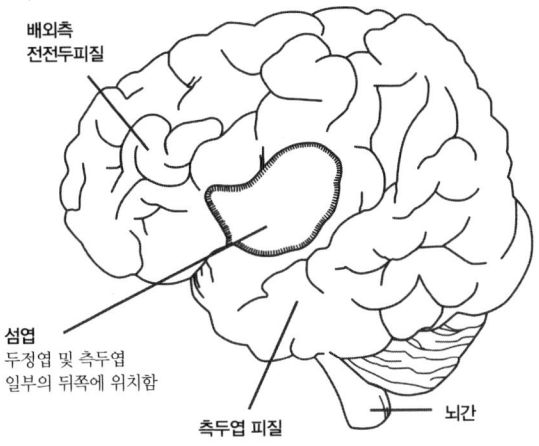

뇌의 중앙에서 바로본 우뇌

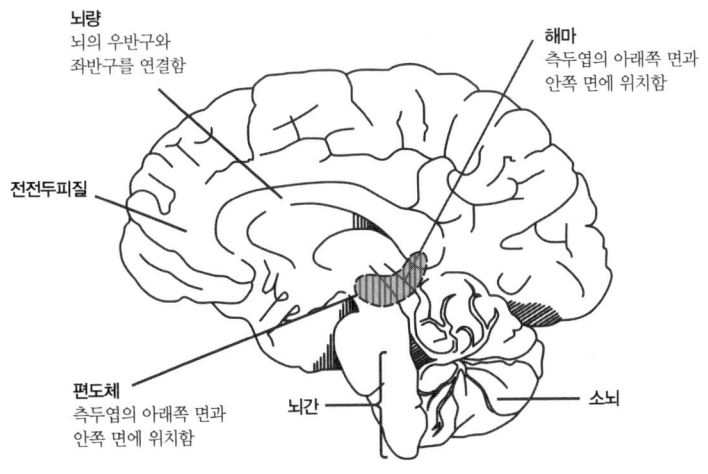

그림 2.1. 인간의 뇌

하지는 않는다), 그 뒤에 우리를 가장 독보적으로 인간다운 존재로 만들어 주는 뇌의 부분들이 발달하는 경향이 있다. 이 진행은 전전두피질의 성숙으로 절정을 이룬다(그림 2.1을 보라). 전전두피질의 단계에서, "아래부터 위로" 그리고 "오른쪽부터 왼쪽으로" 발생하는 저 회로들은 서로 소통하기 위해 모여든다. 이 아홉 가지 영역이 발달하는 동안, 우리는 내면적·대인 관계적 측면에서 연결들의 복잡성이 낮은 정도로부터 높은 정도로 옮겨 간다. 우리가 나이가 들어 감에 따라 우리의 뇌는 그 자체 내에서 더 많이 연결되면서 건강한 방식으로 성숙해진다. 그사이에 우리는 또한 다른 사람들과 건강한 방식으로 더 많이 연결된다. 이 다양한 영역들 사이에 통합이 발생하는 장소가 되는 것이 전전두피질의 임무다. 이곳의 세포들은 서로 다른 영역들의 분화와 그 영역들 사이의 결합을 촉진한다.

마음의 건강한 발달에 대한 이러한 이해 방식은, 신비로운 방법으로 만들어진 피조물인 우리가 흙이자 생기라고 선언하는 창세기 내러티브(창 2:7)를 상기시킨다. 우리는 분리할 수 없는 방식으로 구체화된 존재이자 관계적 존재다. 더욱이 이 통합의 특징은 하나님께 한마음을 달라고 구하는 시편 기자의 간청(시 86:11)에, 그리고 굳어지고 해체된 마음을 유연하고 연결된 마음으로 변화시키심과 동시에 한마음을 주시려는 하나님의 깊은 갈망(겔 11:19)에 반영되어 있다. 내 마음은 조화롭게 하나로 모일 때만, **그리고 나 자신 외의 누군가에게서 오는 도움으로만** 제 기능을 다하는 여러 다른 부분으로 이루어져 있다는 생각은 성경의 저자들이 제시하는 하나의 비유로서, 통합된 방식으로 작동하는 우리의 구체화된 신경 회로에 대한 시적 표현이다.

하나님이 우리 마음으로 하여금 (우리가 서로와 함께 그러는 것처럼)

성숙과 연결 면에서 자라나도록 의도하시는 것과 같은 방식으로, 바로 그 과정을 방해하고 무너뜨려서, 기능적으로 마음과 행동의 경직된 혹은 혼란스러운 상태를 초래하여, 우리가 내면적·대인 관계적으로 그 상태에서 살아가도록 하는 것이 수치심의 주요 특징 가운데 하나다.

저스틴이 견뎌 냈던 학대의 과정뿐만 아니라 그 결과로 나타난 수치심에 대한 그의 반응에서도 그의 마음의 모든 영역 하나하나가 와해되었다는 것이 분명해졌다.

함께 발화하는 신경세포들은 서로 연결된다

지난 30년 동안 축적된 증거는 뇌세포들이 우리가 예전에 생각했던 것보다 더 큰 적응력과 재생력을 지니고 있음을 보여 준다. 이 특성을 가리켜 일반적으로 신경 가소성이라고 부른다. 신경세포들의 이 속성은 뇌의 서로 다른 영역들 사이의 연결을, 그로 인해 감각, 심상, 느낌, 생각, 신체적 행동 같은 서로 다른 기능적 요소들 사이의 연결을 허용한다. 이는 캐나다의 신경심리학자 도널드 헵(Donald Hebb)을 기념하여 헵의 원리라고 알려지게 된, "함께 발화하는 신경세포들은 서로 연결된다"는 말에 담겨 세간에 회자된다. 본질적으로, 우리가 특정 신경망의 활성화를 실행할수록, 그 신경망은 더 수월하게 활성화되며 뇌에서 더 영구화된다.

바울은 로마서에서 새롭게 되는 것이 가능함을 시사한다.

> 그러므로, 형제들아, 내가 하나님의 모든 자비하심으로 너희를 권하노니 너희 몸을 하나님이 기뻐하시는 거룩한 산 제물로 드리라. 이는 너희가 드릴 영적 예배니라. 너희는 이 세대를 본받지 말고 오직 마음을 새롭게 함으로 변화를 받아 하나님의 선하시고 기뻐하시고 온전하신 뜻이 무엇인지 분별하도록 하라. (롬 12:1-2)

바울이 신경과학자는 아니었지만, 여기에서 그는 우리가 지금 신경 가소성의 렌즈를 통해 보는 바를 언급하고 있다고 말해도 좋을 것이다. 그러므로 마음을 새롭게 함은 추상적 개념에 불과한 것이 아니다. 그것은 실제의 몸에서 실제로 일어나는 변화를 의미한다.

몇 개월에 걸쳐 자신의 이야기를 하는 중에, 저스틴은 어떻게 관계적 친밀함의 행위가 (그가 설명할 길이 없던) 수치심과 공포가 결합된 신경망을 활성화하는지 이해하기 시작했다. 그의 뇌가 사춘기 초기에 신경 가소성 면에서 더 유연할 때 이 신경망들이 처음으로 형성되었다는 사실은 그것들이 더 수월하게 그리고 영구적으로 형성되었음을 의미했다. 이른 나이에 누린 아이비리그 교육과 사회 경제적 풍요에도 불구하고, 그가 이 패턴을 바꾸기가 그렇게 어려웠던 것도 당연하다.

그러므로 우리가 특정 방식으로 신경세포들을 발화시키는 것을 실행할수록 그 특정 경로를 활성화하는 것이 더욱 쉬워지며, 따라서 그 패턴들은 (그것들이 바람직한 것일 수도 있고 아닐 수도 있지만) 더 견고하게 자리 잡게 된다는 것을 우리는 알게 된다. 이후에 수치심의 치유를 고찰할 때, 우리는 신경 가소성의 문제로 다시 돌아갈 것이다.

주의: 마음에 시동을 거는 열쇠

신경 가소성은 신경망들의 연결(혹은 제거)을 가능하게 하는, 그리하여 수치심 패턴들의 형성과 영구화를 가능하게 하는 유연한 적응의 주요 특징이다. 그리고 **주의**는 신경 가소성의 움직임에 동력을 제공하는 작용이다. 우리는 의도적 동조를 통해 전전두피질 안에 위치한 신경세포들을, 앞에서 열거한 아홉 가지 영역과 상호 관련된 신경망들과 연결한다. 이 주의를 통해 우리는 신경세포들을 분화와 결합을 향해 움직이게 하며 통합된 전체로 합한다. 주의는 기능 위주의 나머지 차량들을 끌고 가는 마음 열차의 기관차다. 우리는 궁극적으로 우리가 주의를 기울이는 대상이 된다. 그리고 어느 때든 우리에게 주어진 선택지는 무수한데, 그 가운데 가장 중요한 것은 우리 내면에 위치한다. 바울은 로마서에서 이를 알고 단호히 말한다. "육신을 따르는 자는 육신의 일을, 영을 따르는 자는 영의 일을 생각하나니 육신의 생각은 사망이요 영의 생각은 생명과 평안이니라"(롬 8:5-6). 무언가를 생각하는 것은 본질적으로 주의를 기울이는 것과 관련된다. 나는 무엇에 주의를 기울이는가? 바울은 우리가 주의를 기울이는 대상이 되돌아와서 우리를 다스린다고 말한다. 그리하여 우리의 주의는 죽음 또는 삶 둘 중 하나와 깊이 결부된다.

성경 내러티브의 아주 많은 부분은 하나님이 우리의 주의를 얻기 위해 애쓰시는 이야기다. 우리의 이야기는 아담으로부터 모세, 사무엘, 이사야, 예수님의 제자들에 이르기까지, 우리 교회의 강단으로부터 소그룹에 이르기까지, 우리의 주방으로부터 침실, 회의실에 이르기까지 주의를 기울이는 것["참된 것은 무엇이든, 경건한 것은 무엇이든, 옳은 것은 무엇이든, 정결한 것은 무엇이든, 사랑받을 만한 것은 무엇이든, 칭찬받을 만한 것은 무엇이든…무슨 덕이 있든지 무슨 기림이 있든지 이것들에"(빌 4:8) 늘 마음을 두는 것]이 매우 힘든 사람들의 이야기다. 현재, 사람들을 내 진료실로 이끄는 요인의 대부분은 그들이 자기 마음이 하고 있는 일의 상당 부분에 주의를 기울이지 않는 정도와 상관관계에 있다. 수치심은 다른 방식으로는 자신이 원하는 바를 이루지 못할 때 이 경향을 일상적으로 활용한다. 우리가 마음이 우리에게 제시하는 다양한 요소에 기꺼이 주의를 기울이지 않을 때, 불행한 일이 발생한다.

예를 들어, 아내가 "그 바지를 입으려고?"라고 묻는 경우를 보자. 그 말을 듣고 기분 나빠하는 내 표정을 알아챈 그녀는 곧이어 말한다. "도움이 되려는 것뿐이야." (나는 생각한다. "뭐라고? 도움? 내가 입으려는 바지에 대한 당신의 논평이 도대체 어떻게 '도움'이 되는 거지?") 내 전전두피질을 사용해서 내 몸의 긴장감이 갑자기 상승하는 것이나 비판받았다고 감정적으로 느끼는 것이나 '아내는 옷에 관한 한 내가 어리석다고 생각해'라는 생각—그 생각은 10억 분의 2초 정도 후에 '아내는 내가 어리석다고 생각해. 그게 다야'라는 생각에 이른다—에 주의를 기울이지 않으면, 나는 "제발 도움이 되지 **말아 줘**"라는 말을 뱉고는 곧 그 말을 주워 담기를 바라게 될 것이다. 그 다섯 마디의 말에 내 표정, 어조, 신체 언어까지 합쳐져서, 나는 결국 우리 두 사람 모두의 감정이 매우 상하게 될 국지전을 개시하게 된다. 수치심이 바지 한 벌을 이용할 수도 있다는 것을 누가 알았을까?

보통 사람들은 내가 내 복장에 대한 사소한 지적을 피할 수 있으리라고, 또 그 지적을 그렇게 기분 나쁘게 받아들이지 않으리라고 생각할 것이다. 어떻게 그리도 사소한 일이 하루 종일 지속되는 앙금을 남기는 언쟁으로 이어질 수 있을까? 여기에서도 주의의 역할이 보인다. 수치심이 가벼운 경멸로부터 발달하기 시작해서 기하급수적으로 확대되면, 나의 주의 기제는 작동을 멈추고 그 상태에 계속 머물게 된다. 이 모욕의 사건을 역전시키는 일에서 다른 어느 것 못지않게 중요한 관건은 내 주의를 다시 궤도에 올려놓는 일이다. 저스틴의 경우, 수치심의 감정은 너무도 강렬하여 그가 주의를 관리하는 능력에서 변화를 이루기까지는 여러 주가 걸렸다. 그렇지만 그는 분명 변화되었다. 우리는 뒤에 이어질 장들에서 그 일에 전념하는 방법을 알게 될 것이다.

감정이 수위를 차지한다

결국 감정이라는 무정형의 세계에 뛰어들지 않고서는 마음을 이야기할 수 없다. 내가 "결국"이라고 말하는 이유는 '마음'(mind)이라는 단어가 언급될 때 (대부분은 아니더라도) 많은 사람이 그것을 우리가 사고하는 과정과 우선 연관 짓기 때문이다. 그러나 마음의 발달에 관한 한, 우리는 논리적·직선적 사고 처리 과정이 마지막으로 나타나는 특질 중 하나임을 알게 된다. 실제로, 감정이 인간 행동의 영역에서 수위를 차지한다. 나는 '수위'라는 말을 통해 감정이 우리 마음의 기능 가운데 가장 중요하다고 암시하는 것이 아니며, 오히려 이는 감정이 원초적인, 즉 우리 마음의 발달 과정에서 초기에 나타나는 경향이 있음을 의미한다. 감정은 감각에 반응하여, 가장 근본적으로 이 상태에서 저 상태로의 이행에 대해 우리의 주의를 환기시키는 정신 활동이다. 연구자들은 감정을 어떻게 특징지을지에 대해 합의를 도출하지는 못했지

만,[6] 감정이 뇌의 조직화에서 중심이 되는 에너지라는 데는 분명히 동의한다.[7]

인간의 행동을 고찰할 때 우리는 우리가 처한 상황에서 감정을 빼면 우리가 움직임을 멈춘다는 것을 발견한다. 'emotion'이라는 단어의 어원은 라틴어 어근 *a-motion*을 포함하는데, 이것은 '움직임에 선행한다'는 뜻이다. 이는 어떤 감정이든 동력을 공급하여 인간의 움직임을 일으킨다는 것을 시사한다. 우리가 태어날 때부터 감정은 우리 존재의 주된 원동력이다. 주의가 마음에 시동을 거는 열쇠라면, 감정은 탱크에 든 연료로서 기관차를 달리게 한다. 발달의 측면에서 감정은 인지보다 훨씬 더 이른 시기에 존재한다. 많은 연구자는 심지어 출생 전에도 감정이 존재하며 활동한다고 믿는다. 따라서 우리가 무언가를 하는 것에 관한 한 감정은 근본적으로 중요하다.

우리는 감정에 대해 이야기하기 위해 그것을 다른 정신 활동—감각, 심상, 인지 같은—으로부터 분리하는 경향이 있다. 그러나 마음에는 그렇게 뚜렷이 구획된 부분들이 없다. 뇌의 서로 다른 영역들이 특정 정신 활동과 더 우세하게 상호 관련되기는 하지만, 우리가 경험하는 사실상 모든 것은 감정적 톤에 의해 구체화되며 영향을 받는다. 그러므로 감정이 우리를 통제하기도 하고 우리가 감정을 통제하기도 한다. 우리가 무언가를 생각하거나 감지할 때마다 감정은 그 과정의 일환이다. 따라서 의식 차원에서 우리가 지각할 수 있는 정도의 차이는 있겠으나 감정이란 인간의 모든 활동에 빠짐없이 엮여 들어간 것으로 생각하는 편이 더 정확할 것이다. 그러므로 우리가 '감정적이지' **않은** 때는 결코 없다.

감정이 우리에게 영향을 주는 특정한 방식 하나는 우리의 기억을 통해서 이루어진다. 우리는 감정적 현저성에 주의를 기울이며 그로 인해 그것을 기억하는 경향이 있다. 그것이 늘 유쾌해야만 하는 것은 아니다. 우리는 오히려 중요하고 유의미한 것에 주의를 기울이며, 따라서 그것을 기억하기를 실행한다. 내가 감정적으로 이끌리는 대상을 기억하기를 실행할수록, 나는 점점 더 내가 기억하는 그 대상이 된다.

저스틴이 '그건 너무 어리석었어!'처럼 스스로에게 으레 하는 말에 대해 이야기할 때, 그 말들을 확인하기는 어렵지 않았다. 그는 "자신에게 그런 말을 하는 것을 멈출" 필요가 있다고 내게 말했다. 그러나 그 말 아래에 느낌이 놓여 있었으며, 이 느낌은 확인하거나 멈추기가 그다지 쉽지 않았다. 그 결과, 그는 얼마 동안 그 말을 하는 것을 강제로 멈추려고 애쓴 뒤에도 그 느낌이 여전히 남아 있음을 알게 되었다. 그 후에 그는 "그 말을 하지 않는데도 여전히 기분이 나쁩니다"라고 말했다. 그의 경험의 감정적 특성은 실행된(심지어 그리고 특히 무의식적으로 실행된) 주의를 통해 거듭 스스로를 수치스럽게 하는 그의 행동에 계속 연료를 공급하였다.

감정적 현저성의 또 다른 중요한 측면은 미래에 대한 우리의 예견에서 그것이 하는 역할과 관련된다. 확실히 우리는 지금부터 5분 후든 5년 후든 우리의 미래 상태를 상상할 때, 소위 사건들에 대해 종합적으로 생각하지 않는다. 우리의 뇌가 예견하는 가장 두드러진 특징은 우리의 감정적 상태다. 예를 들어, 내가 의사가 내 아이에게 무슨 진단을 내릴지 걱정할 때 나는 내 아이가 암에 걸렸을지도 모른다는 사실에 대해서만 걱정하는 것이 아니다. 오히려 내 마음은 내가 그 소식을 들을 때 받을 느낌을 예견한다. 게다가 나는 그저 깊은 슬픔의 느낌을 예견하는 것만이 아니다. 훨씬 더 중요한 것으로서, 나는 그 느낌에서

벗어날 능력이 없음을 예견한다. 이를 자각하는 것은 대단히 중요하다. **하나의 감정으로서의 수치심은 우리가 예견하는 대상일 뿐만 아니라 바꿀 수 없다고 느끼는 대상이기 때문이다.**

물론 실제로는 내 아이의 진단에 대해 슬픔을 느낄 미래에 나는 슬픔을 완화할 조치를 취할 것이다. 문제는 그 감정이 내 마음의 풍경을 너무 꽉 채워 버려서 내가 미래에 느낄 것이라고 예견되는 바로부터 빠져나와 현재의 순간으로 내 주의를 돌리기가 어려워진다는 것이다. 현재의 순간에 주의를 기울이는 바로 그 행위가 내 주의를 수치심의 전반적 경험으로부터 멀리 이동시키지만, 내가 내 주의를 재조정하지 못하도록 하는 수치심의 힘은 실로 지극히 압도적일 수 있다.

그렇다면 감정은 우리의 일상 생활 전체를 따라 흐르면서 다양한 대역폭의 경험을 낳는다. 우리는 서로 다른 이 느낌들을 '수치심'을 포함하여 '기쁨' '슬픔' '분노' '놀라움' '실망' 같은 말로 나타낸다. 이는 수치심에서 가장 원초적이고 강력한 요소는 그것의 감정적 특성임을 시사한다. 수치심은 분명 우리에게 제공된 정보에 반응하여 생겨날 수 있으며 따라서 인지에 기원을 둔 것처럼 보이지만, 수치심의 힘은 그것에 대해 우리가 **느낌으로 체험한** 경험에 놓여 있다. 이를 유념하는 것이 중요하다. 수치심과의 싸움에서 우리가 느끼는 바에 주의를 기울이지 않으면, 우리가 알지 못하는 사이에 수치심이 자기가 원하는 대로 우리를 다루기가 쉽기 때문이다.

애착과 뇌

애착은 우리들 각자가 안정되게 혹은 불안정하게 겪는 과정으로, 그 애착에 의해 우리는 태어나면서부터 주요 양육자의 특정한 접근에 응하여 그들에게 연결된다(달라붙는다). 이 연결은 우선 피부 대 피부 접촉을 통해 그리고 목소리의 음향과 어조, 눈 맞춤, 신체 언어를 통해 이루어지며, 결국 아이가 언어를 기반으로 하는 소통을 이해하게 되면서 확고해진다.

엄밀히 말하면, '애착'은 미성숙한 유아의 뇌가 스스로를 조직화하고 통제하는 법을 배우기 위해 성숙한 성인 뇌의 강점들에 접근하여 그것들을 활용하는 과정을 나타낸다. 우리의 주의, 기억, 감정, 그리고 마음의 다른 많은 기능을 통제하는 법을 배우는 최초의 수단은 또 다른 뇌에 의해 결정되며, 어느 정도는 이것이 우리의 전 생애 동안 계속된다. 우리의 인생 행로에서, 건전한 애착은 우리의 성공에 지대한 영향을 미치며, 우리가 성인기에 이르도록 계속 발전시키고 유지하는 관계들의 최종적 특성과 건전성에 강한 영향을 준다. 그것은 우리가 타인과 상호 작용하는 방식을, 우리가 영위할 우정과 결혼 생활의 유형을 형성하며, 그런 후에는 우리가 자녀를 양육하는 방식에 영향을 줌으로써 그 순환을 강화한다.

모든 갓난아기는 자기를 찾는 누군가를 찾아 세상으로 들어온다. 아기는 태어날 때 특정 기질을 지니고 세상에 들어와 부모에게 반응—바라건대 아기의 욕구에 적절하게 동조된—을 끌어낸다. 그러나 아기에 대한 부모의 접근은 새로 태어난 아기의 기질에 의해서만 영향을 받는 것이 아니다(심지어 아기의 기질이 주된 영향 요인도 아니다). 부모 자신의 성장 이야기(이것이 주된 영향 요인이다)가 아기에 대한 부모의 접근을 형성한다. 부모 자신의 성장 이야기는 그들이 어떻게 관계를 이끄는지, 그들이 자신의 감정을 감지하고 조절하는 법을 얼마나 잘 익혔는지, 그들이 어떻게 타인의 감정적 신호(특히 비언어적 신호)를 알아채고 반응하는지, 그리고 그들이 아름다움과 상처 둘 다를 지닌 그들 자신의 이야기를 얼마나 일관성 있게 이해하는지에 지대한 영향을 미친다. 그리고 부모가 아기에게 어떻게 다가가는지에 따라, 아기는 안정된 방식으로 애착을 형성하거나 불안정한 방식으로 애착을 형성한다. 부모가 스스로 마음의 통합을 이루기 위해 노력한 만큼 아이 안에 안정된 애착을 발달시킬 수 있을 것이다. 시겔이 말한 대로, 아이 안에 안정된 애착을 발달시키는 모든 변수 가운데 가장 강력한 단 하나의 변수는 아이의 부모가 자신의 이야기를 얼마나 일관성 있게 이해하였는가 하는 것이다.[8]

안정된 애착은 공감, 동조, 주의 깊은 마음 상태, 적절한 한계 설정이 높이 평가되는 환경에서 형성된다. 저스틴의 어린 시절 가정에서 그러한 요소들이 항상 존재하지는 않았다. 오히려 그가 학교에서 내는 성과뿐만 아니라 그가 신학적으로 믿는 내용과 관련된 완벽주의가 다른 모든 미덕보다 더 가치 있다고 여겨졌다. 저스틴은 심지어 예수님을 따르는 일이란 완벽하게 행해져야 하는 것이라고 이해했다. 그러한 말을 직접 들은 적이 없는데도 말이다. 결함—특히 성과 관련된—을 절대 드러내지 말아야 한다는 그의 생각은 그가 모든 비언어적 신호를 해석하는 방식에서 더 많이 유래했다.

안정된 애착이 신체 조절, 조화로운 소통, 감정적 균형, 두려움 조절, 반응 유연성, 공감, 통찰, 직관을 포함하는 전전두피질의 여러 기능의 성숙과 서로 깊은 관련이 있다는 점은 주목할 만하다. 이는 관계의 특성이 경우에 따라 우리 뇌의 신경세포 연결 과정—이는 항상 일어나고 있는 일이다—에 영향을 미친다는 개념을 강화한다. 다시 한번, 이는 우리가 근본적으로 연결된 존재로 창조되었으며 이 점은 창세기 1:26의 저자가 묘사한 것처럼 "**우리**의 모양대로" 인간을 만들고자 하는 공동체적 신을 거울처럼 비춘다고 단언하는 인류학을 반영한다. '나'의 모양대로도, 혹은 그저 이미 창조된 다른 어떤 것의 모양대로도 아니다. 오히려 태초부터 삼위일체 하나님은 우리를 거룩한 세 위격의 창조성의 모임에 참여할 수 있는 존재로 만드셨다. 기쁨은 창조성의 특징 중 하나다. 그렇다면 통합된 마음·관계·공동체의 발달의 자연스러운 진행은 (매우 힘든 상황에서도) 기쁨을 경험하는 데서 온전히 실현된다. 안정된 애착은 고통의 부재와 일차적으로 관련된 것이 아니라, 그러한 힘든 상황에서도 기쁨이 존재하는 것과 관련되기 때문이다. 그것은 불화의 부재와 관련된 것이 아니라, 불화를 바로잡는 일이 우리가 상상할 수 있는 범위를 넘어서는 것처럼 보일 때도 불화를 충실히 바로잡는 것과 관련된다. 물론 어려운 관계적 상황에도 불구하고 필연적으로 일어나는 기쁨, 호기심, 창조성의 출현을 방해하기 위해 수치심은 할 수 있는 모든 일을 할 것이다.

   그러므로 당연히 우리의 애착 유형은 우리가 하나님과의 관계를 경험하는 방식에 깊은 영향을 준다. 하나님은 우리가 다루는 바로 그 뇌를 다루어야 하시기 때문이다. 그분은 우리가 관계의 친밀성을 피하거나 그것에 대해 불안해하는 바로 그 성향을 다루신다. 하나님을 대할 때 우리는 우리의 애착 유형을 통해 특정한 방식으로 연결된 뇌는 선반에 얹어 두고 별개의 뇌를 꺼내서 쓰는 것이 아니다. 하나님은 우리의 친구, 부모, 배우자, 자녀, 또는 적이 다가오는 바로 그 일련의 신경망에 다가오신다.

창세기 2:18에서 하나님은 "사람이 혼자 사는 것이 좋지 아니하니 내가 그를 위하여 돕는 배필을 지으리라"라고 말씀하신다. 혼자라는 느낌 혹은 이 경우에서 '불충분하다'는 느낌은 하나님이 관심을 가지시고 여자를 지어 남자에게 데려오심으로써 바로잡으셨던 대상이었다(창 2:22). 그런데 이 본문은 이야기의 나중에 다가올 일의 전조로서, 혼자인 것의 어두운 면—진정으로 혼자인 것, 즉 고립됨, 홀로 남겨짐, 잊힘, 무시됨, 멸시받음, 밀려남, 버림받음—이 하나님이 알아보신 가능성임을 시사한다. 그리고 우리는 수치심이 우리 내면에, 우리 사이에, 가장 실질적으로는 우리와 하나님 사이에 혼자인 상태를 만들어 낼 때 애착의 기제를 이용하는 일에 크게 전념한다는 것을 곧 보게 될 것이다. 그러나 이 마음-뇌-관계의 삼각 구조(mind-brain-relational triad)가 수치심에 의해 와해될 수 있는 것과 마찬가지로, 관계들은 우리가 얻은 안정된 애착(예수님 안에서 구체화되어 우리에게 오시는 하나님의 반향)을 통해 수치심이 통제되고 치유되는 수단이 되기도 한다.

마음속에서 이야기하기를 계속하기

애착 과정으로부터 생기는 마음의 중요한 특징 가운데 하나는 우리가 이야기를 한다는 **사실**만이 아니라 우리가 이야기를 하는 **방식**이다. 신경세포 간 관계의 복잡한 연결망은 애착 유형에 기반을 두고 다같이 성숙하면서 이야기하기 성향의 싹이 최초로 자라나는 토양이 된다. 다른 사람들이 그런 것처럼 저스틴도 마찬가지였다.

생후 7개월부터 자신이 양육자들에게 단단히—비록 안정적일 수도 불안정할 수도 있지만—애착되도록 하는, 비언어적 신호에 대한 일련의 '단순한' 반응으로 시작되는 것이 결국에는 내가 자신과 우주에 관해 믿는 모든 것에 대해 말과 심상과 느낌을 통해 소리 없이 혹은 소리 내어 스스로에게 하는 이야기 속에 등록된다. '아빠가 나를 사랑하시니 정말 기뻐.' '그 애는 아무것도 이루지 못할 거야.' '나는 데이브 매튜의 음악이 정말 좋아.' '술을 못 끊겠어.' '그는 훌륭한 교사야.' '저 이민자들은 나라를 망칠 거야.' '예수님은 나를 사랑하셔.' '하나님은 나한테 몹시 실망하신 게 틀림없어.' '나는 기술자로 일하는 것이 정말 좋아.' '그 여자는 내 감정에 개의치 않는군.' '용서받게 되어 정말 감사해.' '난 그다지 예쁘지 않아.' '결혼 생활에 정말 만족해.' '결혼 못 할까 봐 두려워.' '난 섹스가 좋아.' '난 섹스가 싫어.' '난 왜 이렇게 어리석을까?' '그 농담 정말 웃겼어!' 이야기에는 끝이 없다.

우리는 이야기꾼이다. 선하고 아름다운 이야기를 하거나 듣기를 갈망한다. 그리고 이는 하나님의 의도의 반향이다. 우리는 우리의 이야기가 기쁨에 관한 것이기를 바란다. 그리고 그 이야기가 우리가 믿는 바를 반영하는 데 그치지 않고 우리가 어떤 **존재인지**, 우리가 어떤 **존재가 되기**를 갈망하는지를 반영하기를 간절히 바란다. 그러나 마음의 활동의 너무도 많은 부분이, 그리고 이야기를 하는 우리의 방식이 생각과 더불어 감각, 심상, 느낌에 깊이 잠긴 채로 (언어는 고사하고) 의식의 레이더가 미치지 못하는 곳에서 행해지고 있음을 기억하라.[9] 그렇지만 수치심은 하나님의 이야기를 왜곡하고 다른 내러티브를 제시하기 위해, 마음의 모든 요소를 오염시키기를 간절히 원한다.

이제 우리는 수치심이 우리 마음 안에서 그리고 마음들 사이에서 작용하여 창조 세계를 와해시키는 악의 매개체로서의 역할을 다하는 방식의 명확한 특성을 탐구하려고 한다. 그렇게 하면서 우리는 먼저 하나님의 창조적 목적의 특징을 접하게 될 것이다. 비록 우리가 쉽게 기억하는 바는 아니지만, 그 특징은 우리를 '희망과 미래가 있는' 사람들로 구별 지어 준다.

3장

기쁨, 수치심, 그리고 뇌

재키는 빈곤의 세계에서 태어났고 결국 그 후로 집 없는 상태에서 살아야 했다. 재키의 어머니는 최선을 다했으나 재키는 위탁 가정을 전전했다. 어머니는 재키의 신체적 필요를 보살펴 줄 수 없었으며, 아버지는 그 상황에 관여하지 않았다.

삶의 모든 요소가 재키에게 큰 수치심을 불러일으켰다. 초등학교 시절에는 집이 엉망이어서 친구들을 초대할 수 없었기 때문에 당혹스러웠다. 낡고 보통은 너저분한 옷차림 때문에 늘 신경이 쓰였다. 교사들과 사회 복지사들의 동정 어린 눈길은 친절하기보다는 선심 쓰는 것처럼 느껴졌다. 위탁 가정들은 그녀를 거듭해서 다른 곳으로 보냈고, 이는 그녀가 달갑지 않은 존재라는 분명한 메시지를 전달했다. 그녀의 어린 시절의 거의 모든 측면이 수치심으로 얼룩져 있었다.

그러나 인생은 기이한 전환을 맞기도 한다. 지역 고등학교 초년생 시절, 재키는 외모에는 관심이 적고 예수님께 그리고 진실한 관계에 더 관심이 있는 여자아이 몇 명을 우연히 만나게 되었다. 그들은 재키를 영 라이프(Young Life) 모임에 초대했다. 거기서 재키는 모임 리더인 케리를 소개받았고, 케리는 재키를 보살펴 주었다. 그러나 재키의 이야기는 끊임없이 긍정적 방향으로 움직이는 단선적 이야기가 아니었다. 수치심은 조용히 어둠 속으로 사라질 생각이 없었다. 그 후 4년 동안 삶은 때로는 희망에 찬, 때로는 고통에 찬 전환들을 맞이했다. 마약과 섹스와 비열한 남자 친구들 사이에서, 재키의 리더인 케리는 떠나지 않고 머물렀다. 그리고 기도했다. 그리고 머물렀다. 결국 재키는 우울하고 낙심한 상태로 내 진료실을 찾아왔으며, 그다음에는 사춘기 소녀들을 위한 그룹에 들어가게 되었다. 그 모임은 알려지고 이해받고 사랑받는 것이 무엇을 뜻하는지 그녀에게 가르쳐 주었다. 항우울제를 쓰는 것이 적절하다고 결정할 만큼 그녀는 우울했다. 항우울제는 그녀에게 도움이 되었다.

우리는 기꺼이 위탁 부모 역할을 계속하려고 하는 재키의 현재 위탁 부모뿐만 아니라 생모와도 만났다. 똑똑한 재키는 대학에 다니고 싶어 했으나, 그녀의 모든 경험의 무게는 그녀에게 필요한 자질이 없다고, 삶은 결국 그녀를 제압하고 파괴할 것이라고 그녀에게 말했다. 케리가 그녀에게 어떤 말을 하거나 그녀 앞에서 어떤 삶을 살든, 그녀가 얼마나 많은 약을 먹든, 그녀가 교회나 그룹 치료에 얼마나 많이 가든 그녀가 자기 삶의 타성을 물리칠 수 없으리라고 끊임없이 상기시켜 주는 목소리가 있었다. 이것은 수치심이 끔찍한 서사적 자아로서 전면에 드러난 모습이다.

확실히 깨어짐에 관한 많은 이야기가 곧바로 빛으로 변하지는 않는다. 그러나 (재키에게서 사려 깊고 비판적인 사고와 글쓰기의 재능을 발견한 영어 교사의 도움으로) 교실에서 충분히 성공하고, 또한 (당시에는 몰랐지만 나중에야 알게 된) 그녀의 삶에 투자된 엄청난 양의 관계적 자본의 도움을 받아 재키는 작은 인문 대학에서 공부할 수 있는 장학금을 받았다. 그리고 그 공동체에서 재키는 캠퍼스 사역 단체를 우연히 발견하였다. 거기서 그녀는 조시를 만났고 조시는 그녀를 만났다. 재키가 조시의 가족에게서 발견한 깊이와 연결됨은 처음에는 치유를 주는 만큼이나 동요를 일으켰다. 동요의 이유는 재키가 자신의 가정, 부모, 그리고 너무도 많은 다른 관계가 그랬던 것처럼 조시와 그의 가족도 사라지리라고 예상하며 마음을 졸였기 때문이었다. 나중에 그녀는 나에게 말하였다. "아시잖아요. 어떤 일이 너무 좋아서 진짜 같지 않으면 보통은 실제로도 진짜가 아니라는 걸요."

그렇게 재키와 조시는 결혼을 했고, 그 결합으로부터 아기 그레이스가 이 세상에 오게 되었다. 그레이스가 태어났을 때, 부모는 형언하기 힘든 느낌에 휩싸였는데 특히 재키가 그러했다. 그레이스의 출생에서 기쁨이 대표적 감정이었으며, 이 기쁨의 감정은 선함과 아름다움이 극도의 수치심에 직면해서도 승리할 수 있다고 세상에 선언했다.

이 이야기는 우리가 우리의 삶이 어떠하도록 의도되었는지 그리고 수치심이 어떻게 그리도 비정하게 그것을 방해할 수 있는지 이해할 기회를 제공한다. 또 이러한 경우들에 상응하는 대인관계 신경생물학을 이해할 기회도 제공한다. 그렇다면 인간의 발달하는 마음 ─ 수치심이 그렇게 의도적으로, 또 강력히 방해하는 ─ 에서는 무슨 일이 일어나는가? 우리가 태어나면서부터 자연스럽게 향하게 되는 명백한 대인관계 신경생물학적 방향, 수치심이 우리를 너무도 쉽게 이탈시키는 그 방향은 과연 어떠한 것일까? 온전히 통합된 마음은 그것이 거주하는 이야기로부터 무엇을 기대해야 하는가?

사람의 제일 되는 목적은 무엇인가?

1892년, 레오 톨스토이(Leo Tolstoy)는 일기를 적어 내려가며 이렇게 썼다. "삶은 기쁨과 선함 외에 다른 어떤 목적도 가질 수 없다. 이 기쁨이라는 목적만이 궁극적으로 삶에 어울린다."[1] 이때는 신경과학의 시대가 오기 훨씬 전이었지만, 웨스트민스터 소요리문답이 만들어진 지는 오래된 때였다. 1647년에 이 소요리문답은 사람의 제일 되는 목적이 "하나님을 영화롭게 하는 것과 영원토록 그를 즐거워하는 것"이라고 선언하였다. 이후에 C. S. 루이스(Lewis)는 "영광의 무게"(The Weight of Joy)라는 제목의 설교에서, 우리가 기쁨을 채워 드리기를 가장 열망하는 유일하신 그분께 우리가 기쁨이 된다는 사실을 듣는 일이 인간에게 '영광'이 된다고 쓴다. 우리가 주님이 "잘했다!"라고 말씀하시는 것을 들을 때만큼 그 영광이 실현되는 때도 없을 것이다.[2] 이 목소리들이 알리는 공통된 주제는 **기쁨**이다. 그들이 생각하기에, 삼위일체의 사귐에 대한 하나님의 기쁨이 그분이 우리가 참여하기를 간절히 바라신다는 초대장이 아니라면 그 기쁨은 아무것도 아니다. 인간을 규정 짓는 관계적 모티프는 우리가 가능한 한 열심히, 혹은 적어도 지금 하는 것보다는 더 열심히 노력해야 한다는 것이 아니다. 우리가 최선을 다하는 것, 혹은 우리의 아이들이 우리보다 더 나은 삶을 살도록 책임지는 것이 아니다. 그것은 옳음에 관한 것도 아니고 권력의 획득에 관한 것도 아니다. 이 각각의 모티프(그리고 그와 비슷한 다른 비전들)는 수치심의 불안의 계략에 빠져든다.

그렇지 않다. 우리는 기쁨을 위해 창조되었다. 그저 슬픔과 고통을 희석시키는 정도의 미약하고 시시한 개념의 기쁨이 아니다. 오히려 그것은 모든 인생이 그 위에서 자립하여 능력을 발휘하게 되는 단단한 기반으로서, 각 구성원이 속속들이 알려지는 깊이 연결된 관계들의 부산물이다. 그러나 세상을 둘러보면, 이것을 믿는 일이 항상 쉽지는 않다. 재키가 지구상에서 보낸 첫 20년은 분명 이에 대해 거의 알지 못했다. 그 대신에 그녀는, 주로 무너지고 길을 잃은 느낌을 거듭 일으키면서 그녀의 진로를 바로잡을 대처법을 마련하지 못하게 하는 무언가에게서 살아남는 법을 배웠다. 사춘기 때 받기 시작한 관계적 심폐 소생술을 제외하고, 그녀의 마음은 통합을 향한 의지가 실현되는 방법을 거의 찾지 못했다. 그녀 이야기의 앞부분은 대부분 수치심의 언어로 쓰였다. 불리한 조건이 너무 많은 상황에서, 어떻게 자신의 마음과 삶이 기쁨의 상태로 들어가기를 기대할 수 있었겠는가? 하나님의 이야기의 매우 많은 부분이 문화적 신념의 가장자리로 밀려난 세상에서, 복음서들이 선언하는 바인 부활 안에서 참된 삶을 발견하는 것이 가능할까?

다행히도, 예수님을 따르는 이들이 단언하듯이(행 14:17), 하나님은 자신에 대한 증언 없이 가만히 계시지 않는다. 그 증언들 가운데 하나는 그분이 지으신 물질적 창조 세계다. 여기에서 우리는 우리의 제일 되는 **최종 목적**뿐만 아니라 우리의 시작도 하나님의 기쁨에 대한 비전임을 알게 된다.

기쁨 그리고 통합된 마음

지난 20년 동안 심리학자 앨런 쇼어(Allan Schore)를 비롯한 이들이 주도한 연구가 설득력 있게 제안하는 바는 유아의 모든 주요 과제 중에서 가장 중대한 것은 기쁨이 있는 안정적 애착 관계를 추구하고 획득하며 확립하는 것이라는 점이다.[3] 여기서 발달 심리학의 역사를 살펴보는 것은 적절하지 않다. 쇼어의 연구가 통합된 마음을 형성하는 데 기쁨이 하는 역할에 대해 우리에게 알려 주기 위해 애착 연구로부터 얻은 강력한 자료를 활용하기 때문에, 그 연구에서 얻은 것이 많았다고 말하는 것으로 족하다.

짐 와일더(Jim Wilder)와 동료들의 최근 연구는 기쁨이 우리의 생애 주기 전반에 걸친 발달에서 차지하는 자리와, 관계를 통해 지지를 받는 상태(이는 인간적 성숙으로 나아간다)로서의 기쁨의 역할을 강조한다.[4] 와일더와 그의 팀은 애착 연구, 특히 쇼어의 연구 성과로부터 아주 많은 것을 취하여 활용한다. 그러나 그들은 유아기부터 성인기까지 우리의 삶에 대한 하나님의 의도의 측면에서 쇼어의 연구를 해석하면서 한 걸음, 아니, 사실 많은 걸음을 더 나아간다.

쇼어가 지적하듯이, 기쁨이 있는 관계는 부모가 안정된 애착의 발달을 촉진하는 방식으로 유아의 욕구에 동조하는 가운데 발달한다. 안정된 애착의 본질적 측면 중 하나는 유아가 세상을 탐색하는 바탕이 되는 '안정된 관계적 기초'의 존재를 점점 더 크게 느끼는 것이다. 인간의 세포든 한 나라든 상관없이 어떤 조직에서나 그러하듯이, 안전함이 없다면 창조적 활동이 뒤따라 나타나기는 매우 어렵거나 불가능하다.

이와 같이, 아기들은 감정적으로 안전하다고 느낄 때(그러려면 신체적으로도 안전해야 한다) 주변 환경을 자유롭게 다루며, 세상에 대해서뿐만 아니라 세상에 대한 자신의 반응도 배운다. 그들은 호기심과 발견에 대한 기쁨 가운데 자란다. 위험이나 유해한 자극에 맞닥뜨리거나(이를테면, 넘어져서 무릎에 찰과상을 입는 것이나 베고니아를 먹으려 하는 것) 관계에서 불화를 겪을(이를테면, 부모가 적절하게 정해 놓은 선을 넘어서 나중에 그 선택의 부정적 결과를 감내해야 하는 것) 때도, 안정된 애착은 그 고통 및 불화의 치유와 회복을 가능하게 한다. 이와 같이, 일시적으로 불쾌한 정서에 직면해도 아기들의 호기심의 감각과 기쁨의 기초는 보존된다. 그러나 2장에서 탐구한 대로, 이는 부모의 마음 상태에 의해 가장 크게 좌우된다.

그렇다면 기쁨은 발달에 긍정적 영향을 미치는 **최우선** 요소로서, 발달의 과정은 기쁨의 존재에 근거를 둔다고 이해될 수 있다. 우리는 통합이 **조건부적** 과정이며, 아이의 마음이 상호 의존적으로 그리고 어른의 **의도**에 반응하여 작용하게 되는 과정, 그로부터 기쁨이 생겨나는 과정이라는 점을 기억한다. 그리고 이제는 역으로 이 기쁨이 부모와 아이 사이에 더 많은 상호 작용이 오갈 것이라는 긍정적 기대를 강화한다. 이 기쁨이라는 정서적 반응이 전적으로 아이의 마음 내부에 고립되는 것이 아니라 공유된다는 점도 주목할 만하다. 그것은 단지 기쁨 자체를 위한 기쁨이 아니다. 기쁨은 오히려 주의 깊고 의도적인 깊은 연결의 특징적 징후다. 그것은 유아가 본질적으로 부모로부터 특히 "함께여서 정말 기쁘구나!"라는 말을 듣는 대인관계적 과정이 있는지 여부에 달려 있다. 캐롤 드웩(Carol Dweck)의 연구는, **비록 도달하고자 한 목표는 실현되지 않았을지라도** 어떤 일을 열심히 하고 난 뒤에 기대되는 "잘했어!"라는 목소리에 이 말의 또 다른 표현이 들어 있음을 시사한다.[5] 누구든 평생토록 그 말을 듣고 싶어 하지 않겠는가?

아이들이 나이를 먹으면서 그들의 호기심, 탐색, 창조성의 특성은 자연히 더 복잡해진다. 안정된 애착의 기반에 확고히 자리 잡은 기쁨이 이 성장에 선행하고 또 그 성장을 뒤따르는 정도만큼, 최상의 통합이 이루어진다. 아이들은 놀이방에서 교실이나 건설 현장이나 식당 주방으로, 경제학이나 산림학으로, 부모 노릇이나 용접이나 휴가 보내기로, 그 밖에 어디로든 옮겨 간다. 이렇게 하여 '아이'의 나이에 상관없이 안정된 토대는, 빅토리아 시대의 시인 로버트 브라우닝(Robert Browning)이 그의 시 "안드레아 델 사르토"(Andrea del Sarto)에서 암시한 대로, 아이의 그리고 또 어른의 이해를 넘어서는 상상의 경험의 영역으로의 탐색과 적절한 모험과 확장을 위한 환경을 창조한다.[6] 그렇다면, 기쁨은 통합 과정의 중심이 되는 강력한 영향 요인이 된다. 우리는 2장에서 통합의 중요성과 시겔이 거론하는 마음의 아홉 가지 영역에 대해 배웠다. 이 영역들은 기쁨이 있는 대인관계적 연결의 맥락에서 가장 온전하게 분화와 결합의 자리에 이른다.

토양에 적절한 양분이 공급되었는데도 기쁨의 창조적 힘이 자라날 수 없는 영역은 없다. 부모, 교사, 코치, 목사, 경찰관, 응급실 간호사, 중간 관리자, 최고 경영자, 선장, 농부가 기쁨의 문화를 일구는 것은 세상에 유익하다. 재키는 고등학교 시절 전에는 이러한 문화를 좀처럼 경험하지 못했다. 이 사실은 우리가 수치심의 신경과학을 파고들 때 중요성을 띤다. 수치심은 기쁨이 있는 애착, 통합, 창조성의 과정을 가장 근본적으로, 또 강력하게 손상시키기 때문이다.

시작하자마자 일찍이

그렇다면 수치심의 대인관계 신경생물학적 본질은 무엇일까? 우리는 방금 기쁨의 개념과 본질을 탐구하였다. 이는 와해를 일으키는 수치심의 힘과 대조할 필요가 있기 때문이다.

신경생리학적 현상으로서의 **수치심**이 그 자체로 나쁜 것은 아님을 처음부터 언급하는 것은 아주 중요하다. 오히려 수치심은 우리가 곧 버려질 가능성에 대한 우리 시스템의 경고 방식이다. 비록 우리는 (더군다나 아주 어렸을 때는 분명히) 그런 측면에서 수치심에 대해 생각하지는 않지만 말이다. 그러나 대개 수치심에서 우리의 문제는, 우리가 (타인에게 가까워지기보다는) 타인에게서 떠나는 것으로 수치심에 반응하는 동시에 마음 내부에서 내적 와해와 비슷한 현상을 경험한다는 것이다. 더욱이 대체로 우리의 반응은 타인과 공유하는 관계적 자본에 우리가 협력하는(혹은 협력하지 않는) 방식과 상관관계에 있다. 이 관계적 자본을 적절히 활용할 때 성장과 연결을 이루게 될 것이다.

수치심은 우리가 어릴 때 우리의 이야기 안으로 들어온다. 사실 너무 어릴 때여서, 우리는 보통 수치심과 최초로 마주친 일을 의식 차원에서는 전혀 기억하지 못한다. 이는 15-18개월이라는 이른 시기에 발생할 수 있다. 보통 아이에게 못마땅하다는 메시지(이는 미묘하지만 확실히 느껴진다)를 전달하며 아이가 하는 일을 방해하는 누군가의 비언어적 신호(시선, 어조, 신체 언어, 몸짓, 또는 행위의 강도)에 대한 아이의 반응과 관계가 있다.[7] 수치심의 침투는 처음에는 **감각으로 경험된 무언가로 이해된다**. 그리고 아이는 우선적으로 몸의 작용으로 인식된 그것에 반응한다. 아이는 먼저 말을 통해 이성적으로 생각함으로써 반응하지 않는다. 이때 아이의 뇌는 아직 말을 이해할 만큼 잘 발달된 상태가 아니기 때문이다. 반응은 주로 아이의 우뇌에 있는 신경세포들로부터 생성된다. 삶의 처음 18-24개월에 아이의 세계의 아주 많은 부분이 우뇌를 통해 경험된다.

[여담으로, 이 초기 발달은 우리가 수치심의 감정적 상태와 죄책감의 감정적 상태를 구별하는 방식을 부분적으로 반영한다. 연구가들은 **수치심**을 (타인과의 상호 작용과 동떨어진) 한 사람의 자아감과 깊이 관련된 느낌으로 설명해 왔다. 반면에 **죄책감**은 다른 누군가에게 부정적 영향을 끼치는 내 행위의 결과로 생겨난다. 죄책감은 내가 나쁜 **행동**을 했기 때문에 느끼는 것이다. 수치심은 내가 나쁜 **존재**이기 때문에 느끼는 것이다. 사실 수치심에 사로잡혀 있을 때 우리의 자아를 우리가 느끼는 수치심으로부터 분리하기는 상당히 어렵다. 이에 반하여, 죄책감은 아이의 뇌가 자신의 행동이 다른 이의 감정 상태에 부정적 영향을 준다는 사실을 인식할 만큼 성숙할 때에야(3-6세쯤) 비로소 생겨난다. 더구나 우리가 죄책감이라고 부르는 감정의 필수적 요소는 (미숙한 형태로나마) 공감을 포함한다. 죄책감을 느끼려면, 내가 다른 이에게 안겨 준 고통을 어떤 식으로든 동시에 느껴야 한다. 이런 의미에서, 죄책감은 나의 주의를 다른 사람에게로 끌어가는 경향이 있으며, 그 사람과 더 가까워짐으로써(잘못을 인정하고 용서를 구하고 용서를 받으면서) 문제를 해결하려는 바람을 수반하는 경우가 많다. 이에 반해 수치심은 나를 타인에게서 떼어 놓는다. 이때 내가 느끼는 바에 대한 인식은 사실상 나의 내적 감각에 사로잡힌다. 더 나아가 내가 '잘못된' 일을 할 때 느끼는 죄책감에 더하여 수치심을 감지할 것이라는 점에서 그 둘은 관련된다. 그러므로 어찌 보면 신경 발달의 측면에서 죄책

감은 수치심의 어깨 위에 올라 서 있다. 이는 우리가 죄책감 없이 수치심을 경험할 수 있지만 수치심 없이 죄책감을 경험할 개연성은 낮다는 뜻이라고 볼 수 있다.]⁸

뿐만 아니라, 뇌의 관점에서 볼 때 어른과 아이 사이의 교류(수치심은 이것을 공략한다)는 아이의 교감 신경계와 부교감 신경계 사이의 조절상 균형에 의존한다. 이 두 체계는 모두 뇌간에서 유래하며, 무의식적으로 또 부지불식간에 마음의 감정적 상태에 계속 영향을 준다.⁹ 교감 신경계는 흥분과 관련되며, 사람이 관계적 연결을 향한 움직임이든 놀이나 일 같은 창조적 활동이든 긍정적 결과가 기대되는 일에 열중할 때 활성화된다. 즉, 시겔이 묘사하는 대로, 그것은 차의 엔진의 가속 페달처럼 작용하면서 감정적 에너지의 연료를 공급한다.¹⁰ 부교감 신경계는 제동 장치처럼 작용하면서 사람의 행동을 늦추는 데 관여한다. 정상적 발달 환경에서 이 체계들에 의해 확립된 감정적 상태는, 마음의 에너지의 각성과 감소 사이의 균형을 유지하며 신경생물학적 변속기처럼 작용하는 전전두피질에 의해 조절된다. 우리 각자의 전전두피질은 변속기로서 작용하는 법을 배워야 한다. 우리와 성인 양육자들의 관계는 이것을 배우기 위한 교실을 제공한다.

걸음마를 배우는 아이가 처음으로 허용 한계를 접하고 엄마가 "안 돼!"라고 말하는 것을 들을 때, 엄마는 아이의 부교감 신경계를 활성화해서 아이의 교감 신경계의 일―즉 계단을 향해 뛰어가는 것 또는 타당한 이유로 불허되는 행동이나 충동적 행동이나 관계를 위협하는 행동에 관여하는 것을 처리하는―에 제동을 걸도록 돕는 것이다. 이러한 경우에서 수치심은 새로이 형성되는 신경생리학적 반응과 동일시될 수 있으며 모든 아이는 자기 조절 능력을 발달시키기 위해 그 반응을 통합해야 한다. 엄마가 "안 돼!"라고 말할 때 걸음마 배우는 아이가 반드시 **안 돼**라는 말의 문자적·추상적 의미를 이해하는 것은 아니다. 뇌는 아직 그것을 이해할 만큼 충분히 발달되지 않았다. 이 시점에서 여전히 아이의 우뇌가 대체로 마음을 관장한다는 것을 고려하면, 아이는 주로 엄마의 어조에 반응한다. 아이는 위험을 인식하지 못하고 행복한 상태에서 그저 뇌가 하고 싶어 하는 일을 할 뿐이다. 엄마의 목소리를 듣자마자, 아이는 얼굴이 붉어지는 동시에 갑작스럽고 가벼운 불편과 이에 수반되는 깜짝 놀란 느낌을 겪을지도 모른다. 이러한 순간에 부모가 아이의 감정적 반응에 동조해 주면, 다소 긴급해 보이는 상황일지라도 '안 돼'라는 말은 (관계상의 연결을 유지하면서도 단호함으로 메시지의 균형을 잡는 비언어적 신호들과 함께) 동조된 방식으로 전달된다. 아이는 자신의 움직임을 막는 엄마의 목소리에서 날카로움을 느낀다. 하지만 곧 엄마가 아이를 다른 곳으로 향하게 하려고 재빨리 몸을 움직여 "이쪽으로 가자!"라고 말하는 순간에 아이는 그 목소리가 부드러워지는 것을 느낀다. 부모의 마음이 아이와의 연결을 유지하는 데 동조되어 있다면, 허용 한계를 정하는 경우에도 기쁨은 손상될 위험에 처하지 않는다.

수치심의 박탈 효과

그러나 수치심이 타격을 가할 때 일어나는 교류는 전적으로 다르다. 우리가 자신의 일에 신경 쓰며 창조적 탐색의 방향으로 움직일 때 예기치 못한 자연의 힘이 등장해서 우리를 경로에서 무참히 이탈시키는 경우가 종종 발생한다. 이 드라마에서 결정적 요소는 우리의 마음 상태다. 그것은 보통 우리가 무언가를 과감히 시도하는 순간의 의심 없이 신뢰에 찬 기대의 상태다. 색칠하기, 집안 여기저기를 뛰어다니기, 창문 가까이에 야구공 던지기, 새 자전거를 가지고 싶다고 말하기, 관리자에게 보고서 쓰기, 연애 시작하기, 위험을 감수하고 돈을 투자하기, 예수님을 믿기로 결정하기 등 우리는 기쁘게 혹은 적어도 별다른 걱정 없이 우리가 하려고 하는 일을 하고 있을 뿐이다. 창조적 모험에 나이 제한이란 없다.

재키의 경우에는 그녀가 반 친구들 몇 명을 집에 초대해서 놀아도 될지 기대를 품고 어머니에게 물어보았을 때가 그런 때다. 마른하늘에 날벼락처럼 수치심의 **예기치 않은 박탈 효과**가 들이닥친다. 어머니가 "안 돼! 그렇게 못한다고 몇 번을 말했니?"라고 짜증을 내며 답할 때, 기쁨에 찬 기대가 꺾인다. 이는 재키를 덮쳐 허를 찌르는 기습이다. 부교감 신경계가 교감 신경계의 에너지에 제동을 거는 데 관여하는 변속기가 없다. 재키가 의도하는 일의 진행 방향(친구들이 집에 오게 해 달라고 청하는 것)을 바꾸려는 시도는 서서히 주의 깊게 이루어지지 못했다. 마음의 엔진이 급정거하는 순간 뒤따라오던 많은 열차 차량이 연쇄 추돌을 일으키며 뒤엉키는 것처럼, 재키의 들뜬 마음은 급작스럽게 무너진다.

한 사람의 창조적 움직임이 이같이 잘려 나가면서 재키에게는 일련의 생리적 결과가 뒤따른다. 시선 낮추기와 시선 돌리기, 답답한 가슴, 머리가 꽉 찬 불편한 느낌, 홍조가 심해져서 온몸에 퍼지는 것, 타인에게서 떨어져 나와 자기 안에 틀어박히는 것이 여기에 포함된다.[11] 정신 과정의 측면에서는 즉시 뚜렷한 수치심의 느낌(우리 모두 알지만 때때로 말로 표현하기 힘든)이 발생한다. 자의식이 강하게 느껴진다. 우리의 사고가 무력화되면서 인지 작용이 흐릿해진다. (우리가 말을 할 만한 나이라면) 적당한 말을 찾기 힘들 수도 있다. 그리고 마음은 그 경험을 강화하면서 (빛의 속도로 서로를 활용하고 서로에게서 힘을 얻는) 심상과 감각과 생각의 소용돌이에 휘말리게 된다. 감정적 멀미로 인해 마음-몸 미로에 갇혀 버린 기분이 들면서, 그 내면적 사태를 멈출 방법을 상상하기가 어려워진다. 보통 이 사태는 우리가 자신을 그 상황에서 구해 낼 수 있을 때까지, 그 상황이 지나갈 때까지, 혹은 누군가가 나서서 우리를 위해 개입할 때까지 지속될 것이다.

뿐만 아니라, 언어가 충분히 발달되기 전에 수치심을 접하게 되는 경우 아이는 **엄마가 나에게 불만이 있다**는 관점에서 생각하지 않는 것 같다. 인지 작용이 이러한 생각을 할 만큼 충분히 발달되지 않았기 때문이다. 오히려 아이는 단순히 감정적 전환에 반응하는 뇌의 부분들(뇌간, 변연계 회로, 우뇌의 여러 부분)의 지배를 받고 있다. 우리는 일련의 사건들에 대한 이성적 설명보다는 느낌으로 체험되는 수치감을 우선 발달시킨다. 이와 같은 사건을 거듭 접하면서, 우리는 이 수치심 신경망에 주의를 기울이며, 초기의 유연한 신경 가소성을 통해 더 영구적으로 이 수치심 신경망을 암호화한다. 그리하여 그 신경망은 훗날 더 쉽게 발화할 수 있게 돼서, 아주 사소하거나 심지어 무관한 자극에 의해 활성화될 때조차 발화할 수 있다.

수치심의 와해 효과

이렇게 트라우마와 박탈을 일으키는 타인과의 상호 작용에 반응하여, 수치심의 대표적 특징이 활동을 시작한다. 개인, 관계, 공동체가 수치심의 영향을 받을 때 마음은 더 와해된 상태에 가까워진다. 감각, 심상, 느낌, 생각, 행동은 일관된 전체로서 흘러나오는 데 더 어려움을 겪는다. 전전두엽은 마음의 다양한 기능을 쉽게 결합시킬 수가 없다. 이 기능들이 분열을 일으키는 수치심의 에너지에 의해 분리된 상태로 머물러 있기 때문이다. 파괴적인 기상 현상(이를테면 토네이도, 허리케인, 홍수)이 전력 공급 관련 시설과 사람들에게 지장을 주는 것과 마찬가지로, 수치심은 마음과 관계에 지장을 준다.

수치심의 영향이 들어오면서, 시겔의 아홉 가지 영역 각각이 제대로 기능하는 능력에 지장을 받을 뿐만 아니라, 영역들의 집단 전체도 결합되기가 어려워진다. 예를 들어, 수치심을 경험할 때 나는 내 느낌 외의 것에 주의를 돌리기가 사실상 불가능하다. 나는 뇌간의 활동(앞서 말한 변속기가 없는 현상)에 압도될 수 있으며 전전두엽은 접속이 끊긴다. 나는 일관성 있게 생각할 수 없으며, 보통은 내가 좋은 선택을 하도록 돕는 논리적 사고 작용은 모든 감정이 흘러나오는 우뇌를 조절하는 데 도움이 되지 않는다.

게다가 나의 기억은 오래된 암묵적 신경망 활동으로 그리고 내가 동일한 기분을 느낀 다른 경우들에 대한 회상으로 넘쳐나며, 나는 그 순간에 절박하게 필요한 강인함과 자신감의 기억들을 결집시킬 수 없다. 수치심이 나를 압도한다. 나는 이제 암울하고 비관적인 미래를 예견하는 내러티브를 구성하기 시작한다. 나는 전체적 이야기를 말할 수가 없다. 내가 하나님께 조건 없이 사랑받으며 결국 모든 일이 잘될 것이라는 이야기를 할 수가 없는 것이다. 내 마음 상태는 완전히 교란되며, 일관되고 평화로운 상태로 다시 이행하는 데는 엄청난 노력이 필요하다. 나는 타인들이 나를 용납하지 않을 것이라고 생각할 수밖에 없으며, 이러한 느낌이 사라질 가능성이 없다는 것을 감지한다.

그러므로 와해의 과정은 예측 가능한 불가피한 궤도, 분리에서 시작되어 완전한 고립의 나락에서 끝나는 궤도를 따른다. 그것은 신체적 측면에서 외면하는 행동으로 시작되는데, 이는 수치심이 활성화되는 즉시 발생한다. 누군가가 우리를 바라보면 우리는 상대방의 모습을 보지 않으려고 시선을 낮추고 돌리는 것과 마찬가지로, 마음의 여러 기능적 부분들도 서로 외면하고, 다른 기능적 부분들로부터 떨어져 나와 흩어진다. 우리의 사고와 느낌과 감각은 서로 외면하고 단절되며, 또한 집중과 조절을 통해 돌보아 주는 전전두엽으로부터 단절된다. 수치심으로 말미암아, 우리 자신의 마음의 감각, 심상, 느낌, 생각이 서로의 시선과 의식으로부터 비켜남과 동시에, 우리는 부지불식간에 다른 사람들의 시야와 마음에서 비켜난다. 확실히 사소한 일에서 우리는 와해라고 할 만한 것을 거의 감지하지 못한다. 그러나 과도하게 치명적인 사건의 경우 우리는 그야말로 정신이 나간 것처럼 느낄 수 있다.

사실상 무한히 분리된 상태를 향해 움직이는 이 행위는 우리가 그 순간 견디고 있는 끔찍한 감정적 감각을 단계적으로 완화하려는 필사적 시도다. 예를 들어, 우리는 누군가에게서 시선을 거두고 몸을 돌리면서, 너무도 고통스러운 노출의 느낌을 최대한 신속하게 줄이고자 한다. 동시에 우리는 우리가 실은 수치스러운 존재라는 강하게 느껴지는 관념(암묵 기억의 영역을 통해 포착되는)을 강화한다. 하지만 우리는 이를 의식하지 못한다. 이 신경심리학적 반응이 결국에는 우리가 모면하고자 하는 그 상태를 재활성화하는 우리의 성향을 강화할 뿐이라는 사실도 거의 알지 못한다. 왜냐하면 우리는 (유연성과 회복력을 감소시키는) **고립 가운데 홀로** 이 상태에 대처해야 하기 때문이다. 그리고 그 고립이야말로 애초에 수치심이 만들어 냈던 바로 그것이다.

와해 및 고립과 더불어, 우리가 처음에는 인식하지 못하는 수치심의 또 다른 특징이 찾아온다. 수치심이 나타날 때, 특히 아주 해로운 형태로 나타날 때 우리는 강하게 느껴지는 **정체**(停滯, stasis)의 감각에 빠지게 된다. 우리의 마음은 생각이 불가능하다고 느낀다. 우리는 극심한 굴욕을 경험할 때 그 자리에서 말 그대로 몸이 얼어붙었다고 느낄 것이다. 만약 움직일 수 있다면, 숨을 수 있는 곳 그리고 타인들을 상대하기 위해 돌아오지 않고 그 상태로 머물 수 있는 곳으로 가고 싶어 한다. 가벼운 무례의 경우에 우리가 반드시 이런 경험을 하는 것은 아니지만, 마음속에서 창조적으로 움직이는 능력이 둔화된다. 수치심은 세계를 궁극적으로 (창조적 참여를 위해 요구되는 움직임의 반대편에 있는) 마비의 지점으로 이끈다는 이 대체적 견해는 하나님의 움직임의 본질 그리고 수치심의 치유를 위한 그 움직임의 필요성을 탐구할 때 더 중요해질 것이다.

마음 안에서 다양한 기능의 분리로 시작되어 각 기능의 고립으로 이어지는 현상은 결국 가족, 친구, 지역 사회, 국가에 이르는 관계들의 세계에서 나타난다. 그 현상은 그 관계들을 금이 간 상태로, 또한 관계적 통합의 감각을 다시 얻을 능력이 없는 상태로 내버려둔다. 이는 수치심이 최악의 상태에 이른 것이다. 수치심이 작용하는 방식이 이렇다는 것을 알기 위해 하나님을 믿을 필요는 없다. 우리는 다 그러한 경험이 있으며, 이 와해의 경험이 사실이라는 것을 안다. 물론 문제는 이 폭풍 전선이 우리의 거실로 불어 닥칠 때 무엇을 해야 하는가다.

대체로 나에 관한 것이지만, 나에 관한 것만은 아닌

와해를 일으키는 수치심의 갑작스러운 출현은 자아감에 깊은 영향을 준다. 그런데 우리는 수치심 반응을 전적으로 또 독립적으로 우리 내부에서 나타나는 것으로 경험하지만, 그것은 **우리와 타인의 조우에 반응하여** 나타난다. 그것의 본성에 의해, 우리는 생각을 하다 보면 (수치심을 느낄 뿐만 아니라) 그 느낌―수치심의 경험 그 자체―에 대해 책임이 있다고 느끼게 된다. 이는 수치심의 자기 준거적 경향을 다시 한번 반영한다. 나는 단순히 나쁜 기분을 **느낄** 뿐만 아니라, 나 외의 다른 사람이 했던 역할과 무관하게 내가 **나쁘다**는 감을 가진다. 그러나 수치심 반응을 활성화시키는(심지어 그럴 의도가 없더라도) 다른 누군가와 먼저 만나지 않고서 날카롭게 찌르는 수치심의 고통을 느끼게 되는 사람은 없다는 점에 주목하는 것이 중요하다(특히 나중에 우리가 이야기하기의 세계를 탐구할 때). 그러므로 수치심은 **대체로** 나에 관한 것이지만 **오로지** 나에 관한 것만은 아니다. 심지어 나의 수치심 경험이 온전히 그리고 오로지 내 마음의 지하 감옥으로부터 나타나는 것처럼 보일 때도 말이다.

최악의 상태에서 수치심의 감각 및 감정적 상태는 무엇과도 견줄 수 없다. 수치심이 주는 참을 수 없는 고통에 필적하는 감정적 상태는 거의 없다. '못되게 군 것 때문에 부끄러워. 나는 시험을 그다지 잘 보지 못했어. 나는 부모님께 괜찮은 자식이 아니야' 같은 말에서 볼 수 있듯이 수치심이 우리가 논리적으로 아는 무언가가 되기 전에 뇌 기능 수준이 더 낮을 때부터 우리가 수치심에 익숙해진다는 것을 우리는 배웠다. 그러나 우리가 주의를 기울이는 모든 감정적 경험에 대해서 그러하듯이 결국 우리는 우리가 느끼는 바를 이해하려 애쓰기 시작한다. 우리는 말과 개념을 사용해 그것을 이해하려고 애쓴다. 수치심의 느낌과 깊이 관련된 한 단어(분명 유일한 단어나 최선의 단어는 아니다)는 '비난받는'(accused)이다. 수치감이 우리 내면에 있음에도 불구하고 우리가 종종 그것을 타인의 비난 때문에 떠안게 된 것으로 경험한다는 사실을 고려하면, 이는 놀랄 일이 아니다. 비난받는다는 기분은 가장 악의에 찬 형태일 때 '경멸'(contempt)이라는 또 다른 단어로 상징되는 상태를 낳는다. 이 단어는 깊은 조롱과 무시를 나타낸다. 존 가트만(John Gottman)이 제시한 결혼에 대한 연구 자료는 결혼이 지속되지 않을 가능성을 예측하는 가장 강력한 변수 중 하나가 한 사람이 배우자에게 드러내는 경멸이라는 증거로 가득 차 있다.[12] 5장에서 보게 되겠지만, 히브리어가 비난자인 '사탄'을 통해 나타내는 바와 수치심의 개념 사이에는 깊은 연관이 있다. 우리는 결국 수치심의 짐을 홀로 지기는 하지만, 내 마음이 와해되는 데 일조한 (나의 경험 바깥에 있는) 누군가가 언제나 존재한다는 것을 결코 잊어서는 안 된다.

수치심의 춤에 연루된 또 다른 존재가 있다는 이 개념은 비난받은 경험으로부터 자연스럽게 나오는 결과물을 강조한다. 그것은 판단이다. 내가 말하는 판단은 지혜로운 분별이 아니다. 그것은 우리가 비난받는다고 느낄 때 그에 대한 반응으로 나타나는 비판과 무시의 태도를 말한다. 그 태도는 우리 마음 여기저기를 너무도 쉽게 소리 없이 누비고 다닌다. 우리는 수치심에 대해 판단으로 반응하며(이 반응은 우리가 거의 혹은 전혀 의식하지 못하는 사이에 아주 자연스럽게 일어난다), 이 판단은 말로 나타난다. 그러나 더 의미심장한 것은, 이 말이 타인에게 뿐만 아니라 우리 자신에게도 감정적 화살을 쏜다는 것이다.

수많은 수치스러운 상처의 종말

이 기본적인 신경생리학적 패턴은 우리의 일상 생활에서 크고 작은 방식으로 쉴 새 없이 펼쳐진다. 재키의 이야기에서 그 패턴이 발현되는 것을 상상하기란 그다지 어렵지 않다. 그녀의 이야기에는 수치심이 매우 분명한 방식으로 일찍부터 자주 나타났기 때문이다. 그러나 (그 수가 많지는 않더라도) 어떤 이들에게 그리고 우리 삶의 많은 부분에서 수치심은 훨씬 더 미묘하며, 우리가 보기에 일상적인 삶의 그늘에 쉽사리 숨는다. 그것은 주로 비의식의 영역에서 펼쳐지는 상호 작용, 눈에 띄지 않을 만큼 매우 평범한 상호 작용과 관계가 있다는 점에서 일상적이다. 우리는 부모(교사, 영적 지도자, 고용주, 예술가, 또는 관계에서 영향력을 가지는 위치에 있는 누군가)로서 우리 자신의 의도적 행동들의 상당 부분을 의식하지 못하는 경우가 잦다. 이 행동들은 이를테면 무의식적으로 도출된 비언어적·언어적 행위—어느 쪽이든 의도적인 행위—의 찰나에 펼쳐진다. 거의 알아차릴 수 없지만, 우리는 다른 사람이 말하는 인생 이야기의 구조 속으로 같이 엮여 들어가는 수치심의 도식을 함께 만들어 낸다. 재키의 이야기 같은 환경은 고사하고 상대적으로 건강한 환경에서마저 수치심은 우리가 처음에는 식별하기 어려운 방식으로 나타난다. 이던은 그의 삶이 어떻게 이를 반영하는지 깨닫게 되었다.

하나님을 또 서로를 사랑하는 가정에서 태어난 이던은 다섯 아이 중 셋째였다. 그는 그의 가정이 "참으로 훌륭한 기독교 가정"이었다고 회상하였다. 그러나 웬일인지 그는 자기 의심과 비판으로 괴로움을 겪었다. 그의 상냥한 기질 및 인간관계와 직장 생활에서의 유능함을 고려하면 그의 겉모습과 내면은 조화를 이루지 못했다. 그는 자기 판단을 하는 자신에게 문제가 있다고 느꼈다. 이것이 처음에 그가 내게 털어놓은 고충의 적잖은 부분을 차지했다. 그는 그 느낌이 과연 어디에서 오는지 명확히 알지 못했다. 그의 삶을 고려할 때, 도대체 어떻게 이런 생각과 느낌을 가지게 되는 것일까?

그러나 원가족 안에서의 삶이 감정에 대해 접근하는 방식이 단순하지 않았음을 곧 알 수 있었다. 그의 원가족은 극심한 역기능 가정은 아니었으나 그래도 불완전했다. 이던의 할아버지는 성난 알코올 의존증 환자였다. 그리고 그 밑에서 자란 이던의 아버지는 자녀들에게 다정하기는 했지만, 아이들이 실수를 하거나 그가 기대한 만큼 집안일을 잘하거나 빨리하지 못하면 비아냥대거나 무시하거나 짜증을 냈다. 또한 갑자기 분통을 터뜨려서 모든 사람을 당혹스럽게 하곤 했다. 이던의 어머니는 "아빠가 힘든 하루를 보내셨어" 혹은 "신경 쓰지 마. 아빠가 널 사랑하시는 걸 알잖니" 같은 말로 이러한 사건들을 덮는 경향이 있었다. 문제는 이러한 일들이 (보통 종잡을 수 없게) 발생한다는 것뿐만 아니라, 이던의 아버지가 자기 행동에 대해 사과하는 일이 극히 드물었다는 것이다.

이런 연유로, 이던은 자신의 이야기를 자기가 지독한 학대를 당한 이야기로서 이해하지 못했다. 그것은 어떻게 우리의 수치심 경험이 다양한 감정적 상태(미묘하고 조용한 상태부터 극도로 크고 시끄러운 상태까지)에 걸쳐 형성될 수 있는지 분명히 보여 준다. 예를 들어, 이던이 알고 있던 대로, 아버지가 이던의 일 처리에 짜증이 나서 한숨을 쉴 때마다 그것이 이던에게 전하는 메시지는 분명했다. 바로 이던이 부족하다는 메시지였다. 충분히 빠르지 않고 똑똑하지 않고 노련하지 않았다. 정말이지 부족했다. 이 말들은 결코 입 밖으로 나오지 않았다. 그 메시지의 무게를 전달하는 것은 비언어적 소통의 함의였다. 강압성이 사소하든 압도적이든 상관없이, 재키와 아주 흡사하게도 이던에게 수치심은 주로 감정적 상태의 전환으로 감지되고 느껴진다는 것을 우리는 다시금 알게 된다. 우리 모두의 경우에 그 일은 우리가 자신의 일에 신경 쓰면서 창조적 탐색을 하려는 상황에서 발생할 때가 많으며, 그 탐색의 공간으로 수치심의 돌풍이 불어닥친다.

이와 같이 그의 삶 대부분을 예수님을 귀히 여기는 환경에서 보냈는데도 불구하고, 이러한 고통스러운 경험은 충분히 많아서(대부분의 세상과 비교할 때 그의 경험이 하찮은 것일지라도), 그의 내면 생활은 관계나 직업 면에서 모험이 필요한 조치를 취해야 할 때 불편하고 조심스러운 느낌과 자기 비판적·염세적 생각으로 말미암아 자주 상처를 입었다. 더욱이 이러한 반응에는 불가항력적 이유가 전혀 없었기 때문에, 그는 애초에 자신에게서 그런 반응이 나와서는 안 된다고 여겼다. 성폭행을 당한 적도, 가난을 겪은 적도 없었다. 그런데 도대체 왜 이런 괴로움에 시달려야 한단 말인가? 이던의 이야기는 우리가 수치심의 존재를 거의 혹은 전혀 알지 못하는 상태에서 수치심이 우리 삶 구석

구석에 조용히 머물면서 활동하는 일이 얼마나 흔한지를 분명히 보여 준다. 그것은 정확히 수치심이 원하는 대로의 상황이다. 수치심이 그리 두드러져 보이지 않는 이런 이야기들이 수치심이 숨기에 가장 좋은 장소다.

버림받음의 전조

2장에서 논의한 대로, 마음은 의도적으로 동조된 연결의 관계 안에 있을 때 건강하게 성장한다. 알고 보면 인간은 부당한 고의적 유기의(신체적으로 버림받고 타인의 마음에서 잊히는) 관계에서 가장 큰 괴로움을 경험한다. 수치심으로 말미암아, 나는 나에게 심각한 문제가 있음을 감지한다. 뿐만 아니라 이 심각한 결함 때문에 당신이 결국 나와 엮이고 싶지 않아서 떠나게 될 것이라는 자연스럽게 확장된 결론이 따라온다. 그렇다면 역설적으로 수치심은 버림받음을 예견함과 동시에, 떨어져 나가는 움직임 곧 떠남을 일으키는 지렛대 효과(leverage affect)를 가진다. 그리고 미리암이 발견한 것처럼 우리는 수많은 방식(그중 일부는 우리가 알아차리지 못한다)으로 떠날 수 있다.

똑똑하고 야심 있는 미리암은 미국 정부 조직에서 단계별로 착실히 승진하고 있었다. 마침내 그녀는 자신의 재능을 극대화해 주는 아주 근사한 자리를 맡았다. 그러나 얼마 지나지 않아 존경받는 정책 개발자인 상관이 그녀의 일에 대해 기대하는 바를 좀처럼 이야기하지 않는다는 것을 알게 되었다. 그러고는 예기치 않은 때에 그녀를 사무실로 불러 그녀의 실적을 비판적으로 평가하곤 했다. 그가 직접 말하지는 않았지만 그녀는 무언가를 감지했다. 그녀는 그것을 그의 실망이라고 이해하였다. 물론 그녀는 당혹스러웠다. 그의 비판에 대해 그녀가 최초로 보인 반응은 더 열심히 노력하는 것이었다(이는 그녀의 실수가 드러날 때 늘 하던 행동이었다).

이 패턴은 6개월 동안 지속되었다. 상관이 그의 기대를 더 기꺼이 밝히겠다고 합의하고 나서도 그의 행동은 거의 변하지 않았다. 그 기간에 미리암의 자신감은 약해졌고, 예상할 수 있듯이 사무실에서 그녀의 처신은 더 억제되었다. 그전까지 그녀가 일했던 곳의 고용주들은 그녀를 존중했고 그녀의 능력을 최고치까지 끌어내 주었다. 개선해야 할 점을 지적할 때도 그들은 솔직하고 친절했다. 현재의 경험은 그녀가 이해할 수 있는 범주를 넘어서는 것이었다. 나를 만나러 올 무렵에 그녀는 몹시 우울한 상태였다. 극심한 공포가 그녀를 엄습하였으며, 그녀는 잠을 자거나 일에 집중할 수 없었다. 이는 그녀의 상황을 더 끔찍하게 만들 뿐이었다.

친구들은 그녀의 상사가 문제라고 넌지시 말하였다. 게다가 그녀의 원숙함과 지성을 고려할 때 자기들이 보기에는 명확한 문제를 왜 그녀는 즉각 알아차리지 못하는지 이해할 수 없었다. 그러나 미리암은 이 문제를 정리하는 데 어려움을 겪었다. 그녀는 언제나 잘해 왔는데, 지금 무엇을 잘못하고 있는 것일까? 그녀의 상사는 정책 분야에서 아주 존경받는 사람인데, 이것이 어떻게 그의 잘못일 수 있을까? 분명히 그의 성공을 고려하면 이것이 그의 잘못일 리 없다. 그녀가 그의 행동이 그녀의 곤경에 일조했음을 이해하는 것이 불가능한 일은 아니었다. 하지만 그가 그녀를 대하는 방식이 그녀의 상태에 강력한 영향을 미쳤다는 생각을 받아들일 엄두가 나지 않았다. 그것이 그녀가 사람들을 이해하는 방식에 대해 말해 준 바는 무엇이었을까? 그 일자리를 얻기 위해 그와 면접을 할 때 그녀는 어떻게 이를 알아차리지 못했을까? 만약 이 일을 그만두면 그녀는 무엇을 할까? 어떻게 하면 다른 일자리로 옮기기 위해 호의적인 추천서를 얻을 수 있을까?

그녀는 신앙 공동체에 속해 있었고, 기도와 성경 묵상을 위한 소모임에 정기적으로 참여했다. 그러나 그녀는 자신의 상황에 대해 이야기할 때 다소 난처했다. 공감과 지지를 보여 줄 사람들에게 자신의 경험을 알리기가 부끄러웠던 이 현실을 그녀는 주목하였다. 나는 그 이유를 물었다. 이 사랑의 공동체에서 구체화된, 하나님의 성실과 자비에 대해 이야기하는 복음이 어떻게 해서 그녀의 내면에서 정반대되는 것을 불러일으키는 것처럼 보였을까?

우리가 그녀의 발달 초기를 파고들기 시작할 때, 그녀는 그 상황을 더 잘 이해하기 시작하였다. 그녀는 어머니와의 친밀하고 숨김없는 관계를 기억해 냈다. 완벽하게는 아니었지만 그녀는 어머니에게 솔직할 수 있었다. 어머니의 결점에 대해 표현할 정도로 그러했다. 성공한 사업가인 아버지는 그녀를 비롯한 가족 누구에게나 친절했지만, 감정적으로는 늘 속마음을 드러내지 않고 거리를 두었다. 가족을 성실히 부양하기는 했지만, 가족들에게 다정하고 긍정적인 말이나 몸짓을 많이 하지는 않았다. 내가 미리암에게 아버지와의 관계를 묘사해 보라고 요청했을 때, 그녀는 "아버지는 제가 언제나 믿을 수 있는 유일한 분이세요. 저는 아버지가 절 사랑하시는 걸 알아요"라고 대답했다. 나는 이번에는 아버지가 그녀를 사랑하는지 어떻게 아느냐고 물었다. 그녀는 그가 가족을 부양하기 위해 일상적으로 하는 일들을 열거했다. 나는 둘이서 실제로 무슨 이야기를 나누는지 물어보고, 그가 그녀의 삶에 대한 관심과 그녀에 대한 애정을 전달하기 위해 어떤 표현을 쓰는지 물어보았다. 그녀는 잠시 멈추었다가 말하였다. "아버지가 저를 사랑한다고 실제로 말씀하신 적은 없는 것 같네요. 사실 제가 그냥 당연히 그렇다고 생각한 거죠."

그녀가 아버지의 조언을 원할 때마다 그는 기꺼이 조언을 해 주었지만 그녀 편에서 그 대화를 시작한다는 사실이 점차 분명해졌다. 아버지는 미리암에게 먼저 다가오지 않았다. 그녀는 더 곰곰이 생각하다가, 그들의 관계에서 그녀가 얼마나 불확실한 느낌이 드는지 알게 되었다. 그녀는 아버지에게서 사랑한다는 말을 직접 듣지 않았는데도 불구하고 그가 그녀를 사랑한다고 스스로에게 말함으로써 이 불확실함을 은폐했다. 마침내 그녀는 자신의 가치를 입증하기 위해 열심히 노력하는 것과 아버지의 인정을 받고 싶은 깊은 갈망을 연관 짓게 되었다. 그녀는 생생한 말과 몸짓으로 전달되는 아버지의 인정을 듣고 싶었지만 실제로는 거의 듣지 못했다. 게다가 대학에서 대학원으로 진학하고 그 후로 정책 입안 분야에서 일하면서 그녀의 노고와 승진은 단단하게 직접 연결되어 있었다. 스스로 적절하다고 느끼는 그녀의 감각은 일관되게 그녀의 노력과 결부되어 있었다. 따라서 그녀의 노력이 상관의 행동을 바꾸지 못했을 때, 그녀는 자동적으로 자신에게 문제가 있다고 결론을 내렸다.

나는, 이것이 아버지가 위로해 주고 안심시켜 주리라는 확신 없이 그녀의 '실패'를 드러내는 위험을 감수해야 할 것 같아서 그녀가 자신의 상황에 대해 아버지와 이야기하지 않았던 것임을 알려 준다고 말했다. 나는 그녀가 자신의 곤경을 아버지에게 밝히게 된다면 이상적으로 그가 어떻게 해 주기를 바라는지 물었다. 곧바로 눈물이 맺혔다.

"나는 널 사랑한단다. 넌 괜찮을 거야." 그녀는 간신히 속삭였다.

이것은 터무니없는 권력 남용이나 처참한 방치의 이야기가 아니다. 미리암의 상관은 확실히 관리 기술이 부족했고, 미리암이 결국 알게 된 것처럼 그녀의 존재로 인해 적지 않은 위협을 느꼈다. 그러나 그는 반사회적 인격 장애자가 아니었다. 다른 이들이 겪은 극적 사건은 훨씬 더 심각하다. 혹자는 이것이 제1세계 문제라고 말할 수도 있다. 하지만 이 이야기는 인간됨의 중요한 특징 두 가지를 드러낸다. 첫째, 우리는 우리의 삶에서 발생하지 **않은** 것에 의해 수치심을 경험할 수 있다. 이 사례에서는, 미리암의 아버지 쪽에서 긍정의 말과 행위가 결여되었다. 둘째, 우리 모두 그렇듯이 미리암은 (미묘한 방식으로 표현되긴 했지만) **버려짐을 막을 만큼 열심히 노력하지 않으면 버려질 위기에 처한다**는 메시지를 받았다. 처음에 혹자는 이런 결론을 내리는 것이 터무니없다고 생각할지도 모른다. 그러나 뇌의 관점에서 우리는 어느 순간에든 다른 이들과의 관계나 우리 자신 안에서의 관계를 향해 가까워지거나 혹은 그 관계로부터 멀어지고 있다. 그리고 어느 정도로든 멀어지는 것은 결국 버림받게 될 것이라는 잠재적 위험을 수반한다. 우리에게 이에 대해 경고하는 사이렌 소리 중에 수치심보다 강력한 것은 없다. 그리하여, 돌아올 것에 대한 분명한 암시가 없는 멀어짐(이것은 미리암의 뇌가 아버지의 침묵을 해석한 방식이다)은 수치심과 조화를 이루어 작용한다. 따라서 수치심이 우리에게 떠남의 가능성에 대해 경고하기도 하고, 다시 돌아오겠다는 암시 없이 떠나는 행위가 수치심을 활성화하기도 한다(이는 우리의 의식적 자각의 외부에서 아주 은밀하고 조용한 방식으로 이루어지기도 한다). 미리암의 상관은 (의도하지는 않았지만) 상호 작용 방식에서 그녀를 수치스럽게 했을 뿐만 아니라, 그녀와 아버지 사이의 해묵은 수치심의 암묵 기억을 그녀의 내면에 활성화했다.

그리하여 상사의 스타일, 기대되는 바를 분명히 하기 위해 그와 대화를 나눌 필요성 등 미리암의 내러티브를 구성하는 명백한 이야기 전부의 한복판에서 수치심이 땅속 샘같이 배어 나와 그녀의 이야기의 감정적 암류에 흘러들었다. 다른 이들이 보기에는 명백하고 논리적인 해법이 있는데도 불구하고, 미리암의 전전두엽은 그녀의 삶을 통제하지 못했다. 그 대신 그녀의 마음은 예견되는 미래―그녀가 수치심의 감각과 느낌에 의해 무한정 감금당하게 될―로 끊임없이 질주했다. 그녀는 이러한 상황을 의식적으로나 이성적으로 생각하지 못했으나, 감정의 모래 늪에 빠져 들어가면서 이러한 상황을 감지하고 마음속에 형상화했다. 이것은, 난관을 타개하리라고 자신하면서 상사와 모호한 일을 명확히 하는 대화를 하는 것 같은 직접적 개입으로 이어지지 못했다. 그 대신 그녀는 불안과 우울을 겪었고 직업적 창조성 및 참여가 감소하는 하강 곡선이 이어졌다. 수치심은 그러한 결과가 더없이 만족스러웠다.

온전한 이해의 시작

우리는 이제까지 반감을 불러일으키는 수치심의 모든 특징을 탐구했다. 그럼에도 불구하고, 수치심이 유익한 목적에 기여하는 때가 과연 있는지 궁금할 수도 있다. 우리는 수치심의 부정적 속성을 고려하는 것만으로 이야기 전체를 충실히 전하고 있는 것일까? 확실히 성경은 수치심이 한 사람을 올바른 방향으로 가게 할 수 있음을 시사하기 때문이다(예. 잠 19:26; 고전 6:9).

내가 앞서 언급한 대로, 쇼어가 가장 일찍 나타나는 수치심의 증거라고 명시한 일상적인 대인관계 신경생물학적 반응이 있다. 이 반응은 발달 중인 자율 신경계(이는 동조해 주는 양육자가 있는 환경에서 우리가 적절한 자기 통제 행위를 발현시킬 수 있게 해 준다)로부터 나온다. 그러나 그 반응식에서 동조(그 주체가 부모, 배우자, 교사, 친구, 고용주 등 누구든)가 결코 이루어지지 않을 때, 수치심은 더 복잡한 문제가 된다. 더욱이 댄 시겔이 앨런 스루프(Alan Sroufe)의 연구를 인용하며 지적하는 대로, 우리는 수치심을 일으키는 행동이 (설령 비의식적이라 하더라도) **의도적으로** 가해지는 상황에 놓일 때가 많다.[13] 이 책의 내용이 겨냥하는 것은 수치심을 의도적으로 가하는 바로 그 상황들이다. 다시 한번 말하지만, 그 행동들이 그것을 가하는 이의 의식적 자각 밖에 있다 하더라도 말이다.

이 장에서 우리는 대인관계 신경생물학의 틀 안에서 작용하는 수치심의 다양한 차원을 탐구했다. 우리는, 우리의 세계를 창조적으로 탐색하고 발견하도록 이끄는 기쁨이 있는 관계를 발전시켜야 하는 주요 임무에 대해 새로이 알게 되었다. 수치심의 성격에 대해 평하자면, 수치심은 예기치 않은 강력한 감정적 전환으로서 우리의 허를 찌른다. 그 결과 우리는 잘려 나가고 밀려나는 감각, 최악의 순간에는 비루하다는 감각을 강하게 경험한다. 수치심의 뒤에 남는 것은 (예기치 않게 꺾여 버린 기쁨의 증거인) 깨어진 꿈과 상실된 관계의 잔해다. 2장부터 귀를 기울여 듣는다면, 개인의 마음, 관계, 지역 사회 전체, 국가 등 무엇이든 조직들을 와해시켜 그것들을 서로에게서 고립시키고 결국 관계적 질식이라는 불가피한 결과를 낳는 능력이 수치심의 대표적 특징임을 알 수 있다. 이것은 우리 인생의 가장 초기에 형성된 관계들에서 시작될 수도 있고, 생애 주기 전체에 걸쳐 모든 관계로 확장될 수도 있다. 그것은 크고 비범하고 대단히 충격적인 사건 안에서 발생할 수도 있고, (우리가 알아차리기도 어렵고 수치심과 곧장 연관 짓지도 않을) 되풀이되는 일상의 사건 안에서 발생할 수도 있다.

우리는 이제껏 수치심의 역학, 수치심이 어떻게 작용하는지에 초점을 맞추었다. 그런데 그것이 수치심의 영혼과 그리고 그 영혼이 하고자 하는 이야기와 무슨 관련이 있을까? 여기서 우리는 우리가 충분히 구체화되고 충분히 관계적인 사람들로서 **어떻게** 작용하는가의 문제로부터 그 상호 작용들이 관건으로 삼는 **의미**의 문제로 전환한다. 대인관계 신경생물학의 관점에서 볼 때, 우리는 이제 통합의 내러티브 영역, 중요한 애착 관계들의 맥락에서 세상과 그 안에서의 우리의 역할에 관해 무엇이 참인지를 가리는 마음의 구역으로 향한다. 4장에서 보게 되겠지만, 이야기하기는 궁극적으로 우리를 지구의 나머지 피조물들로부터 구별해 주는 특징이며, 또한 선하고 아름다운 세계를 창조하는 일에 하나님과 함께하고자 하는 우리의 시도를 황폐화하기 위해 수치심이 가장 강력하게 공격하려고 벼르는 특징이다.

4장

당신이 살고 있는 수치심의 이야기

그가 내 진료실을 찾아오기까지는 10년이 걸렸다. 그는 이전에도 정신과 의사를 찾아가는 것을 몇 차례 고려하긴 했지만, 직장이 위태롭게 되자 어떻게든 용기를 내야겠다고 느꼈다. 로버트는 지난 6개월 동안 심한 우울에 빠져 있었고 지인들은 그의 안녕에 대해 걱정했다. 그는 직장에 갈 때 말고는 아파트를 거의 떠나지 않으며 친구들과 함께 하는 데 별 관심이 없다고 말했다. "저에게는 어떤 의지도 없어요. 기분이 나아지기를 바랄 뿐입니다."

첫 만남에서 우리는 그의 증상에 대한 표준적 평가에 더해 성장 과정에서 삶이 어떠했는지, 그의 전반적 인생관을 형성한 주요 인물이 누구인지 살펴보았다. 그는 부모님이 자신의 삶에 영향을 주는 주된 인물들이었다고(비록 세부 사항을 말하지는 못했지만) 여긴다는 것을 인정하였다. 그러나 그는 이 질문이 그가 나를 보러 온 이유와 무슨 관련이 있는지 어리둥절했다. 그는 우울했다. 그것이 그의 삶의 의미에 대한 생각과 무슨 상관이 있었을까? 의지의 결핍은 정신 장애의 한 증상으로, 약을 조금 먹으면 나아질 수 있지 않은가?

이것은 그로서는 심각한 질문이었다. 그는 분명 똑똑한 사람이었다. 보험 계리사인 그의 두둑한 봉급이 이를 증명하였다. 그런데 그가 보기에 '삶의 의미'가 뇌 장애와 많은 관련이 있다는 말은 진정으로 의심스러웠다. 그가 읽어 본 어떤 글도 프로작(Prozac: 우울증 치료제-역주)과 삶의 목적이 서로에게 할 말이 많다고 암시한 적은 없었다. 나는 그가 영적 수련을 한 적이 있다면 그 특성이 어떠했는지 물었다. 그는 아무것도 해 본 적이 없다고 말했다. '영적 수련'이라는 말 자체가 그에게는 이질적인 것으로 들렸다. "부모님은 제가 어릴 때 교회에 나가게 하셨지만, 저는 더 이상 그런 것을 믿지 않아요."

나는 우리가 어디에서 왔으며 무릇 삶의 목적이 무엇인지에 대한 그의 생각이 궁금하다고 말하였다. 나는 하나님의 존재에 대한 그의 믿음에 대해 알아내려고 그런 질문을 하는 것이 아님을 확실히 밝혔다. 그보다는 **무엇이든** 그가 믿는 바에 대해 묻고 있었다. 그가 깊숙이 자리 잡고 있는 삶을 지배적으로 형성하는(그가 의식적으로 그것에 주의를 기울이든 그렇지 않든) 이야기는 과연 무엇이었을까?

그는 어느 때보다 더 당황했고 할 말을 찾는 데 어려움을 겪었다. "제 이야기요? 도통 모르겠네요."

로버트는 자신이 우울하다는 것을 의식하고 있었다. 그러나 그가 자기 삶의 이야기로부터 단절된 것이 그 우울에 먹이를 주고 있다는 것은 인식하지 못했다. 겉으로 드러나는 증상이 그가 볼 수 있는 전부였다. 그는 자신이 스스로의 삶에 대해 하는 이야기가 어떻게 자신을 감정적 붕괴 직전까지 몰고 가는지 보지 못하였다.

〰️

이 책의 첫머리에서 말했듯이, 수치심이 작용하는 역학을 아는 것은 도움이 될 수 있지만, 수치심이 발생하는 장소가 되는 이야기를 알아

보지 않고 그 역학만 아는 것은 충분하지 않다. 우리가 (그분의 인격과 행위에 대해 성경에서 알게 되는) 하나님이 창조하신 세상에서 살고 있다고 믿는다면, 수치심은 단순한 결함이 아니기 때문이다. 그것은 하나님이 말씀하시는 이야기를 어지럽히고 방해하기 위해 의도적이고도 교묘하게 사용되는 대인관계 신경생물학적 도구로서 더 큰 내러티브 안에서 목적을 지닌다. 그런데 로버트가 이제껏 나와 공유한 이야기에서 수치심은 어떤 방식으로 일조했을까? 또한 이야기하기의 본질에 대한 이해가 어떻게 수치심의 역학의 본질뿐만 아니라 수치심이 그의 이야기에 영향을 주어서 결국 그를 내 진료실로 데려온 증상을 일으킨 방식을 드러내게 될까?

우리는 이야기라는 매개를 통해 살아간다. 우리가 하고 있는 이야기의 한복판에서 수치심이 열중하고 있는 일을 잘 알기 위해서는, 이야기와 이야기하기의 특징 몇 가지를 아는 것이 유익하다. 수치심은 우리의 이야기를 자기가 각색한 버전으로 대체하고자 하는데, 이 버전의 이야기는 어디를 가나 꼭 문제를 일으킨다.

터무니없지만은 않은 이야기

우리 인간은 성장하면서 우리가 알기로는 다른 어떤 동물도 하지 않는 행위를 하기 시작한다. 즉, 우리는 이야기를 한다. 우리는 갓난아기 때부터 감지하고 지각하고 심상을 그리고 느끼고 움직이고 내면 및 외부 환경과 상호 작용한다. 우리는 우리의 손이 우리의 것임을, 그리고 그 손이 무언가를 할 수 있음을 배워야 한다. 엄마의 목소리는 엄마의 것임을 배워야 한다. 우리는 걷기를 배우며 흥미가 동해서 팬지꽃을 따 먹기도 한다. 결국 우리는 언어의 사용을 습득하고 발달시킨다. 말과 함께, 우리는 경험을 어떻게 이해하는가의 측면뿐 아니라 타인들에게 어떻게 전하는가의 측면에서 경험을 통합하기 위해, 말로 나타낸(그리고 글로 나타낸) 상징을 사용하기 시작한다. 우리가 사실상 언어에 너무 능숙해지는 바람에, 우리의 마음-몸 연결체의 내부와 외부로부터 나오는 비언어적 감각 정보는 이내 비의식의 영역으로 사라진다. 우리가 이 비언어적 감각 정보를 이용할 수 없는 것은 아니지만, 그것은 대개 언어의 효율성에 압도당한다. 하지만 그 사이에도 그것은 우리가 사용법을 배우는 단어들을 위해 계속 연료를 공급한다.

그러므로 비록 우리가 이야기를 할 때 그 언어에 크게 유의하기는 하지만 그 이야기의 상당수는 말없이 펼쳐진다는 점을 처음부터 유념해야 한다. 인간의 소통의 60-90퍼센트는 비언어적 표현으로 이루어짐을 고려할 때, 우리는 언어를 배제한 상태에서 말하는 모든 것에 유의해야 한다. 우리로 하여금 복잡한 일을 할 수 있게 해 주는 언어 사용의 정교화에도 불구하고 감정—그리고 감각, 느낌, 심상, 신체적 움직임을 통한 감정의 조절—은 우리의 이야기하기 시도에 여전히 상당한 에너지를 제공한다. 우리가 행복하거나 슬프거나 괴롭다는 것을 알기 위해 반드시 말이 있어야 하는 것은 아니다. 말은 엄청나게 유용하다. 그러나 그것이 우리가 겪는 고통의 근원은 아니다. 따라서 우리의 내러티브들은 감각, 심상, 느낌으로 시작하고, 차츰 한마디 말이나 생각으로 융합되며, "전쟁과 평화"(*War and Peace*)와 "쇼생크 탈출"(*The Shawshank Redemption*)로 끝난다.

이것은 수치심이 어떻게 우리의 삶 안으로 엮여 들어오는지 이해하는 데 대단히 중요하다. 수치심은 우리 삶에 끼어들기 위해 우리가 언어를 습득할 때까지 기다리지 않는다. 그것은 주로 감각적-정서적 톤에서의 전환, 감정적 박탈로 나타난다(3장을 보라). 그리고 우리가 자신의 느낌을 처음으로 의식하게 되면서, 수치심을 감지할 가능성이 생겨난다. 우리가 수치심의 양상을 말로 묘사할 수 있을 만큼 충분히 자라지 않았음에도 불구하고 말이다. 로버트와 내가 여러 주에 걸쳐 이야기를 나누는 동안, 그는 자신의 우울증이 단순히 화학적 불균형이 아니라는 견해에 더 수긍하게 되었다. 비록 신경생물학이 그가 겪는 증상의 중요한 특징이기는 했지만(마음에 관한 한, 물질이 경험으로부터 분리될 수는 없다), 확실히 그는 자신의 이야기를 되돌아보면서 성장기의 삶과 현재의 사태 사이에서 연관성을 보기 시작했다.

그는 자기에게 새로운 일을 할 기회가 올 때마다 어머니가 (특히 그녀 자신의 불안 때문에) 그에 대해 걱정을 하는 바람에 불편하고 망설이게 되었던 옛 기억을 떠올렸다. 아버지는 때로 로버트에게 관심 없는 일이나 준비되지 않은 일을 하도록 강요하고 그 일에 대해 과잉 보상하는 식으로 어머니의 걱정에 대응하였다. 아버지의 이러한 행동도 그를 불안하게 만들기는 마찬가지였고 그는 서로 다투는 부모 사이에 끼게 되었다. 특히, 대놓고 말한 것은 아니지만 부모가 그를 평하는 말은 그들이 그를 부족하다고 생각한다는 것을 드러냈다. 부모 중 어느 쪽도 "너는 세상에서 살아남는 데 필요한 것을 갖추지 못했어"라고 툭 터놓고 말하지는 않았다. 정확히 말하면, 로버트는 스스로 자기가 부족하다고 **느꼈다**. 그가 기억하기로 자신이 그런 감정을 느끼지 않은 날은 없었다. 이것은 수치심이 어떻게 은밀한 방식을 통해 간접적으로 우리의 이야기 안으로 엮여 들어와, 우리 삶의 추기에 통제권은 가지는 뇌의 부분들(뇌간, 변연계 회로, 우뇌)에 접근하는지 보여 주는 예다. 그러나 곧 언어가 수치심의 노력을 뒷받침하기 시작한다.

이야기하기에 대한 탐구에서, 우리의 발달의 역학을 설명하고자 한다면 우리는 마음의 기능들 사이의 상호 작용의 복잡성이 점진적으로 나타나는 것을 목격하고 있다고 말할 수 있다. 그것은 맞는 말이다. 하지만 우리는 단지 임의의 정신 과정들로 구성된 복잡한 존재가 되고 있는 것은 아니다. 오히려 그 복잡성 안에서 우리는 의미를 만드는 일도 한다. 다시 말해, 우리는 결국 우리의 삶을 이해하고 그 삶에 대한 이야기를 하기 위해, 말을 비롯하여 우리의 도구 상자에 든 다른 모든 것을 사용한다. 그리고 이러한 방식으로 우리는 언어를 습득할 뿐만 아니라 의미도 구성한다. 우리의 마음은 언제나 우리가 경험하는 다양한 감각, 심상, 느낌, 생각, 행동을 면밀히 검토하며 취합한다. 감정을 조정하는 과정에서 우리의 생각은 주기적으로 반복 출현하는데, 어떤 때에는 의도 및 반성과 더불어, 또 어떤 때에는 충동에 의해 반사적으로 출현한다. 이는 그 경험을 이해하거나 그에 대한 결론을 도출하기 위한 것이다. 마음의 다양한 요소 사이의 이 춤은 온종일 끊임없이 물 흐르듯 발생한다. 우리는 이것을 하지 **않으면서** 이 세상에서 살 수는 없다. 하지만 우리가 이것을 **하고 있다**는 것을 인식하지 못할 수는 있다.

처음에 로버트는 자기 삶의 표면에 부는 바람은 인식했으나 그 아래의 구조적 움직임까지는 인식하지 못했다. 시간이 흐름에 따라, 그는 수치심이 자신의 구체화된 경험이 될 때 자신이 스스로의 기분을 이해하기 위해 어떻게 언어를 사용하는지 보기 시작했다. 그는 어머니의 불안이나 아버지의 침묵을 대할 때, 어떻게 생각과 심상이 자신의 마음을 그야말로 번개처럼 스치고, 스스로에게 '난 아마 그렇게 하지 못할 거야' 혹은 '결코 아빠를 흐뭇하게 해 드리지 못하겠지' 같은 말을 (대개 소리 내지 않고) 하곤 했는지 기억해 냈다. 다시 말해, 그는 성인으로서 그의 기분을 설명해 줄 내러티브를 어린 나이에 자기도 모르는 사이에 구성하기 시작하였다. 우리는 문제를 설명하고 이해함으로써 그것을 해결하기 위해서 (여러 가지 도구 중에서) 언어를 사용한다. 이 이해의 과정은 사건에 대한 논리적 설명뿐만 아니라 고통이 덜한 상태로의 감정적 전환도 포함한다. 우리가 논리적이기 때문에 상황이 어떤지 알고 싶어 하는 것이 아니다. 논리는 우리가 감정을 조절하도록 돕는다. 여기서 감정이란 바로 뇌의 조직화에서 주축이 되는 에너지다.

그러므로 로버트는 자신의 이야기를 통해 스스로에게 상황을 '설명할' 뿐만 아니라 자신의 감정적 톤을 조절하기도 한다. 여기서 발생하는 문제는 내가 내 이야기의 이 버전을 반복해서 말하다 보면 내가 말하는 바로 그것이 내 수치심의 근원이라는 결론을 이끌어 낼 수 있다는 것이다. 이를테면, 로버트는 처음에는 자신이 수치심을 느끼는 이유가 "내가 사실 여러 가지 일, 특히 관계에 그다지 자신이 없기 때문"이라고 생각했다. 로버트의 마음에서 수치심은 자신이 부족하다는 (그가 자신에게 말한 대로의) '사실'에서 나온 것이었다. 그의 수치심이 그가 자신에게 하는 이야기의 결과가 아니라 원인이자 감정적 근원이라는 생각은 해 본 적이 없었다. 부모의 행동이 그가 경험하는 바의 근원이라는 점은 그의 마음에 인식되지 않았다. 우리의 삶에서 흐르고 있는 암류에 (설령 아주 미미하게라도) 우리가 부족하다는 **감**이 거듭 포함된다면 누구라도 수치심을 느끼지 않겠는가?

로버트의 문제를 그가 거짓말을 믿은 문제, 그가 거짓 현실을 받아들인 경험으로 개념화할 수도 있다. 어느 수준에서는 이러한 개념화가 완전히 틀린 것은 아니다. 그러나 거짓말은 고사하고 무엇이라도 믿는다는 것은 우리가 '믿음'이라고 부르는 단순한 행위에 관여하는 한 단계의 정신 작용이 아니다. 무언가를 믿으려면 감각, 심상, 느낌, 생각, 신체적 행동을 포함하여 정신 활동의 다양한 영역을 동원해야 하기 때문이다. 이 모든 것은 신비롭게 수렴하여 우리가 궁극적으로 믿는 바를 이룬다. 그러므로 로버트의 경우에 그의 갈등은 거짓말을 믿는 것으로 축소될 수 없었다. 그것은 그보다 더 복잡했다. 그는 자신이 너무 오랫동안 습관적으로 믿어 왔던 거짓말을 믿지 않는 것이 불가능하다는 사실을 발견했다.

로버트가 마음에 쓴 이 장(章)들은 자신의 기분을 이해하는 방식이었을 뿐만 아니라 유해한 수치심의 감정을 줄이려는 대처 방식이기도 했다. 어째서 그러한가? 감정적 고통, 특히 수치심처럼 불쾌한 것에 관해서 뇌는 가능한 한 신속하게 그 고통을 줄이기 위해 할 수 있는 모든 일을 하리라는 것을 기억하라. 이렇게 하여, 수치심에 대한 우리의 반응—신체적으로 외면하는 것이든 우리의 내러티브를 구성하는 것이든—은 수치심을 강화할 뿐이다. 로버트의 이야기에서 그도 자신이 부족하다는 이야기를 듣고 있었다. 이로써 우리는 악이 수치심을 대리인으로 이용하면서 열중해 있는 일을 언뜻 보게 된다. 악은 우리가 **우리**야말로 우리가 느끼는 바에 책임이 있는 유일한 당사자라는 식으로 이야기하기를 원한다. 악은 우리가 관계 속에서 살아가기보다 고립되어 살아가기를 원한다. 그렇다면, 나는 수치스러운 존재이기 때문에 수치심을 느낀다. 나에게 무언가 문제가 있기 때문에 내가 수치심을 감지하는 것이다. 내가 어떤 느낌을 겪는 것은 내가 타인과 관계를 맺은 일이 작용한 결과로서 **나에게** 발생한 무언가 때문이라는 생각은 떠오르지 않는다. 누군가가 나에게 한 말이나 행동이 이 끔찍한 느낌을 불러일으켰다는 사실을 알고 있음에도 불구하고, 그 느낌이 나에게 속한 것이라고 재빨리 인정하는 것이 수치심의 신경생물학적 경향성이다. 그렇지만 내가 과연 어떻게 이를 알 수 있겠는가? 이 모든 과정이 시작될 때 나는 너무 어렸다.

거시적인, 미시적인, 그리고 그 중간의 모든 것

우리의 이야기에 대해 생각하는 꽤 간단한 방법 하나는 대, 중, 소의 범주를 통해 생각하는 것이다. 큰 이야기는 우리가 형이상학이나 세계관의 측면에서 생각하는 것으로 이루어진다. 예를 들어(그리고 이를 지나치게 단순화하지 않기 위해), 우리는 하나님을 믿거나(혹은 믿고 싶어 하거나) 믿지 않거나 둘 중 하나를 선택하며, 여기에는 그 선택이 끼치는 영향도 포함된다. 우리는 자신의 삶에 목적이 있다고 생각하거나 그렇지 않다고 생각한다. 우리는 규칙에 따르는 것이 대체로 중요하다고 생각하거나 그렇게 생각하지 않는다. 혹은 이러한 생각들 가운데 어떤 것은 더 모호하게 뒤섞인 상태일 수도 있다.

나는 이를 우리가 살고 있는 세계에 대한 거시적 관점이라 부른다. 이는 3천 미터 거리에서 보는 세상에 관한 것이다. 그것은 모방에 의해 다음 세대에 전달되는 다양한 문화 요소와 사회적 생태계를 포함하기도 한다. 이 문화 요소들과 사회적 생태계들은 우리가 서로와 가지는 그리고 예술, 기술, 경제학 같은 문화적 산물과 가지는 다양한 비의식적인(그렇지만 의도적인) 상호 작용을 통해 우리가 믿는 바와 우리가 행동하는 방식에 영향을 준다.

큰 이야기 안에 담긴 중간 범주의 이야기는 거시적 세계의 맥락에서 우리에게 더 특별한, 우리 삶의 세부 사항을 포함한다. 게다가 그것은 지속적이고 뚜렷한 감정적 기억을 나타내는 경향이 있다(우리는 그 감정적 기억을 우리가 계속 진행하는 내레이션의 일부로서 암묵적으로 암호화한다). 다음과 같은 이야기가 여기에 포함될 수 있다. '나는 아빠가 날 사랑하신다고 믿어.' '나는 결혼 생활이 잘 되어 가기는커녕 지속될 것 같지도 않아.' '직장을 잃을까 봐 걱정돼.' '내 아들이 마침내 누군가를 사귀다니 정말 기뻐.' '난 뉴욕 양키스를 정말 좋아해.' '난 뉴욕 양키스가 싫어.' 이 이야기들은 하루 중 시간대에 따라 다양한 정도의 영향력을 가지게 될 우리의 정신적 삶의 갈래들을 대변하며, 관계에 지속적 영향을 미치는 순간순간의 결정을 형성할 수 있다.

작은 또는 미시적인 이야기들은 너무도 일시적이라 거의 알아채기 힘든 방식으로 삽입된다. 그 이야기들은 우리의 삶에 그다지 영향을 주지 않을 수도 있고 우리의 하루를 완전히 바꾸어 버릴 수도 있다. 학회에 참석해 앉아 있으면서, 오후 회기에 참석하기 전에 화장실에 가야 한다는 것을 깨닫는다. 집에 가면 준비해야 하는 식사에 대해 생각하며, 설교 중에 마음이 떠돈다. 거울을 들여다보다가 삐져나온 머리카락 한 올을 보고 머리를 매만진다. 사용한 컵을 식기세척기에 넣는다. 아름다운 여자를 보고 상상을 시작하는 마음을 제자리로 되돌리려 안간힘을 쓴다.

나는 이 이야기들에 진지함이 없기 때문이 아니라 정확히 말해 그 이야기들이 대체로 간결하기 때문에 그것들을 미시적 이야기라고 부른다. 내가 이야기하기의 관점에서 묘사한 바가 단지 우리가 하는 생각이나 말에 국한될 수는 없다는 점에도 주목하라. 우리의 행위가 우리의 이야기를 하기도 한다. 컵을 치우는 것은 의식적 생각을 포함하지 않을 수도 있다(포함할 수도 있겠지만). 그러나 그 행위도 우리의 말이다.

이 거시적인, 미시적인, 그리고 그 중간의 이야기들은 위계적 지위를 가지고 있지 않으며 그 사이의 경계도 쉽게 넘나들 수 있다. 이 모형의 의도된 목적은 우리가 자신이 다양한 차원─각 차원이 다른 차원들과 상호 작용하는─에서 동시에 이야기하기의 과정에 참여한다는 사실을 의식하도록 하는 것이다. 그리고 우리가 이 영역들에 대해 더 의식하게 되는 만큼, 수치심이 언제 그리고 어떻게 우리의 이야기하기 활동에 들어오려고 시도하는지도 의식하게 된다.

로버트는 점점 더 자기 이야기의 다양한 영역에 마음을 열고 인식하게 되면서, 수치심이 어느 영역이든 가리지 않고 개입하려 한다는 것을 알게 되었다. 그는 수치심이 자신의 이야기하기 과정에서 사실상 어떤 순간이든 오염시킬 가능성이 있음을 이해하게 되었다. 수치심이 인생의 초기에 그리고 비언어적·언어적 상호 작용들의 교묘함을 통하여 우리와 결합할 때, 그것은 재빨리 퍼져서 종종 온몸을 감염시키는 바이러스와 같아진다. 그렇다고 해서, 생각이나 심상 하나하나가 전부 수치심의 산물인 것은 아니다. 하지만 바이러스와 같다는 것은 수치심이 우리 이야기의 명백한 부분에 국한되지 않는다는 것을 나타낸다. 그것은 우리더러 너처럼 자유투를 못 던지는 선수는 본 적이 없다고 말하는 코치의 목소리만이 아니다. 그것은 성폭행의 기억에 국한되지 않는다. 그렇지 않다. 수치심은 (수치심과 어떤 관련이 있는지 알아보기 힘들 정도로) 눈에 띄지 않는 자신의 잔재를 사용하여 한순간의 느낌을 채색할 예기치 않은 기회를 기다리며 우리 마음속에 살고 있다.

오프닝 크레디트

우리의 이야기가 다른 누군가에게서 시작된다는 사실을 아는 것은 의미심장할 수 있다. 우리가 이 세상에 나오기 한참 전에, 우리가 임신되기 전과 후에 사람들은 우리에 대해 이야기하기 시작했다. 그들은 우리의 성별에 대해, 우리의 이름에 대해, 우리의 생김새와 성격이 누구를 닮기를 바라는지(마찬가지로, 누구를 닮지 **않기**를 바라는지)에 대해 이야기를 나누었다. 그리고 어쩌면 이렇게 하기 전에도 우리의 부모님은 우리를 애타게 바라며 몇 달 혹은 몇 년을 보냈을지도 모른다. 어쩌면 아무도 우리를 애타게 바라지 않았고, 우리는 결국 우리를 돌봐줄 다른 누군가에게로 보내졌을 수도 있다. 우리는 모두 아름다움과 비극의 전주곡으로부터 태어난다. 각기 고유한 비율의 아름다움과 비극을 지니고서. 우리는 다른 이들이 이미 하고 있던 이 내러티브로부터 그리고 이 내러티브 속으로 삶을 시작했다.

그러나 우리의 내러티브에 대한 타인들의 기여는 결코 멈추지 않는다. 우리가 언어와 기동성을 습득하며, 생각을 통제하고 느낌에 반응하는 자신의 능력을 점점 분명하게 의식하면서 독립성과 활동력이 성장하는 중에도, 우리는 항상 다른 사람들과 상호 작용하고 있기 때문이다. 그리고 세계, 특히 우리의 세계에 대한 그들의 견해는 우리가 서서히 펼쳐지는 자신의 내러티브를 이해하고 말하는 방식을 형성하며 그것에 영향을 준다. 처음에는 부모, 그다음에는 교사, 친구, 코치, 배우자, 자녀, 고용주, 고용인, 심지어 거리의 걸인마저 우리의 자서전의 여백에 글을 쓴다. 우리는 자신이 솔로 아티스트라고 믿고 싶어 하지만 실제로는 교향곡 연주에 참여하는 솔로이스트에 가깝다. 물론 문제는 우리가 어떤 종류의 음악을 함께 연주할 것인가다.

로버트가 알게 된 대로, 그의 내러티브는 사실상 부모가 그들 자신의 이야기를 하기도 전에 시작된, 훨씬 더 오래된 뿌리를 지니고 있었다. 성공한 사업가였던 친할아버지는 신뢰하던 사람에게 사기를 당해 일생 동안 번 돈을 잃어버렸다. 그리하여 로버트의 아버지는 신뢰란 가볍게 시작되지 않는다는 것을 배웠다. 그는 자기 소유의 회계 법인을 성공적으로 운영하고 있음에도 불구하고, 가족을 부양할 수 없을까 봐 걱정했다. 겉으로 보기에는 가족 중에서 어머니가 걱정을 달고 사는 것 같았다. 하지만 사실 아버지는 그저 걱정을 더 열심히 일하는 것으로 전환시켜서 자급자족의 상태(그것이 아무리 환상에 불과한 관념이라 해도)를 확실히 해두려 했던 것이었다. 로버트는 이 사실을 이해하기 시작했다. 그들의 공동의 걱정은 그들에게 그리고 궁극적으로는 로버트에게 그들은 결국 무탈하지 않을 것이라고 말하는 수치심이었다.

이를 깨닫게 되면서, 로버트는 그것을 자신이 직장에서 열심히 일하는 것과 연관 짓게 되었다. 맞다. 그는 일을 즐겼으나(혹은 우울해지기 전에는 그랬으나), 실패의 전형이 될까 봐 두려워하는 암류 없이 즐긴 것이 아니기 때문이다. 그는 논리적 뇌를 써서 실패의 가능성이 희박함을 알 수 있었지만, 그 사실이 그의 뇌의 감정적 부분을 장악하지는 못했다. 뇌의 감정적 부분은 그가 부모로부터 받은 이야기(그가 태어나기 전에 타인들이 했던 그에 관한 이야기)를 되풀이하고 있었던 것이다.

이야기를 이끌어 내는 경청

다른 사람들이 우리의 이야기하기에 참여하는 또 다른 방식은 듣는 습관에 깊이 뿌리박고 있다. 우리가 다른 사람들에게 우리의 이야기를 할 때, 그들이 도움 되는 방식으로 우리에게 동조해 주는 만큼 우리의 이야기는 수정된다. 말을 하지 않고 누군가에게 동조하는 바로 그 행위가 (실시간으로 그 경험을 변경하는) 우뇌에서 우뇌로의 뇌 연결을 만들어 낸다. 이렇게, 잘 듣는 사람들은 이야기하는 사람의 기운을 북돋우며 그리하여 이야기가 더 충실히 전해지도록 돕는다. 그들은 또한 적절한 질문을 하고, 이야기를 최대한 활용하기 위해 필요하면 말하는 사람에게 경계를 정해 주거나 그 사람의 초점을 바꾼다. 그러므로 이야기하기는 독백이라기보다는 말하는 사람과 듣는 사람 사이의 춤에 훨씬 가깝다. 사실 이야기는 (그것이 진행되는 과정에서 똑같이 매우 중요한 역할을 하는) 말하는 사람과 듣는 사람 사이에서 나타나는 경향이 있다고 할 수 있다.

우리가 스쳐 지나가는 개인적 생각을 하고 있을 때도 이것은 마찬가지다. 우리의 이야기는 (어떤 차원에서든) 타인들에 대한 우리의 경험에 의해 영향을 받기 때문이다. 그 사람이 그 자리에 있든 없든 상관없다. 처음에 로버트의 눈 맞춤, 몸의 움직임, 들릴락 말락 한 목소리로 볼 때 그는 내가 그에게 주의를 기울이는 것이 불편한 것 같았다.

마침내 적절한 때에 나는 이러한 사항에 대한 생각과 소견을 내놓았다. 뿐만 아니라, 그가 자신의 이야기를 할 때 분명히 빠진 부분이 있었다. 내가 그가 맺는 관계들의 성격에 대해 묻지 않으면 그는 그것들에 대해 이야기하지 않을 것이었다. 그가 불안에 대해 설명할 때 내가 그의 몸의 느낌이 어떤지 묻지 않으면 그는 그것이 중요하다고 여기지 않을 것이었다. 그러나 시간이 흐르면서, 그는 자신의 느낌과 그 느낌이 인생 행로를 통해 어떻게 발전했는지에 대한 의문에 반응하기 시작했다.

우리가 깊은 슬픔과 수치심의 사례들에 도달했을 때(환자 대부분이 동일한 과정을 겪는다), 그의 이야기는 달라지기 시작했다. 우선 이 느낌들이 존재하며 활발히 작용한다는 인식이 그의 이야기를 변화시켰다. 이후에는 그가 인생의 상당 기간에 이 느낌들을 지녔으나 이제야 의도를 가지고 혼자가 아닌 상태로 그 느낌들을 다루게 되었다는 인식이 점차 증가했다. 그가 (바라건대) 자신과 그 느낌을 공유하는 누군가에게 자신의 이야기를 하고 있다는 사실은 그의 뇌가 연결되는 방식과 그의 내러티브가 다시 쓰이는 방식을 변화시켰다. 그가 공유된 관계 안에서 자신의 감정을 느끼고 되돌아보는 동안, 그 감정의 성격과 그 감정에 대한 기억이 달라졌다. 그리하여 수치심에 대한 그리고 자신의 삶에 대한 그의 이해―곧 그의 이야기―는 선하고 아름다운 형태로 변경되었다.

수치심은 모든 수준에서 그리고 모든 기회에 훌륭한 경청을 방해한다. 누군가와의 대화 중에 (도움 될 만한 의견을 내놓지 못하면 내가 작아짐을 느끼게 될 것을 감지하면서) 내가 할 말을 준비하면서 그 사람이 하는 말에 피상적으로만 동조하는 경우가 얼마나 많았던가? 우리는 다

이러한 순간을 안다. 우리는 내가 듣기보다 말하려는 절박함을 느끼는 경로인 감각 신경망을 통해 수치심이 작용한다는 것을 깨닫지 못한다. 이렇게, 수치심은 사람들 사이의 연결을 방해하는 것을 임무로 삼는 공유된 과정이다.

자신의 감정적 건강이 부모 및 다른 중요한 애착 대상들이 그의 이야기를 얼마나 잘 들어 주었는지 여부와 관련 있다는 것은 로버트에게는 새로운 개념이었다. 시간이 흐름에 따라, 로버트는 그의 관계들이, 특히 그에 대한 그들의 동조가 그의 생각뿐만 아니라 감각, 심상, 느낌을 형성하고 그것들에 대한 해석을 형성한 방식을 탐구하기 시작하였다. 그는 이야기들이 결코 고립 상태에서 말해지지 않으며 언제나 협력적 사건임을, 그리고 우리의 대화 상대가 우리와 함께 그 자리에 있을 수도 있고 아닐 수도 있음을 알게 되었다. 아버지가 돌아가신 지 몇십 년이 지났지만 나는 여전히 아버지의 목소리를 듣고, 아버지의 향수 냄새를 맡으며, 아버지가 즐겨 앉던 의자에 앉아 계신 모습을 보는 것이다.

좋은 이야기의 특성

좋은 이야기에는 시작, 중간, 마지막이 있다. 그것은 어딘가에서 나타나 어딘가로 간다. 그러나 수년이 지나도 내용이 변하지 않는 책과 달리 우리의 이야기는 시간이 흐름에 따라 일상적으로 변한다. 피터가 열아홉 살일 때 부모인 데이비드와 엘레나는 그가 평생 이모와 이모부로 알았던 그레이스와 맥스 부부가 그의 친부모라고 밝혔다. 그가 부모로 알고 있던 엘레나와 데이비드는 사실 이모와 이모부였다. 피터가 태어났을 때 친부모는 그를 키우기에는 너무 문제가 많았다. 이는 그가 살아오면서 그들과 나눈 상호 작용에서도 일관되게 나타났다. 그들은 여러 가지 일을 결정하는 데 성숙한 태도를 보이지 못했다. 그가 태어났을 때, 관련된 이들 모두가 맥스와 그레이스는 피터를 키울 능력이 없다는 데 동의하였다. 그레이스와 자매 사이인 엘레나와 그녀의 남편은 피터가 성인이 될 때까지 모두가 비밀을 지킨다는 조건으로 그를 입양하는 데 동의하였다. 두말할 나위 없이, 관련된 이들 모두가 비밀을 지키는 데는 대단한 노력이 필요했다. 더 중요한 것은, 피터가 이해하는 대로의 사실이 밤사이에 달라져 버렸고 자신의 이야기에 대한 이해도 달라져 버렸다는 것이다.

우리들 대부분은 피터가 견딘 종류의 충격을 견딜 필요는 없다. 하지만 우리 이야기의 풍경은 우리가 기억하는 사건이나 기대하는 사건으로부터 이끌어 내는 의미의 관점에서 실제로 달라진다. 예를 들어, 10대의 우리가 돌아보는 어린 시절과 50대의 우리가 돌아보는 어린 시절은 크게 다를 수도 있다. 비슷하게, 미래에 대한 기대는 우리가 미래를 바라볼 때의 나이에 강력한 영향을 받는다.

피터의 경우에 '사실들'이 달라진 것은 수치심이 그 사실들을 넘어서 다른 이야기를 할 기회였다. 피터의 마음속에서, 세계의 본질을 예측하는 그의 능력은 완전히 뒤집혔다. 내가 어떻게 누군가를 신뢰할 수 있는가? 게다가 나 자신을 어떻게 신뢰할 수 있는가? 가장 가까운 가족이 그렇게 중요한 문제에 대해 오랜 세월 나에게 거짓말하기를 불사한다면, 다른 사람도 똑같은 일을 하지 않겠는가? 어떤 사람이 자기가 주장하는 그 사람이라는 것을 나는 어떻게 알 수 있는가? 그의 삶에서 이 사실들이 달라지면서, 피터는 광범위한 정신적 혼란을 겪었다. 그리고 경미한 것이든 극심한 것이든 혼란을 겪는 순간에, 우리는 우리에게 아주 부적절한 무언가가 있음을 감지한다. 여기에서 우리가 사실을 잘 아는 것이 얼마나 중요한지 알 수 있다. 사실은 단지 어떤 일을 올바르게 할 수단(약은 일정량을 투여해야만 효과가 있음을 알고 있다는 것을 확실히 하는 것)으로서만이 아니라, 수치심이 내가 견딜 수 있는 것보다 훨씬 더 크게 급속히 성장할 가능성을 막을 방법으로서 중요하다.

로버트의 경우, 특히 나름대로 최선을 다하지만 여전히 그들의 한계 때문에 로버트 곁에 있어 주지 못하는 부모에 대한 반응으로 자신의 마음이 작용하는 방식에 대해 더 배우면서, 어린 시절에 대한 애초의 해석이 달라지기 시작했다. 보통 우울증을 앓는 사람들은 건강할 때와 비교해서 미래뿐만 아니라 과거에 대해서도 매우 다르게 이해한다. 신경 가소성과 헵의 원리에 의해, 실행을 반복하면 영속화가 일어나는 경향이 있다. 그리하여 우리가 말뿐만 아니라 심상과 감각을 사용하여 우리의 삶이 나아지지 않는다고 자신에게 이야기한다면, 우리는 우리의 뇌를 그 이야기하기 패턴 안에 계속 머무르도록 (문자 그대로) 연결한다. 그것은 구체화된 실재가 되며, (똑같이 구체화된 행위를 제외하고는) 우리의 이야기와는 다르게 진술하는 신학적 사실이 아무리 많아도 이야기의 결과를 반드시 바꾸지는 못할 것이다. 로버트는 자기 삶의 '사실들'이 불변의 실체가 아니라 그가 자신에게 시시각각 하는 이야기가 작용한 결과임을 이해하기 시작하였다.

이야기의 또 다른 특징은 우리가 이야기를 하는 목적은 누군가가 듣게 하기 위해서라는 것이다. 거울이나 허공에 대고 이야기하는 것은 별 의미가 없다. 분명 지혜로운 사람들은 생각한 것을 전부 말하지는 않는다. 자제는 매우 가치 있는 것이다. 그러나 우리는 이야기를 할 때 누군가가 들어주기를 간절히 바란다. 이를테면 친구들과 만나서 내가 이야기를 하고 있는데 무언가가 집중을 방해해서 사람들이 그쪽으로 주의를 기울이게 되는 상황을 좋아하는 사람은 없다. 처음에 이것은 당연해 보일지도 모른다. 무시당하는 것을 좋아하는 사람이 어디 있겠는가? 그러나 더 중요한 것은, 그것이 우리로 하여금 이야기가 지닌 목적의 일부라도 일별하게 해 준다는 점이다. 즉, 이야기는 우리가 다른 이들과 연결되는 매개체인 것이다. 이런 의미에서 나는 이야기 자체를 위해 이야기를 하지는 않는다(그것이 좋은 이야기일지라도). 사실 나는 나 자신을 위해 이야기한다(그 이야기가 나에 관한 것이 아니라 할지라도). 나는 알려지고 싶다는, 적잖은 부분을 차지하는 이유로 내 이야기를 하기 원한다. 그렇게 하면서 나는 사람들과 연결되는 것이 의미하는 바를 경험한다. 그리고 그것은 나의 뇌가 다른 것 못지않게 간절히 바라는 것이다.

표면 아래 깊숙이

2장에서 우리는 대니얼 시겔이 설명한 통합의 아홉 가지 영역을 살펴보았다. 우리는 암묵 기억이 우리로 하여금 활동의 모든 세부 사항에 주의를 기울이지 않고 하루를 지낼 수 있게 해 준다는 점에 주목하였다. 그렇지 않다면, 걷는 동시에 말하기가 매우 힘들 것이다. 암묵 기억의 이러한 특징을 통해, 우리는 우리 이야기의 아주 많은 부분을 자신과 주변 사람들에게 들려준다. 대개 이 일은 우리의 의식적 자각 없이 이루어진다. 이는 우리 이야기의 상당 부분이 비의식적으로 진술되는 방식을 나타낸다. 로버트는 상담 회기 중에 마음이 불편해지면 일상적으로 그리고 반사적으로 팔짱을 단단히 끼곤 했다. 내가 이 점을 알려 주었을 때 그는 그 의미를 대단치 않게 생각했다. 그러나 내가 팔을 내려 보라고 부탁했을 때, 그는 이것이 내면에서 그의 불편함의 정도에 대한 더 큰 자각을 일으킨다는 것을 알게 되었다. "제가 긴장했나 봐요." 대화를 계속하다가 로버트는 아버지가 어머니와 대화하다가 이야기가 그가 원치 않는 방향으로 갈 때마다 팔짱을 끼셨다고 회상했다.

아버지는 어머니가 이런저런 일은 로버트에게 너무 힘겨울까 걱정하며 그를 너무 부드럽게 양육한다는 생각이 들 때마다 한숨을 쉬며 팔짱을 끼곤 했다. 로버트는 이것이 아버지가 화를 참는 방법이라고 생각했다. 아버지의 화는 서먹한 결혼 관계에서 여러 해에 걸쳐 쌓여 온 것이었다. 결국 로버트는 불편하지만 특별히 억제되어야 할 무언가(그것은 무엇이든 될 수 있다)를 느낄 때마다 팔짱을 낀다고 말했다. 나는 그가 그 행위로 자신과 타인들에게 어떤 메시지를 보낸다고 생각하는지 궁금했다. "제가 안전하지 않다는 메시지라고 봅니다." 나는 그에게 간단한 실험을 해 보라고 요청했다. 그는 한 주 동안 비슷한 상황에서 팔짱을 끼는 횟수를 관찰하기로 했다. 그 결과 로버트는 하루에 여러 차례 팔짱을 끼는 것으로 드러났다. 그는 자신이 하는 이야기의 주요 주제 중 하나가 자신이 안전하지 않다는 것, 자신이 관계적·정서적 위험에 처해 있다는 것임을 쉽게 깨달았다. "누군가가 하루에 몇 차례씩 당신에게 그러한 이야기를 한다면 어떨지 상상해 보세요." 나는 말했다. 그의 이야기에서 이 비의식적 부분이 가지는 중대성은 그의 주목을 끌었다. 물론 문제는 다른 이야기를 하는 법을 배우는 것이었다.

로버트의 삶으로부터 우리는 우리가 하는 이야기의 아주 많은 부분이 (즉각적인 의식적 자각과 관련되지 않은 활동을 하는 회로인) 뇌간, 변연계 회로, 측두엽, 우뇌에 근거를 둔 신경망과 관련된 깊이 묻힌 부분들로부터 나온다는 것을 알게 된다. 그렇다고 해도 우리는 신경생물학적 활동에서의 이 전환들에 대해 더 많이 의식하게 될 수 있다. 로버트는 이를 겨우 알기 시작했으며 그렇게 하면서 그 과정에서 수치심이 맡은 지배적 역할도 보기 시작하였다.

개인뿐만 아니라 가족, 지역 사회, 교회, 문화 전체가 이야기를 한다고 해 두는 것으로 충분하다. '우리'는 어떤 것에 대해 그것이 틀림없다고 믿는다. 이를테면 성스러운 것과 세속적인 것, 보호되고 보존되어야 하는 것, 판단당하거나 경멸당하거나 혹은 처리되어야 하는 것 등이 있다. 구원과 완전함의 이야기가 나오는 것은 좋은 일이다. 그러나 수치심이 자기가 좋아하는 일을 하도록 자유를 부여받을 때, 그 결과는 고립, 정죄, 정체다. 내가 내면의 목소리가 말하는 조롱을 경험하는 것과 타인의 경멸을 듣는 것은 별개다. 그러나 내가 목소리들의 공동체로부터 수치를 당하고 있음을 인지할 때 그 고통은 참기 어려운 것이 될 수 있다. 공동체 전체의 목소리들이 모여 우리에게 수치심을 불러일으킬 때 우리가 그것의 중심 위치를 찾아낼 수 없기 때문에 그 상황을 다루기가 훨씬 더 어렵다. 그러므로 내가 가정이나 교회에서 수치심을 느낄 때 그것을 다루는 일은 감당하기 어렵게 느껴진다.

수치심: 우리의 수행원

수치심은 어디에나 존재하며, 인간이 가진 이야기하기의 유전 물질 안으로 들어온다. 우리는 수치심이 개인 수행원이라고 상상할 수 있다. 당신이 가진 모든 감각, 심상, 느낌, 생각, 행동에 동조하는 전적으로 헌신적인 수행원을 두고 있다고 상상해 보라. 하지만 수치심 수행원의 의도가 선하지 않다고, 다시 말해 당신을 돌보는 것이 아니라 당신의 삶의 모든 순간 속으로 비언어적·언어적 판단의 요소를 불어넣는다고 상상해 보라. '수행원'이라는 단어는 보통 우리에게 가장 이득이 되는 쪽으로 생각하는 사람에게 적용되므로, 처음에는 그 단어가 직관에 반대되는 것처럼 보일지도 모른다. 그렇지만 이것이 수치심이 일하는 방식이다. 수치심은 양의 탈을 쓴 늑대다. 그러므로 수치심 수행원은 표면상으로는 허용 가능하고 평범하며 정상적인 것으로 보일 수 있는 언어, 느낌, 감각, 심상으로 나타나지만, 그것의 목적은 결코 도움이 되고자 하는 것이 아니다. 우리 각 사람은 이야기하기의 모험에서 모든 새로운 국면―그 국면이 크든 작든 상관없이―을 챙기는 수행원을 두고 있다. 그 수행원은 와해라는 의도된 목적을 가지고 조언, 제안, 의견을 제시하려고 기다리고 있다. 수치심은 침실과 옷장과 화장실(특히 큰 거울이 있는 방)에 숨어 기다린다. 매일 아침 우리가 깨어날 때 수행원은 우리를 맞으며 "아, 확실히 간밤에 충분히 자지 못했군요. 무슨 생각을 했던 거죠?"라고 말한다. 샤워를 하러 화장실로 간 당신은 몸무게가 늘어난 것처럼 보인다는 이야기를 듣는다.

일하러 가기 위해 차에 타면, 수행원은 당신이 준비되지 않았기 때문에 어려운 고객과의 대화가 잘 풀리지 않을 것이라고 속삭인다. 그날 늦게 일을 하다가 지겨워져서 해변에 가 있는 상상을 하는 와중에 당신은 진정으로 희망하는 직업을 좀처럼 가질 수 없으리라는 말을 듣는다. 그 일이 일어나는 동안, 동료들 각각의 수치심 수행원도 꽤나 바쁘다. 그 수행원들은 동료 직원들에게 다른 이를 돕다 보면 그들의 승진 가능성이 낮아질 것이라는 점을 일깨움으로써 그들이 다른 이를 돕기를 더욱 꺼리도록 만든다. 사실 수행원이 재빨리 지적하듯이 이 회사의 누구도 의미 있는 일을 하는 것에 진정으로 관심을 가지지 않는다. 당신은 이번 분기 할당량을 채우지 못하면 무사하지 못하리라는 것을 수행원의 도움으로 깨닫게 되는 관리자일 수도 있다. 그리고 물론 당신은 무사하지 못할 것이다. 왜냐하면 당신의 상사는 그의 수행원이 하는 같은 말을 듣고 있기 때문이다.

집에 도착하면, 목소리에 서린 분한 느낌을 감출 마음이 없는 아내가 물이 새는 변기에 대해 말을 꺼낸다. 당신은 2주 전에 그것을 수리하겠다고 말했었다. 여느 때처럼 충실한 수치심 수행원은 당신이 집수리를 시도했다가 실패한 경우를 떠올리게 하고 당신이 기계치라는 생각에 당신의 마음을 가둔다. 이것은 당신의 자신감에 도움이 되지 못하며, 기가 꺾인 소극적 기분이 들게 한다. 이 모든 것은, 아내는 기가 꺾인 소극적 남편에게 그다지 끌리지 않으므로 오늘 밤 당신은 아내와 관계를 가지지 못할 것이라는 뜻이 된다. 그리고 수행원은 당신을 지켜보다가, 본질적으로 당신이 부족하다, 괜찮은 존재가 되기 위해 필요한 자질을 갖추지 못했다는 이야기를 당신이 흡수할 기회를 여러 차례 제공한다.

또 다른 경우, 수행원은 당신이 겪은 감정적·성적 학대의 관계를 알고 나면 어떤 남자도 당신을 원하지 않으리라고 속삭인다. 당신이 하자 있는 상품이라는 것을 알게 되면, 누가 당신을 원하겠는가? 그리고 올해 학생들이 충분한 진전을 이루지 못할 것이라고 걱정하는 중학교 지리 교사가 있다. 걱정이 된 그녀는 학생들에게 그들의 부족한 성과를 상기시킨다. 그들의 귀에 그녀의 목소리는 수행원의 목소리가 된다. 그녀가 수치심의 전달자가 되고 싶어 하기 때문이 아니라 자신의 부적절감에 대처하려고 애쓰기 때문이다.

우리가 배운 것처럼, 수치심 및 이야기하기에서 문제의 일부는 내 이야기의 상당 부분이 의도적이기는 하지만 비의식적으로 말해진다는 점이다. 그 교사가 아침에 수치심 수행원에게 귀 기울일 **의도를 가지고** 깨어나지는 않는다. 또한 우리 중 많은 이는 수행원이 모습을 드러내는 순간을 의식하지 못할 수 있다. 그리고 이것이 핵심이다. 우리의 이야기에서 수치심이 하는 활동의 대부분은 지극히 명백한 사건들에서 일어나지 않는다. 오히려 당신이 샤워부스에서 나와 거울이 반사하는 빛과 형상 속으로 들어가는 순간, 혹은 전에 배우자와 대화를 나누었을 때 그가 당신의 느낌에 무관심했음을 감지하는 순간처럼 사소한 순간들이 축적된 상태에서 일어난다. 이러한 찰나의 시간에 우리는 수행원과 협력하여 수치심이 하고자 하는 이야기를 함께 구성한다. 그리고 수치심은 본질상 당신의 이야기의 전면과 중앙에 자신을 드러내지는 않을 것이며 오히려 측면으로 비껴서서 당신의 마음을 산란하게 할 것이다. 당신의 주의를 끌어서 당신이 그것에 대해 조치를 취할 정도로 심하지는 않게, 그저 당신에게 짜증을 일으킬 정도로만 주의를 산만하게 하는 것이다.

매기는 여자가 바랄 만한 것은 거의 다 가졌다. 헌신적인 남편과 30년이 넘도록 함께하며, 자녀 세 명과 손주 두 명을 두었다. 그리고 그 지역 최고의 소프트웨어 공학 회사 중 한 곳의 최고 경영자로 고용되는 큰 영예를 차지했다. 이사회는 명시적으로는 회사 문화를 바꾸기 위해 그리고 희망하던 초기 주식 공모에서 유리한 입지를 얻기 위해 그녀를 고용한 터였다. 그녀는 이것을 잘 해냈다. 그러나 그 과정에서 그녀는 회사의 한 부서에 속한 일단의 고용인들에게 무시당하는 느낌을 받았다. 그들은 그녀의 지시에 느리게 반응하고 그녀가 시행하고자 하는 획기적 일 중 몇 가지에 난색을 표하는 유일한 팀이었다.

그러나 그녀는 이 집단에 직접 말을 건네는 대신 그들과의 갈등을 회피했다. 그녀의 명백한 리더십 기술을 고려할 때, 이러한 상황이 어떻게 가능했으며, 그녀의 이야기에서 수치심은 어떤 역할을 담당했을까? 상담에서 보통 말하는 것처럼, 우리는 항상 자신의 원가족을 데리고 직장에 간다. 그리고 매기도 자신의 원가족을 데려갔다. 그녀의 총명함에도 불구하고 그녀가 이룬 학문적 성취는 그다지 관심을 받지 못했고, 가정에서의 삶은 두 살 어린 남동생의 특수한 필요를 돌보는 데 많은 부분이 할애되는 환경에서 그녀는 성장했다. 그녀의 삶의 너무도 많은 부분이 남동생의 필요를 채우는 일로 소진된 나머지, 그녀의 관심사는 대체로 무시되었다. 그녀는 정당한 욕구를 표현하려고 할 때마다 지독한 초조함이나 짜증에 직면했다. 그녀는 마음속에서 돋보이는 것에 대한 갈망을 가혹한 적의라는 불가피한 결과와 연결하게 되었다.

놀랄 것도 없이, 수년간 매기는 자신의 욕구를 충족시키기 위하여, 열심히 일해 사람들을 기쁘게 하는 법을 배웠다. 총명함과 더불어 이러한 자세를 통해 그녀는 많은 친구를 얻게 되었으며 그녀가 알고 있는 그 삶에 이르게 되었다. 그러나 비협조적인 사람과 대면하게 될 때마다 그녀는 두려워하고 머뭇거리며 유순해졌다. 그녀가 성장하는 동안 활동했던 수치심 수행원이 이제는 그녀가 직장에서 그 비협조적 집단에 맞설 경우 발생할 일을 견딜 수 없으리라고 말하고 있었다. 하지만 그녀는 이것을 잘 알지 못했다. 회사의 거의 모든 이가 압도적으로 그녀의 업무를 인정했다. 수치심은 스스로를 노골적으로 나타내지는 않았다. 그 대신 작지만 시끄러우며 수동적으로 저항하는 일단의 사람들(그들에게는 명백한 경계와 지도 혹은 해고가 필요했다)을 통해 옆문으로 들어왔다. 비록 매기는 그들의 행동이 용인될 수 없음을 대략 알 수 있기는 했지만, 그녀가 생각하는 유일한 해결책은 (그들이 행동을 바꾸기를 기대하기보다) 차라리 **그녀의** 행동을 바꾸기 위해 더 노력하는 것이었다. 그녀는 자신의 노력으로 말미암아 그들이 설득되어 달라질 것이라고 스스로에게 말하였다. 수치심은 우리에게 직접 다가오지 않을 수도 있다. 그러나 그것은 언제나 우리로 하여금 문제에 대해 전적으로 책임이 있다고 느끼게 한다.

    이 장에서 우리는 이야기하기의 특징 몇 가지를 탐구했으며, 이야기를 하는 것이 인간됨이 의미하는 바의 필연적 특징임을 보았다. 또한 우리는 수치심이 우리의 내러티브를 형성하는 방식 몇 가지를 보았다. 이야기하기의 본질을 설명하는 것과, 우리가 실제로 어떤 이야기 안에서 살고 있는지 이해하려는 것은 전적으로 별개다. 이야기가 말해지는 방식의 본질 그리고 수치심이 그 과정에 영향을 미치는 여러 방식을 거리를 두고 살펴보는 것은 좋은 일이다. 그러나 그 이야기 안에서 실제로 살아가는 것은 전적으로 다른 문제다. 예를 들어, 어떤 사람들은 세계가 평평하다고 믿었다. 우리들 대부분은 이제 세계가 둥글다고 믿는다. 당신이 아이오와나 카자흐스탄의 농부라면 어느 이야기를 믿느냐가 별 차이를 만들어 내지 않을 것이다. 하지만 당신이 사람들을 우주로 쏘아 올리는 기술자라면 그것은 대단히 중요하다. 수치심도 마찬가지다.

엔트로피를 겪고 있는 세상에서 선함과 아름다움을 창조하는 일에서 우리가 하나님의 일에 참여하고자 한다면, 우리가 실제로 어떤 이야기 안에서 살아가고 있는지 아는 것이 중요하다. 우리는 우리가 안다고 생각할지 모르나, 우리의 삶은 종종 그 믿음을 배반한다. 이를 고려하여 우리는 이제 성경의 수치심 이야기를 탐구할 것이며, 마침내 하나님이 그것을 변화시키기 위해 취하시는 조치를 일별하게 될 것이다.

5장

수치심과 성경 내러티브

우리는 방금 이야기하기의 본질 그리고 우리가 수치심과 조우하는 방식에서 이야기하기가 가지는 중요성을 탐구하였다. 우리는 수치심을 이해하는 것이 추상적 주제를 대상으로 하는 순전한 이론적 활동이 아님을 알게 되었다. 우리는 수치심을 경험하는 대로 묘사하면서 우리의 이야기에 엮어 넣는다. 그와 동시에 수치심은 우리가 하는 이야기를 적극적으로, 또 의도적으로 형성하려고 시도한다. 수치심은 역동적이고 유동적이며, 우리가 하나님과 함께 선함과 아름다움을 구축하려는 모든 노력을 무너뜨리기 위해 우리가 처한 상황에 들어오려고 자신의 형태와 밀도를 바꾼다.

수치심과 싸우기 위해, 우리는 더 탄탄하고 더 대담하며 더 창조적인 이야기를 살아 내는 방식으로 행동한다. 그러한 이야기는 자비와 정의를 위해 더 큰 위험을 감수하는데, 이는 자연히 우리를 더 취약한 상태가 되게 한다. 인간의 창조 행위 대부분은 창작품을 기꺼이 공개하고자 하는 마음을 포함하며, 그렇게 공개된 곳에서 그 작품은 수용될 수도 있고 거부될 수 있기 때문이다. 아기를 만드는 것에서부터 빵을 만드는 것까지, 집에 페인트칠을 하는 것에서부터 그림을 그리는 것까지, 소프트웨어 공학 프로젝트에서 사람들을 이끄는 것에서부터 헨델의 "메시아" 공연에서 합창단을 이끄는 것까지, 모든 것이 이에 포함된다.

당신은 자신이 어떤 이야기 속에 살고 있다고 생각하는가? 4장에서 알게 된 것처럼, 이것은 우리가 스스로에게 묻는 가장 중요한 질문 중 하나일지도 모른다. 이 장은 성경의 이야기가 수치심을 보는 관점과 그 내러티브 안에서의 수치심의 역할을 탐구한다. 이 탐구에 영향을 미치는 인류학을 논할 공간은 여기에 없지만, 성경이 우리의 기원의 본질에 관하여 하는 이야기는 우리의 현재 문화가 말하는 이야기와는 매우 다르다는 점을 의식하는 것은 중요하다. 그러므로 피터 버거(Peter Berger)와 레슬리 뉴비긴(Lesslie Newbigin)이 입증하듯이, 우리는 우리가 하는 삶의 이야기를 형성하는 암묵적인 문화적 전제에 관해 세심한 주의와 분별력을 기울여야 한다.[1]

창세기의 첫 부분부터 의도를 가지고 계신 하나님, 의도된 특정 결과를 가진 이야기를 시작하신 하나님에 관한 내용이 나온다. 그것은 이야기하는 사람이 부여한 방향과 의미를 가진 이야기다. 그러나 바로 이 이야기에 다른 목소리들이 있으며, 우리는 특히 한 목소리에 관심이 있다. 악의 목소리. 이 악은 하나님과는 매우 다른 의도를 품고 있다. 악의 의도는 하나님이 전하고자 무척 노력하시는 기쁨과 창조성의 이야기를 왜곡하고 훼손하는 것이다. 그리고 내 생각에, 악의 해로운 의지는 수치심의 사용을 통해서 가장 강력하게(그렇지만 전술적 기량의 일환으로, 교묘하게) 행사된다. 성경적 인류학에서 수치심은 경기장의 중립 선수가 아니다. 그것은 단순히 우리 실존의 소산이 아니며, 우리의 신경망으로부터 나타나는 여러 감정 상태 중 하나도 아니다.

성경이 제시하는 수치심의 모습

다른 곳에서 나는 성경 내러티브에 반영된 대로의 인류 기원의 역사에서 수치심의 출현을 탐구하였다.[2] 여기에서 우리는 수치심, 대인관계 신경생물학, 그리고 우리가 자신과 서로와 하나님에 관해 이야기를 하는 방식 사이의 관련성을 자세히 살펴볼 것이다. 우리는 내가 생각하기에 그 이야기의 유용한 부분들(수치심을 이해하고 처형한다는 우리의 목표에 도움이 되는)을 간단히 다룰 것이다. 나의 의도는 하나님이 태초에 무슨 일에 열중하셨는지에 대해, 그리고 어떻게 그것이 우리가 친구, 고용인, 배우자, 또는 자녀를 상대할 때 수치심에 대한 반응으로 하는 행동과 관련하여 유의미한지에 대해 당신의 호기심을 불러일으키는 것이다. 수치심이 어떻게 우리의 인생 동반자가 되었는지에 관한 역사를 이해하지 못하면, 우리는 조지 산타야나(George Santayana)가 성찰한 대로 그것을 되풀이할 운명에 처한다.

창세기 2장 끝에서 우리는 창조의 정점에 도달하였다. 물질적으로 창조된 만물이 역할(창 1장)과 이름(창 2장)을 부여받았다. 이 이야기의 하나님이 세상이 기쁨이 가득한 발견의 세계가 되도록, 그리고 최고의 위업인 인간이 세상에 대한 창조적 지배권을 행사하기 위해 하나님과, 또 서로와 교감하며 살아가도록 예정하신다는 점은 충분히 언급되었다. 그러면 2장 마지막 절의 요점은 무엇일까? "아담과 그의 아내 두 사람이 벌거벗었으나 부끄러워하지 아니하니라"(25절).

나는 저자에게 관심이 간다. 이 지점에서 저자는 인간의 감정적 상태를 묘사하는 단어나 어구의 범주 전체 중에서 단어를 선택할 수 있었을 것이다. 그는 남자와 여자가 벌거벗었으나 참으로 행복했다거나(누가 그러하지 않을까?), 그들이 벌거벗었으나 강인했다거나 자신만만했다거나, 그들이 벌거벗었으나 두려움(또는 분노, 슬픔, 실망, 후회)이 없었다고 말할 수도 있었다. 그리고 확실히 이 모든 것이 사실이었을지도 모른다. 선택할 수 있는 표현이 그렇게 많은데, 왜 수치심에 강조점을 두었을까? 그것은 결코 우연이 아닌 듯하다.

우리는 저자가 바로 몇 줄 뒤에 발생하는 일 때문에 나중에 이 표현을 덧붙였으며, 이는 창세기 3장에서 펼쳐지는 일을 설명할 토대를 독자에게 제공한다고 주장할 수도 있다. 실제로 그러할지도 모른다. 그러나 나는 인간의 벌거벗은 상태와 나란히 놓인 수치심에 대한 언급은 단지 뒤따르는 사건 때문에 의미심장한 것이 아니라, 그것이 뒤따르는 사건에 대해 **근원적이기** 때문에, 어쩌면 주로 그 이유 때문에 의미심장한 것이 아닐까 제안해 본다. 벌거벗은 상태의 취약성은 수치심과 정반대되는 것이다. 우리는 최대한 취약한 동시에 친밀하게 연결되어 있을 때 **최대한으로** 창조적이다. 그리고 악은 이를 알고 있다. 선을 왜곡하여 (그것과 정반대되는) 죄악의 가장 치명적인 버전 일곱 가지로 만드는 데 수치심은 필수적이고 효과적이며, 수치심의 독성은 우리의 취약성을 노골적으로 공격한다.

다시 말해, 창세기 2:25은 단순히 창세기 3장에 앞서 잠깐 인간을 묘사하는 것이 아니다. 그 구절은 죄의 역사가 돌아가는 중심이 되는 감정적 주축에게로, 앞으로 도래할 것의 핵심적 근원, 전조, 전령에게로 우리의 관심을 돌린다. 저자는 단지 수치심이 어쩌다 나중에 모습을 나타내게 되기 때문이 아니라 저주로 끝나는 모든 일에서 수치심이 하는 중심적 역할 때문에 우리가 수치심에 주목하기를 바라는 것이라고 나는 제안한다. 그것은 모든 형태의 죄가 나타나는 근원이 되는 **바로 그** 감정적 특징이다. 그러므로 성경 내러티브에서 수치심을 경험할 때, 우리는 일련의 감정들 가운데 하나와 조우하는 것이 아니다. 오히려 우리는 가장 기본적인 작동 모드에 있는 악을 상대하는 것이다. 이것은 이 감정이 우리의 일상 생활에서 하는 역할에 대한 C. S. 루이스의 감각과 일맥상통한다. "나는 때로 수치심이, 그저 곤란하고 무의미한 수치심이 다른 악덕에 못지않게 선한 행동과 정직한 행복을 막는 데 일조한다고 생각한다."[3] 우리가 이를 의식하고 수치심에 적절히 반응하기 위해 조치를 취하는 만큼, 우리는 우리가 자리 잡은 영역에서 더 연결되고 더 대담하고 더 창조적인 상태가 된다.

지옥으로의 하강

『영혼의 해부』에서 나는 창세기 3장에서의 조우가 전개되는 방식을 고찰하는 방법을 제안한다. 나는 여기서 그 연구 결과를 간략히 요약하겠다. 그러나 먼저 주의할 점이 있다. 우리는 자신의 심리적 해석을 (타당한 근거 없이) 우리가 직접 참여하지 않은 이야기, 특히 성경의 이야기에 투사하지 않도록 항상 주의해야 한다. 등장인물들의 마음이 어떻게 흘러가는지 명시적으로 언급되지 않을 때 그 경고는 훨씬 더 중요해진다. 그러나 참으로 좋은 이야기들(그리고 이것은 좋은 이야기다)은 등장인물들이 무엇을 생각하고 느끼고 감지하는지 등에 대해 우리의 호기심을 자아낸다. 하와와 아담의 내면 생활의 작용을 고찰하지 않으면, 궁극적으로 우리는 의미 있는 방식으로 그들과 공감하지 못한다. 예수님 자신이 일깨워 주시는 것처럼(마 15장), 분명 우리의 행위는 우리의 내면 생활의 연장이기 때문이다. 나는 어떻게 악이 태초부터 자신의 일을 할 때 수치심을 주요 도구로 사용해 왔는지 고찰하기를 권유하고, 또한 우리가 **그때** 누구였는지뿐만 아니라 지금 누구인지 알기를 권유하는 초대장으로서 이 연구 결과를 제시한다.

본문은 뱀과 여자 사이의 대화로 시작된다.

> 그런데 뱀은 여호와 하나님이 지으신 들짐승 중에 가장 간교하니라. 뱀이 여자에게 물어 이르되 하나님이 참으로 너희에게 동산 모든 나무의 열매를 먹지 말라 하시더냐? 여자가 뱀에게 말하되 동산 나무의 열매를 우리가 먹을 수 있으나 동산 중앙에 있는 나무의 열매는 하나님의 말씀에 너희는 먹지도 말고 만지지도 말라 너희가 죽을까 하노라 하셨느니라. 뱀이 여자에게 이르되 너희가 결코 죽지 아니하리라. 너희가 그것을 먹는 날에는 너희 눈이 밝아져 하나님과 같이 되어 선악을 알 줄 하나님이 아심이니라. (창 3:1-5)

이 본문에 나온 내용 여러 가지 중에서 우리는 여기서 소개되는 짐승이 **간교하다**는 점에 주목한다. 다른 역자들은 '간교하다'(crafty) 대신 '교묘하다'(subtle)라는 단어를 제안한다. 각 단어는 그 짐승의 본성을 묘사하는 데 고유한 가치를 지닌다. 일반적 의미는 그, 즉 이 '나하쉬'(*nachash*, '불타는 것' 또는 '빛나는 것'을 뜻하는 히브리어)가, 하나님이 만드신 모든 짐승 중에 가장 현명했다는 것이다. 그러나 이야기의 맥락을 고려하면 그 함축적 의미는 그의 현명함이 음흉하게 교활하다는 의미로 '간교하다'는 것이다. 그것이 의도하는 바는 여자를 기만하는 것이다. 그리고 기만당하는 것은 (가장 감지하기 힘든 비의식적 인식 수준에서라도) 수치를 당하는 것이다. 그러나 우리가 이 사실을 아는 것은 그 이야기의 끝을 알기 때문이다. 내가 여자의 입장이었다 해도 그녀보다 조금이라도 더 일찍 이를 파악했으리라는 보장은 없다.

짐승과 여자가 나눈 대화는 여자 안에 감정적 전환을 몇 차례 활성화한다. 그의 첫 질문은 의심이 여자의 정신 구조 안에 들어설 여지를 만든다. 하나님에 대한 의심뿐만 아니라(하나님이 참으로 …라 하시더냐?), 과거 일에 관한 그녀의 기억에 대한 의심, 더 나아가(게다가 더 중요한 것으로), 그녀가 하나님과 맺고 있는 **관계의 본질**에 대한 의심. 마이클 폴라니(Michael Polanyi)가 지적한 대로, 우리는 무언가를 의심할 때면 그 의심이 시작되는 동시에 다른 무언가를 신뢰한다.[4] 우리는 예외 없이 믿음을 향하도록, 우리가 통제할 수 없는 무언가를 신뢰할 필요에 의해 움직이도록 만들어졌다.

여기에서 우리는 수치심이 어떻게 작용하는지 보기 시작한다. 이야기의 맥락이 함축하는 바에 따르면, 뱀의 질문은 필연적으로 하와로 하여금 스스로 답을 정리하도록 이끈다. 그 짐승이 정보를 얻는 데 진정으로 관심이 있었다는 암시는 없다. 뱀은 하나님께로 가서 사실을 확인하자고 제안하지도 않는다. 그는 일련의 사실들로서의 진실에는 관심이 없다. 그는 여자, 하나님, 남자 사이의 관계를 방해하는 데 훨씬 더 흥미가 있다. 그리고 남자로 말할 것 같으면, 그의 존재(6절, 그녀가 뱀과 대화하는 도중이든 그 후든)를 고려할 때 그는 그녀가 뱀과 조우한 일에 대해 (진부하게) 침묵을 지킴으로써 그 상황에 도움이 되는 일을 거의 하지 못했다.

의심은 인간의 경험에서 더 일상적으로 발생하는 일 중 하나로, 당면한 주제에 따라 다양한 수준의 감정적 강렬함을 지닌다. 내가 가장 좋아하는 팀이 플레이오프전에서 승리할 수 있을까 의심하는 것은 내 아이가 심각한 병을 이겨 낼 수 있을까 의심하는 것과는 다르게 느껴진다. 그러나 각각의 의심은 내가 희망하는 결과를 보장하기에 나 혼자로는 불충분하다(나는 부족하다)는 현실을 수반한다. 이 의심의 역학은 우리 안에서 그리고 우리들 사이에서 끊임없이 작용한다. 우리는 우리가 다니는 직장의 안정성을 의심한다. 우리의 결혼 생활이 성공은 고사하고 지속되기나 할지, 내 아이가 이 복잡한 세상에서 제대로 살아갈지, 우리가 충분히 똑똑하고 매력적이고 재미있는지 의심스럽다. 혹은 우리와 함께하시고 우리를 위하시는 하나님은 고사하고, 하나님의 존재 자체를 의심할 수도 있다. 의심은 사실과 관련이 있긴 하지만 일차적으로 사실에 관한 것이 아니다. 오히려 의심은 유대감, 안전감, 자신감이라는 감정적 감각에 관한 것이다. 우리가 더 많은 정보를 얻어서 의심을 해소하려고 할 때가 많다는 점은 주목할 만하며, 이 점을 가볍게 여겨서는 안 된다. 환자에게 줄 알맞은 약물에 대한 우리의 지식이 의심스럽다면, 다시 한번 확인하는 것이 좋다. 이런 의미에서 의심은 우리의 더 큰 이익이라는 목적에 기여하는 정신적 기능이다.

그러나 의심에는 어두운 측면이 있으며, 창세기 3장의 뱀은 그것을 이용하려는 의도를 강하게 품고 있다. 이 장면에서, 하와가 제시하는 사실들의 신빙성을 떨어뜨릴 방도로서 의심이 주입된다고 보기는 어렵다. 그 사실들의 신빙성 문제는 동산을 거니시는 하나님의 다음 산책을 기다리기만 하면 쉽게 해결될 수 있기 때문이다. 의심은 연결된 관계들을 단절시키기 위해 사용된다. 선함과 아름다움을 창조하고 관계들을 풍요롭게 하는 데 의심을 사용하는 것과, 그것과는 정반대의 일을 하는 것은 전적으로 별개다. 따라서 우리가 자신을 의심할 때, 특히 우리가 삶의 중요한 사건에 직면하여 자신을 의심할 때 우리는 사실상 다른 사람들과의, 특히 하나님과의 유대감을 의심하는 것이다. 우리는 우리가 무탈하리라는 것을 의심한다. 한 인간으로서 무탈한 것은 무엇보다도 하나님과 그리고 타인들과 연결되는 것과 관련있다. 그것은 궁극적으로는 충분한 정보, 기술, 지능, 경험을 가진 것과 관련되지 않는다. 젊거나 날씬하거나 근육이 우람한 것에 관한 것도 아니고 돈, 섹스, 권력을 충분히 가진 것에 관한 것도 아니다. 그리고 의심이 이 중 하나와 연관될 때 강하게 작용하는 감정적 특징은 수치심이 될 것이다.

하와가 뱀에게 한 응답에서, 우리의 관심은 여러 가지 요소가 어떻게 달라지는지에 끌린다. 하와의 뇌의 변연계/편도체와 뇌간 부위들에서 발산되는 감정적 고통이 연료를 공급하면 그녀의 분석적인 좌뇌 활동이 활성화 및 조합된다. 그 결과 그녀의 감각, 심상, 느낌, 생각에서 전환이 일어난다. 처음에 이 전환의 규모는 그리 크지 않아도 된다. 그녀가 나아가는 방향을 언제라도 아주 조금 바꾸는 데는 많은 것이 필요하지 않다. 뱀의 질문에 대한 그녀의 대답은 의미심장하다.

2-3절에서 과거 일에 대한 여자의 해석이 왜곡된 것이 보인다. 우리가 아는 한, 그녀는 하나님이 아담에게 하신 말씀(그녀는 그 말씀을 통해 그 나무와 열매에 대해 알았을 것이다)과는 다른 표현의 말을 제시한다. 다시 한번 말하지만, 아담이 함께 있는 상황인 만큼 그가 그 대화에서 도움이 될 충분한 기회가 있었을 것이다. 그러나 아담이 그렇게 했다는 증거는 본문 어디에도 없다. 앞서 시작된 의심에 불편함이 따라오면서 이러한 기억의 변경을 조장할 수 있다. 우리의 일상적 상호작용에서 이런 왜곡은 항상 발생한다. 나의 근원적 자신감이 아주 조

금이나마 흔들렸을 때, 나는 어떤 이와의 상호 작용에 대한 기억을 얼마나 여러 번 바꾸었던가? 이것은 수치심이 보여 주는 활동의 전형적 특징이다. 그것은 (우리가 2장에서 탐구한 것과 다르지 않은) 와해의 과정이 주는 고통을 반영한다. 아기가 느끼는 기쁨의 궤도가 (경미하게라도) 가로막히거나 꺾이는 것과 같은 방식으로, 여자와 뱀 사이의 교류도 와해를 일으키는 폭풍의 도래를 예고한다. 그리고 우리는 자신과의 그리고 타인들과의 상호 작용이 일어나는 모든 무대에서 이를 목격한다.

옮겨 말하는 과정에서 사실을 빠트린 사람이 아담이었든 하와였든 이 감정적 구김살이 뱀의 다음 움직임을 위한 장을 마련한다는 점은 여전하다. 가장 교묘하지만 가장 도발적인 선제 조치에서 그는 고통을 심화시켜서 수치심의 역학을 더 직접 활성화한다. 창세기 3:4-5을 읽으면서 잠시 당신이 무엇을 **느끼는**지 고찰해 보라. 그저 하와에게 제시되는 사실만 읽으려는 충동을 자제하라. 오히려 그 짐승이 어떻게 보이고 어떻게 들릴 것 같은지 상상하고, 또 그가 전하는 암묵적 메시지를 유심히 보라.

뱀은 여자가 죽지 않으리라고 단호히 언명하며, 그녀에게 진실에 대한 새로운 해석을 제시한다. 확실히 깜짝 놀랄 만한 해석이다. 그러나 이것은 단순히 사실에 근거한 교묘한 술책이 아니다. 하나님과 같이 되리라는 말을 듣는 것은 좋은 일처럼 보일 수 있다. 나라면 그 말을 정말 듣고 싶을 것이다. 그러나 이 생각에 따르는 (알아채기 힘들지만) 필연적인 귀결은 (이 특정 나무의 열매에 대한 금지를 고려하면) **하나님은 네가 그분과 같이 되기를 원치 않으신다**는 암시다. 하나님은 자신이 가지고 계신 것을 네가 가지기를 원치 않으신다. 네 생각과 달리,

하나님은 네가 그분과 친밀하고 그분께 연결되어 있기를 원하시지 않는다. 여기에 더 깊이 함축된 의미는 다음과 같다. 그러므로 너는 네가 **생각하는 만큼 중요한 존재가 아니다**. 알고 보면, 너는 네가 생각하는 것에 미치지 못한다. 너. 는. 부. 족. 하. 다.

이것은 직접 언명되지 않는다. 직접적 언명은 교묘하지 않기 때문에 여자가 사실에 입각한 변론을 정리하는 동안 쉽게 일축할 수 있다. 그녀의 의심의 고통스러운 정서가 그 일을 하도록 하는 편이 낫다. 수치심은 일차적으로 우리의 좌뇌 모드의 합리적 처리를 통해서보다는 **느낌으로 체험되는** 우리의 유대감과 안전감을 약화시킴으로써 우리를 위태롭게 하는 감정임을 기억하라. 그리고 수치심은 언어적·논리적·직선적·사실적 모드의 정신 활동을 대체한다는 것을 기억하라. 그러므로 뇌 시간으로 볼 때 부족함, 부적절함은 우리가 그것을 생각하기 훨씬 전에 느껴지고 감지되고 심상으로 그려진다.

또한 뱀은 여자에게 하나님과 대화를 나누라고 권유하는 것보다는 하나님에 **대해** 이야기하는 것을 더 쉽게 행한다. 이것은 수치심이 그것의 감정적 심각함을 뒷받침하는 고립을 만들어 내는 가장 중요한 수단 중 하나다. 이 시점에서 여자는 홀로 마음속에서 하나님을 곰곰이 생각하기 시작할 수 있다. 그녀에게 하나님은 누구시며 그분은 그녀에게 반응하여 어떻게 생각하고 느끼시는지 독립적으로 추정할 기회가 주어진다. 그녀는 하나님을 분석하는 과정, 그분과 상호 작용하기보다는 거리를 두고 그분을 판단하는 과정을 시작한다. 나는 하루 동안 얼마나 자주 이 일을 하는가? 친구, 적, 배우자, 자녀, 고용인, 상사, 목회자, 내 차 앞으로 끼어드는 앞차의 운전자, 학교 이사회의 구성원, 혹은 다른 문화나 종교 전통에 속한 사람이 정말로 생각하거나 느끼는 바가 무엇인지 내 마음속에서 은밀하게 분석하는 것, 판단하는 것은 아주 쉽다. 보통 이렇게 내리는 판단은 일차적으로 언어에 기초한 논리적 인지의 작용이 아니다. 오히려 그것은 내가 미세하게 그렇지만 실질적으로 감지하고 느끼는 것으로서 뇌간과 변연계 회로로부터 나타난다. 그렇게 해서 그것은 나의 생각하는 논리적 뇌를 우회하고 나는 판단이 일어나고 있음을 거의 의식하지 못한다. 내가 알기 전에, 수치심은 내가 그것의 존재를 의식하지 못하는 동안 뿌리를 내린 것이다.

물론 이 함정에 빠져드는 것을 방지하는 가장 효과적인, 어쩌면 지극히 위협적인 방법은 하나님에 **대해서**보다는 하나님**과** 이야기하는 것이다. 그러나 이 생각은 창세기 이야기에서 결코 경청의 기회를 얻지 못한다. 그리고 우리가 아는 대로, 우리가 수치심에 관계적으로 맞서기 위해서는 수치심의 치유에 이르는 도상에서 그것을 느낄 각오를 해야만 한다. 이는 결코 쉬운 일이 아니다. 이는 사실상 관계가 깨지는 모든 경우에 공통된 암류다. 우리는 온갖 것을 감지하고 심상을 그리고 느끼고 생각하면서도 그것들을 결코 다 말하지는 않는다. 그렇게 솔직하기에는, 그렇게 취약한 상태가 되기에는 너무 겁에 질려 있기 때문이다. 그러나 솔직한 취약성은 수치심—그리고 필연적으로 다가올 소름 끼치는 결과인 버림받음—을 치유하고 또한 그것이 우리의 관계들과 문화에 더 깊이 뿌리 내리는 것을 방지하는 비결이다.

뱀은 선악을 알게 하는 나무의 열매를 먹음으로써 하와의 눈이 밝아질 것이라고 덧붙인다. 그가 그녀가 자신의 눈을 밝아지게 할 것이라고(그녀가 의도를 가지고 행동한다는 의미에서) 말하지 않고, 다른 어떤 이 혹은 어떤 것에 의해 그녀의 눈이 밝아질 것이라고 말하는 점에 주목하라. 아이러니하게도, 하나님과 같이 되기를 구하는 와중에 그녀는 그 일이 그녀가 찾고 있는 것을 제공해 줄 그녀 외부의 무언가를 필요로 한다는 점을 놓치는 것 같다. 우주의 주인이 되려는 여정에서 나도 내가 찾고 있는 것을 얻는 데는 언제나 내 밖의 무언가의 도움이 필요하다는 것을 보지 못한다.

이 본문을 읽을 때 그 짐승이 여자를 꾀어 그녀가 자신에게 없는 것을 붙잡도록 유도한다고 추정할 수도 있다. 그러나 (해독제가 필요한) 잠재된 감정적 고통이 그녀에게 이미 발생한 것이 아니라면, 그녀가 뱀이 제안하는 바를 원하게 되는 모습이 나에게는 이상하게 느껴진다. 남자, 여자, 그리고 하나님 사이의 관계가 아직 순수하다면, 그녀는 과연 무엇을 갈망하는 것일까? 하나님은 이미 그 두 사람에게 골라서 먹을 수 있도록 동산의 열매 전체를, 아주 많은 선함을 주셨는데, 그들이 달리 무엇을 더 바랄 수 있는가? 나는 여자가 뱀과 조우하기 전에 기쁨이 기대되는 세계에서 살아 왔으리라고 생각한다. 그녀는 사랑받는다고 여겼으며 그것을 의심할 필요가 없었다(우리가 숨을 쉴 때 특별히 의식하지 않는 것과 마찬가지다). 무언가가 나타나 그것을 방해하거나 꺾어 버리기 전까지는 말이다.

여기가 수치심이 최초로 감정적으로 발생하는 지점이다. 이것으로부터 우리가 죄라고 부르는 모든 것이 유래한다. 그리고 내가 탐닉하는 모든 죄, 모든 우상숭배, 모든 대처 전략은 내가 관계에 대한 나의 갈구, 알려지고 사랑받고자 하는 나의 갈망, 욕망의 대상이 되고자 하는 나의 욕망을 충분히 만족시키는 방법들이다. 여기서 가장 간교한 지혜만이 발휘할 수 있는 교묘함을 통해 여자는 달갑지 않은 부족한 존재라는 비난을 받는다. 그리고 이에 대한 해결책으로 그 짐승은 동산 안에 있는 가장 탐나는 것, 관계와는 아무 관련이 없는 것으로 하와의 주의를 돌린다. 그 짐승이 최초로 던진 질문 그리고 여자가 상상하는 현실을 재구성하는 그의 진술 사이에서 수치심은 그녀가 열매를 먹기 훨씬 전에 이미 엄청난 성과를 이루었다고 볼 수 있다.

여기에서 성경 내러티브는 여자의 감정적 상태가 진화의 발달 과정의 임의적 산물로 발생할 여지를 남겨 두지 않는다는 점을 언급할 가치가 있다. 성경 내러티브는 그것에 관심을 가지지 않는다. 창세기에서 수치심은 그녀가 선동가와 벌이는 상호 작용과는 별개로 그냥 발생하지 않는다. 동산에서 시작되고 예수님에게서 완성되는 이 이야기에서, 수치심이라는 신경 정신 의학적 현상이 몇십만 년에 걸쳐 어떻게 발전했는지는 그리 중요하지 않다. 중요한 것은 수치심이 어떻게 이용되는지, 그리고 우리가 그것을 경험할 때 어떻게 반응하는지다. 수치심은 이를테면 팔꿈치의 가려움과 똑같은 방식으로 분류되는 감각에 불과한 것이 아니다. 여기에서 수치심은 세상을 파괴하려는 목적을 위해 **의도적으로** 교묘히 행사된다. 그것은 이 과정을 시작하기 위해 뱀의 활동을 필요로 한다. 다시 말해, 여자의 잠재된 감정적 고통은 간교한 뱀의 도움 없이는 발생하지 않는다. 나는 수치심을 나에게 있어 근본적으로 잘못된 무언가로서 경험한다. 하지만 나는 오로지 수치심을 버림받음의 전조로서, 관계가 비극적으로 단절될 가능성의 작용으로서 감정적으로 감지한 결과 이런 결론을 도출한다. 이는 수치심의 전형적 특징이다.

수치심이 유도하는 대로, 이 감정 조절 장애와 관계적 와해의 상태로부터 창세기 3:6이 자연스럽게 이어진다.

여자가 그 나무를 본즉 먹음직도 하고 보암직도 하고 지혜롭게 할 만큼 탐스럽기도 한 나무인지라. 여자가 그 열매를 따먹고 자기와 함께 있는 남편에게도 주매 그도 먹은지라.

여자는 자기의 고통에 대처하기 위해 동산 중앙에 있는 나무에 관한 이야기를 분석적인 좌뇌 중심 모드로 다시 하기 시작한다. 이제 그 새로운 내러티브에서 그 나무는 접근 금지 대상이나 소외에 의한 죽음의 근원이 아니라 생명의 잠재적 근원이 된다. 이제 그녀는 다른 누구도 끌어들이지 않고 그녀의 이야기를 할 수 있다. 누구도 그녀의 삶을 망쳐 놓을 수 없다. 더 이상 실망은 없다. 더 이상 후회는 없다. 더 이상 상처는 없다. 더 이상 한계는 없다. 더 이상 논쟁을 벌일 공동 저자들은 없다. 그분이 원하는 대로 오가실 수 있고 그녀를 뱀에게 영향 받기 쉬운 상태로 내버려 두신 하나님보다는, 땅에 심겨 고정된 나무와 함께 사는 편이 훨씬 더 수월하다.

더 명백하게는, 이 나무의 열매는 차오르는 감정적 고통의 물결 — 그녀의 부적절함, 고립, 수치심에 대한 자각 — 에 그녀가 대처할 수 있는 근원이 된다. 그리고 그녀가 (비용은 무시하는 한편 상상할 수 있는 모든 이익을 가지고) 구성하는 새로운 이야기는, 애초에 그녀의 식욕의 근원이었던 감정적·관계적 와해를 해결하는 것이 아니라 계속 강화하면서 그녀의 이야기를 다시 하는 — 그리고 당신의 이야기와 나의 이야기를 예언하는 — 수단이 된다.

수치심은 그녀가 관계를 열매 하나로 대체하도록 유도했다. 그녀는 아담이나 하나님과의 관계('우리'라는 신경생물학적 상태)로부터 떠나 독립이라는 어둡고 막다른 골목으로 걸어 들어간다. 이는 모두 뱀과의 교류에 의해 시작된 감정적 혼란을 다스리는 방편이다. 뿐만 아니라, 아담이 중재를 위해 아무 일도 하지 않은 것은 결코 사소한 사안이 아니다. 그 이유를 몇 가지라도 짐작해 볼 수 있겠지만, 이 과일 잔치는 함께 이룬 성과였다고 말하는 것으로 족하다. 최소한 아담이 암묵적 승인의 태도를 보였기 때문이다.

  이 일을 하는 것은 수치심답다. 수치심은 아래쪽 뇌 영역들에 있는 신경망들을 활성화함으로써, 수치심에 사로잡힌 사람과 친밀한 관계에 있는 다른 개인들을 수치심의 파괴적 소용돌이 속으로 무의식적으로 그리고 강력하게 끌어들이려고 한다. 우리는 관리자가 동료를 비하하는 장면을 목격하고도 말할 엄두를 내지 못한다. 우리는 배우자가 술을 너무 많이 마시는 것을 알면서도 나도 모르게 그 사람의 행동을 허용한다. 우리는, 표출될 기회를 기다리며 우리 의식의 표면 바로 아래에서 소리 없이 움직이던 고통을 완화하는 방편으로 가족, 동료, 교구민을 헐뜯는 대화에 자연스럽게 가담한다. 우리는 직원 휴게실에서 혹은 교회에서 예배 후에 모여서 그날의 표적에 대해 험담하는 작은 무리를 잠시 지배하는 가짜 유대감에 속아 넘어간다. 수치심의 작용이 수년 또는 수 세대에 걸쳐 이루어진 끝에 사회적으로 너무 깊이 새겨진 나머지, 우리는 자신이 타인에 대한 학대를 수동적으로 지원한다는 사실을 의식하지 못할 수 있다.

바이러스 내려받기

수치심이 관계적으로 해결되지 않을 때 필연적으로 수치심이 전파된다. "이에 그들의 눈이 밝아져 자기들이 벗은 줄을 알고 무화과나무 잎을 엮어 치마로 삼았더라"(창 3:7).

이 본문의 가장 흥미로운 부분은 남자와 여자의 눈이 **밝아졌다**는 사실이다. 그들이 능동적으로 그렇게 하는 것이 아니라면, 누가 혹은 무엇이 그들의 눈을 밝아지게 하는 것일까? 이제는 각자가 판단하고 업신여기는 방식으로, 또 여자가 뱀에게서 흡수한 것의 연장선에 있는 방식으로 상대방을 본다는 것일까? 여자의 눈이 뱀에 의해 밝아지는 것과 같은 방식으로, 이 매개체는 서로에게 전염된다. 이렇게 해서 그들은 자신의 벌거벗음과 취약성을 절실히 깨닫게 된다. 그들의 대화를 상상해 보라. "하와, 그러고 보니 당신 살이 좀 쪘군요." 그녀가 그의 허리 아래를 힐끗 보며 쏘아붙인다. "어쩌면요. 그래도 난 그것만큼 볼품없진 않답니다." 대응책으로 그들에게 남은 것은 무화과나무 잎뿐이다.

그들은 각자의 삶에서 서로를 제외하고 난 뒤에 이번에는 하나님에 대해 같은 일을 한다. "그들이 그날 바람이 불 때 동산에 거니시는 여호와 하나님의 소리를 듣고 아담과 그의 아내가 여호와 하나님의 낯을 피하여 동산 나무 사이에 숨은지라"(창 3:8).

숨는 것은 수치심에 대한 자연스러운 반응이다. 우리가 치명적 형태의 수치심을 경험할 때 특히 그렇다. 하지만 숨는 행위의 대부분은 삶의 일상적 활동에서 발생한다. 우리는 모든 방식으로 모든 사람에게서, 특히 우리 자신에게서 숨는다. 뿐만 아니라, 다른 이들에게서 숨는 나의 모든 행동은 내가 스스로의 마음속에서 쓰는 모든 교묘한 속임수와 더불어 시작된다. 내가 알고 **싶지** 않은 나의 다양한 부분이 있다. 이는 너무 수치스러운 것이다. 나는 스스로도 좋아하지 않고 하나님도 좋아하시지 않으리라 여겨지는 나의 부분들을 알고 있다. 그중 몇 가지만 예로 들자면, 판단하고 거짓말하고 훔치고 탐욕스럽고 인색하고 강한 욕정을 느끼고 불순하고 오만한 나의 자아가 포함된다. 그러나 데이비드 베너(David Benner)가 장 칼뱅(John Calvin)의 말을 인용하며 지적하듯이, 우리가 스스로를 기꺼이 알려고 하지 않는다면 하나님을 충분히 알기를 기대할 수 없다. 하나는 다른 하나에 좌우되기 때문이다.[5]

그러나 나의 여러 부분으로부터 숨는 것은 시작일 뿐이다. 다른 모든 은폐는 단지 그것의 확장에 지나지 않는다. 우리는 가족으로부터 숨는다. 우리는 교회 회중석에서 우리 옆에 앉는 이들로부터 숨는다. 우리는 배우자로부터 숨는다. 우리는 이웃들로부터 숨는다. 우리는 다른 민족 및 종교 집단으로부터 숨는다. 우리는 우리의 실상 때문에 수치를 당할까 봐 그것을 드러내기를 두려워하는 문화에 살고 있다. 우리는 자신의 취약한 부분을 건드리는 무언가에 대해 공적 담화를 나누기란 사실상 불가능하다고 여긴다. 이 숨는 행위는 오로지 우리가 수치를 당하게 **되리라고** 예상하기 때문에 일어나는 것만은 아니다. 훨씬 더 중요한 것으로, 우리는 기억 속에 자신이 수치스러운 **존재**라는 감각을 지니고 있다. 우리는 첫 부모로부터 받은 아주 오래된 신호 체계를 짊어지고 지구 위를 걷는다. 우리는 미사여구 뒤에 숨으며, 우리를 (타인으로부터가 아니라) 우리 자신으로부터 보호하려고 다양한 외관에 의존하게 되었다. 내 안에서 불편함을 일으키는 누군가가 곁에 있을 때, 나는 내 피부 바깥의 그 사람이 내게 괴로움을 일으켰다고 쉽게 지목한다. 하지만 진짜 문제는 훨씬 더 가까이 있다. 그것은 궁극적으로 내 안에 있기 때문이다.

알고 보면, 나의 '문제'는 궁극적으로 **내가** 감지하고 마음에 그리고 느끼고 생각하고 행하는 바다. 그것은 나의 유일한 문제가 아니라 나의 궁극적 문제다. 이것은 누군가가 나에게 **하등의** 문제가 되지 않을 것이라는 말이나 누군가가 내 돈을 빼앗거나 내 아이를 다치게 한다 해도 내 고통은 단지 내 마음의 작용일 뿐이라는 말이 아니다. 오히려 그것은 내 고통의 궁극적 근원이 자리하는 장소를 밝힌다. 그곳은 바로 나 자신의 마음속이다.

그러나 이를 넘어서, 그리고 훨씬 더 중요하게도 나의 문제는 단순히 내가 감지하는 무언가가 아니라 나 자신이 그것에 반응하기에는 적절하지 않다고 느낀다는 점이다. 나는 내 느낌을 견디기 위해 요구되는 바가 나에게 없다는 것을 인식의 비의식적 차원에서부터 지각한다. 나는 그냥 슬프거나 화가 나거나 외로운 것이 아니다. 궁극적으로 이 감정들은 내가 내 느낌을 지닌 채 홀로 있으며 나를 도우러 올 사람은 없다는 근본적 관념에 기초한다. 수치심은 홀로 남겨지는 것과 관련되어 있기 때문에 다른 정서적 상태들의 기초에 존재한다. 버림받는다는 것은 궁극적으로 지옥에 있는 것이다. 혼자 있음에 대한 이 공포는 수치심에 기반을 둔 나의 행동에 동력을 제공하며, 아이러니하게도 내가 가장 두려워하는 바로 그곳, 절대적 고립의 지옥으로 나를 데리고 간다.

서로에게서 단절되고 숨은 최초의 커플에게는 하나님이 그날 바람 속으로 걸어오실 때 그분께 나아갈 여력이 거의 남아 있지 않다. 두 사람이 함께 하나님으로부터 피하는 사이 수치심이 어떻게 무기력을 증가시키는지 주목하라. 이것은 수치심의 가장 강력한 특징 중 하나다. 수치심이 일단의 사람들을 포획하여 개별적 발현에서 공동의 발현으로 전환될 때, 수치심의 에너지와 강도는 기하급수적으로 확장되고 수치심의 존재 전체는 그것의 각 부분들의 합보다 훨씬 더 커진다. 취약한 상태에 머물 수 있는 집단의 능력은 줄어든다. 그리고 알려짐의 개념은, 다름 아닌 그 집단 구성원들로부터 스스로를 보호하기 위하여 사라진다. 창세기 2장에서 시작된 믿음의 공동체는 이제 쇠퇴하며 위기에 처하게 된다.

하나님은 무관심한 방관자로서 두 남녀와 관계를 이어 오신 것이 아니다. 오히려 그분의 존재는 그들이 그동안 누렸을 기쁨을 경험하는 데 필수적인 것이다. "우리의 형상을 따라" 산다는 것은 하나님이 자신 안에서 삼위일체로 사시는 것과 동일한 방식으로 그분이 제3자로서 현존하신다는 것을 포함할 것이다. 이 등식에서 하나님을 제외하면, 관계의 내부 붕괴로 향하는 불가피한 초읽기가 실행된다. 그러나 하나님은 그들을 포기하지 않고, 오히려 부르며 다가오신다.

> 여호와 하나님이 아담을 부르시며 그에게 이르시되 "네가 어디 있느냐?" 이르되 "내가 동산에서 하나님의 소리를 듣고 내가 벗었으므로 두려워하여 숨었나이다." 이르시되 "누가 너의 벗었음을 네게 알렸느냐? 내가 네게 먹지 말라 명한 그 나무 열매를 네가 먹었느냐?" 아담이 이르되 "하나님이 주셔서 나와 함께 있게 하신 여자 그가 그 나무 열매를 내게 주므로 내가 먹었나이다." 여호와 하나님이 여자에게 이르시되 "네가 어찌하여 이렇게 하였느냐?" 여자가 이르되 "뱀이 나를 꾀므로 내가 먹었나이다."
> (창 3:9-13)

이야기의 저자는 하나님이 지리적 위치를 따지신다고 생각하지 않는다. 하나님은 두 사람의 외적 행방이 아닌 내적 행방에 대해 묻고 계신다. 그분은 그들 개개인의 그리고 공동의 마음 상태에 대해 매우 궁금해하시며 집중하고 계신다. 이것이 성경 내러티브의 하나님이 하시는 행동이다. 그분은 뒤쫓아 오신다. 그분은 우리를 찾으러 오신다. 우리는 종종 그분이 떠나 버리셔서 우리를 그분의 마음에서 배제하신다고 지각한다. 그것은 우리에게 그분의 움직임과 임재에 대해서가 아니라 우리의 지각 능력에 대해 더 많은 것을 말하는지도 모른다. 이 이야기에서 그분의 움직임은 남자와 여자가 자신의, 또 서로의 내적 자아와 (도전적이지만) 신선한 방식으로 조우할 공간을 창조하고 그들이 사랑한다는 것의 본질을 마주할 기회를 주기 때문이다. 그 본질은 바로 수치심의 고통스러운 실재에도 불구하고 관계에 **반(反)하는** 선택보다는 관계를 **향한** 선택을 하는 것이다.

하나님의 물음은 진심에서 우러난 것처럼 보인다. 그 물음이 "네가 한 일을 알고 있어. 이제 너는 대가를 치러야 해!"와 같이 비난하는 어조로 제시된다는 직접적 증거는 전혀 없다. 이야기 전체의 맥락을, 특히 창세기 2장에서 하나님이 그분의 창조 세계에 다가오실 때의 친밀함을 고려해 볼 때 하나님이 두 사람과 연결되기를 갈망하시며 그 연결이 금방이라도 소멸될 위험에 처해 있음을 아신다고 가정하면, 그분의 걸음과 목소리에 긴박함이 실렸을 것이라고 보는 것이 타당하다. 그러나 비난의 기색은 찾아볼 수 없다.

하나님의 부르심에 응해 남자는 다음과 같이 시인한다. (1) 그는 숨었다. 숨은 이유는 (2) 그가 두려웠기 때문이다. 두려웠던 이유는 (3) 그가 벗었기(10절) 때문이다. (1)에서 (3)으로의 진행은 우리가 다 경험하는 수치심의 단순하고 보편적인 순환이다. 우리는 자신의 취약성을 깨닫고 두려움을 느끼면 그에 대한 반응으로 숨는 경향이 있다. 우리가 사는 세계는 유전적으로, 후성 유전학적으로, 세대적으로, 문화적으로 그런 경향을 물려받는 곳이다. 그러나 그 취약성은 단순히 사실로서의 취약성이 아니다. 그것은 우리에게 임박한 버림받음을 예고하는 수치심에 대한 (느낌으로 체험되는) 암시로서의 취약성이다. 두려움은 수치심을 겪을 것이라는 예견에 뒤이어 일어난다는 점에 주목하라. "내가 벗었으므로 두려워하여." 아담이 느낀 취약감—수치심으로 표현되는—은 이야기가 펼쳐지는 동안 이야기의 엔진에 동력을 제공한다. 이는 우리 모두에게도 적용된다. 궁극적으로 잠재적 버림받음(수치심은 이것의 전조다)에 영향받기 쉬운 우리의 취약성은 이 세상에 있는 깨진 것 전부의 근원인 동시에 그것의 구원이기도 하다.

질문에 대한 대답: 관계

그다음에 나오는 11절에서 기이한 일이 일어난다. 하나님은 또다시 질문을 하신다. 하지만 그 질문은 내 예상을 벗어난다. 그분은 **무엇**에 관해 묻지 않으시고 **누구**에 관해 물으신다. 누군가가 금지된 행위를 했다는 의심이 들면, 나는 확실히 **무엇**에 더 관심을 가질 것이다. 내가 하나님이라면, **누구**에 관한 질문으로 시작하지 않았을 것 같다. 말하자면, 여기서 가장 중요한 것은 남자가 규칙을 지켰는지 여부가 아닐까? 그들에게 옳고 그름을 가르쳐 주는 일이 중요하지 않을까? 그들이 자신들의 잘못에 대해 책임을 지는 것이 중요하지 않을까? 어쩌면 그럴 수도 있다.

누구에 관한 질문에 이어 곧바로 무엇에 관한 질문을 하시기는 하지만, 하나님은 그 문제가 일차적으로는 관계의 감정적 맥락에 근원을 두고 있다고 보고 그 문제에 접근하신다. 그분은 누가 남자와 여자에게 그들이 벗었음을 알렸는지 물으신다. 이것은 우리의 수치심이 관계적으로 영향을 받는 방식에 대한 수긍이 아닐까? 문제를 혼자가 아니라 함께 관계를 통해 해결하라는 권유가 아닐까? 그다음 질문은 (행동에 관한 것이긴 해도) 남자를 대화로 초청한다. "그 나무 열매를 네가 먹었느냐?" 답은 '예' 혹은 '아니요'로 충분할 것이다. 그러나 수치심이라는 소는 이미 외양간에서 달아났고, 남자와 여자는 제각기 우리 모두가 진정한 대답을 요구받을 때(심지어 그 요구가 사랑 안에서 이루어진다고 해도) 하는 행동을 한다. 우리의 수치심은 가장 가까운 이들을 판단하면서 고함을 지른다. 분명 우리에게서 가장 멀리 떨어진 이들을 판단하는 것은 쉽고 흔한 일이다. 그러나 우리의 가장 원한에 찬 순간들은 우리가 형성한 관계의 궤도들 중에서 우리와 가장 가까운 궤도를 도는 이들에게 돌아간다. 남자는 여자를 정죄하고 여자는 그가 방금 한 대로 따라 한다. 그녀는 사람들과 창조 세계 모두를 위해 사실을 있는 그대로(또 있게 될 그대로) 말해야 하는 과제를 하나님께 넘긴다. 물론 알 수 없는 먼 미래에 일어날 일 곧 뱀이 하나님의 사람의 발꿈치 아래에서 맞게 될 궁극적 운명에 대한 예언이 있다. 그러나 그 순간에는, 실로 우리의 모든 순간에는 악이 승리한 것처럼 보인다.

기쁨은 사라졌다. 남자와 여자가 그들이 감지하고 마음에 그리고 느끼고 생각하는 바에 주의를 기울이지 않는 사이에 기쁨은 꺾여 버렸다. 하나님과 두 사람이 서로에게 알려지는 사랑을 향유하던 관계들은 와해되고 말았다. 하나님이 남자 여자와 관계를 맺으시고 진정한 대화를, 진정한 관계에 있는 진정한 동반자를 기대하신다는 것은 중요하지 않다. 수치심은 그것을 받아들이지 않을 것이다. 연결, 호기심, 창조성은 더 이상 자유롭게—실패에 대한 걱정이나 실수를 저질렀다는 이유로 공개적으로 굴욕을 당할 것이라는 걱정 없이—나타나지 않을 것이다. 새로운 부정한 질서가, 엉겅퀴와 깎아내리는 행위와 학대로 가득 찬 질서가 있었다. 수치심의 임무는 완수되었다.

하나님의 이야기로부터 우리의 이야기로

그러므로 지금까지의 내용을 정리하면 다음과 같다. 성경 이야기의 첫 부분은 기쁨과 의도를 가지고 창조하시는 하나님, 인간과 관계를 가지고 인간에게 알려지기를 갈망하시는 하나님을 보여 준다. 그분은 사람들이 그분이 사시는 대로 살면서 세상을 더 깊이 탐색하고 청지기 역할을 하고 창조하기를 바라신다는 것을 우리는 알게 된다. 이것은 마음의 대인관계 신경생물학적 발달, 관계의 성장에서 주요한 특징이 되는 기쁨의 역할, 연결(관계의 안정된 기초)과 창조성(호기심과 탐색) 사이의 리듬에 대한 우리의 지식에 반영되어 있다. 이 실재들은 성경 이야기의 목적론적 구조를 보여 준다. 그것들은 우리 삶의 모든 영역에서 우리 가슴이 첫 번째로 간절히 바라는 것들의 특성이 된다.

하나님의 의도의 뚜렷한 특성은 우리의 경험 전반에 걸쳐 나타난다. 우리는 가정에서, 교회에서, 물론 직장에서도 깊은 연결을 갈망한다. 우리는 (비록 의식하고 있지는 않으나) 실수하는 것에 대해 걱정하지 않고 새로운 것을 탐색할 수 있기를 열망한다. 우리는 매력이 없거나 재미없거나 흥미를 끌지 못할까 봐 염려하지 않고 모임 장소에 들어가고 싶다. 우리는 최고의 대학에 들어가지 못할까 봐 걱정해서가 아니라 발견을 갈망해서 학교에 다니며 배우고 싶어 한다. 하지만 성적표에는 내가 부족하다는 것을 상기시켜 주는 오점이 하나 더 늘어날 뿐이다. 우리는 자녀가 우리의 기대에 부응하지 못한다는 메시지를 (노골적으로는커녕 절제된 방식으로도) 전하는 일 없이 성숙을 위한 기회를 제공하는 방식으로 자녀를 양육하고 싶다. 우리는 믿음의 공동체에서 비난의 공포에 맞서 대응 태세를 갖추는 일 없이 인간의 기원, 성, 경제학에 대한 의미 있고 진지한 대화에 참여하고 싶다. 우리는 정치인들이 권력 상실이라는 수치스러운 취약성에 대한 공포에 지배당하기보다는 호기심, 정의, 자비로 다스리기를 갈망한다. 우리는 역사적으로 적대감만을 품었던 집단들이 알려짐을 위한 공간을 평화적으로 창조하고 경멸이라는 핵무기는 대화에서 배제하기를 간절히 바란다.

    그러나 악은 다른 계획을 가지고 있으며 수치심을 주된 감정적 지렛대로 사용한다. 이는 단순히 사람들을 꾀어 '옳지 못한 일을 하도록' 하거나 '불순종하도록' 하려는 것만은 아니다(그것이 바로 창세기 이야기에서 인간이 한 일이기는 하지만). 악이 수치심을 사용하는 것은 (우리를 독보적으로 인간다운 존재로 만들어 주는 뇌의 부분들에서 발생하는 것이 아닌) 마음의 기능들에 접근하여 관계에 지장을 초래하기 위해서다. 더 정확히 말하자면 그것은 (우리가 부주의한 경향을 보이면 전전두피질을 쑥대밭으로 만들) 뇌간과 변연계 회로 내부의 체계를 활성화한다. 그것은 고통의 패턴을 만들어 내기 위해 가장 가벼운 형태로라도 경멸을 활용한다. 우리는 그 고통의 패턴에 반응하여, 우리가 더 독립적으로 통제할 수 있다고 믿는 것, 미래에 우리를 아프게 할 위험이 덜한 것을 위해 관계를 포기하는 대처 전략(우상)을 만들어 낸다.

불행하게도, 이는 예외 없이 고립으로 이어진다. 우리는 자신의 벌거벗은 상태가 탄로 나고 이용당할까 두려워서 자신과 서로와 하나님으로부터 숨는다. 그리고 타인들과 함께 이야기하는 일에 협력하기가 무서워서 홀로 자기 이야기를 계속 만들어 낸다. 이 고립이 필연적으로 도달하는 최종 결과는 지옥이다[이는 삼위일체 공동체 안에서의 삶이 지닌 우리됨(we-ness)과 함께함(with-ness)에 상반되는 상태다]. 그것은 혼자 있는 것이 좋지 않다는 하나님의 지시에 맞서는 반항이다. 수치심의 힘은 우리가 개별적으로 또 공동으로 지닌 암묵 기억의 심리적 작용에 깊이 새겨진 그것의 교묘함과 침묵에 있다. 그리고 수치심은 우리가 그것이 시킨 더러운 일을 하는 사이에 어둠 속에 머무는 데 아주 만족한다. 우리의 개별적 수치심이 다양한 공동 표현으로 우후죽순처럼 퍼져 나가는 동안 수치심은 스스로를 확장하고 키워 가면서 그 과정 중에 우리를 집어삼킨다. 우리는 판단과 숨는 행위라는 수치심의 자기 영속적 순환 속에 머물면서, 하나님이 예견하신 저주의 예언을 계속 실현한다.

이것이 성경이 전하는 우리 이야기의 시작이다. 우리 중 많은 이는 여전히 그 이야기 안에서 살아간다. 우리는 어떻게 해야 할까?

아이러니하게도, 해결책은 수치심이 우리로 하여금 가장 위험하고 위협적인 행동이라고 믿게 하는 바로 그 일을 하는 것이다. 놀랍게도 우리가 방금 읽은 이야기 안에 하나님이 우리에게 길을 보여 주기 위해 하려고 하시는 일의 시작이 이미 존재한다.

6장

수치심의 치료법 — 취약성

거짓말은 그 성관계가 있기 훨씬 전부터 시작되었다. 그러나 그 성관계와 더불어 거짓말은 더 쉽게, 더 의식적으로, 불가피하게 이루어졌다. 칼라는 인생이 이렇게 되도록 의도한 적이 없었다. 그녀는 방향을 돌릴 엄두가 나지 않았다. 그렇게 하다가 그녀의 결혼 생활, 아이들, 일, 공동체에 파국을 초래할 것이라고 확신했기 때문이다. 그녀가 찾은 유일한 위안은, 계속되는 불륜 관계의 품 안이었다.

그녀는 불면증 때문에 나에게 오게 되었으며, 그녀가 원하는 것은 잠을 자도록 도와줄 무언가였다. 그녀의 이야기에서, 정신과 의사를 보러 온다는 것은 생체 리듬 문제에 대한 해결책을 찾는 것과 관련이 있었다. 그녀는 그 일이 그렇게 급선회하게 될 줄은 예상하지 못했다.

"결혼 생활에 대해 이야기해 주세요." 나는 말했다. 수면 장애 치료는 분명 생화학과 뇌 기능에 대한 것이지만, 그에 못지않게 관계에 대한 것이기도 하다. 그녀는 대답했다. "제 결혼 생활은 괜찮아요." 정신 건강 전문가와 이야기하는 사람이면 누구나 알 수 있듯이, 무언가를 평하기 위해 '괜찮다'라는 말을 사용한다면 그 말은 그 영역 전체를 탐색해 달라는 요청을 하는 것이다. 그녀는 이어서 남편 프레스톤과의 관계가 얼마나 재미없고 지루해졌는지 이야기하기 시작했다. 그는 둘째 아이가 태어난 이후로 줄곧 그녀에게 무관심하고 수동적인 태도를 보였다. 이것은 그녀가 인생에서 가장 중요해 보이는 이 관계에 대한 모든 느낌을 어떻게 처리하고 있는지에 대한 더 많은 대화로 이어지게 되었다.

그녀는 놀랍도록 태연하고 솔직하게 불쑥 말하였다. "저는 상사와 불륜 관계에 있어요." 그녀의 태도는 즉각 달라졌다. 마치 누군가에게 이 일을 말하기 위해 몇 달, 심지어 몇 해를 기다린 사람 같았다. 그러나 비밀이 새어 나온 순간, 그녀는 방금 시인한 사실에 대해 섬뜩해하며 뒤로 물러났다. 종기를 째는 순간 시원함을 느꼈다가 쏟아져 나오는 고름의 모양과 상태를 보고 역겨움을 느끼는 것과 마찬가지다. 그녀의 당혹감은 즉각적이고 뚜렷했다. 그녀는 나를 쳐다보는 것은 고사하고 말도 제대로 하지 못했다. 눈물이 흐르기 시작했다. 나는 그 문제에 그리고 그녀의 깨지기 쉬운 마음에 서서히 다가가고자 했다. "그 일에 관해서 이야기하고 싶지 않아요. 저는 그 일 때문에 여기 온 것이 아니에요. 그냥 잠을 좀 자고 싶을 뿐이에요."

나는 그녀가 불륜 관계를 밝힌 것은 실제로 그 일에 대해 **정말** 이야기하고 싶기 때문이지만 수치심은 그녀의 감정적·관계적 패혈증이 최고조에 이를 때까지 그 종기가 계속 곪는 쪽을 선호한다는 소견을 제시하였다. 그 상담 회기는 그녀가 잠을 자도록 도와줄 처방전을 제공하는 것으로 끝났다. 그러나 그녀는 다시 돌아와 자신의 이야기에 관해 더 대화하기로 동의했다. 그리고 그녀는 그렇게 했다.

몇 주에 걸쳐 칼라는 자신이 첫째도 막내도 아닌 중간에 낀 아이였으며 다섯 아이를 키우느라 바쁜 부모님의 관심을 얻기 위해 노력한 이야기를 털어놓았다. 그녀는 관계, 학업, 심지어 시작한 지 얼마 안

된 신앙 생활까지 거의 모든 면에서 역량을 드러냈다. 따라서 누구든 그녀를 찾아내어 그녀 내면의 꿈과 불안에 대해 궁금해할 필요는 없는 것처럼 보였다. 가정에서 문제를 일으키지 않는 사람이 되는 것의 부정적 측면은 가족들이 그 사람에게 곤란한 문제가 있으리라는 생각을 하지 않게 된다는 것이다.

그녀가 자신의 이야기를 더 상세히 탐구하기 시작했을 때 비로소 내면에 깊이 뿌리박은 수치심에 언어의 틀이 주어졌다. 그녀가 외도하기 전에 수치심을 말로 표현할 수 있었다면, 그녀는 (자신의 감정이 계속 방치되는 것은 개의치 않은 채) 유능한 사람이 되려고 열심을 다하느라, 또 주변 사람들이 서로 잘 지내고 있는지 확인하느라 녹초가 되었다고 말했을지도 모른다. 그녀는 자신이 이룬 모든 것을 되돌아보면서, 그녀의 일부가 자신의 '유능함'이 사기라고 믿고 싶어 한다고 말했다. 그것이 다 거짓말이라고. 눈에 띄지 않고 하찮게 느껴지는 그녀의 진짜 자아를 감추기 위한 거짓말이라고.

그녀는 지성과 사회적 침착성을 지녔음에도 불구하고 자신이 남편에게 부족하고(그렇지 않다면 그는 왜 그녀에게 흥미를 잃었겠는가?), 부모님께 부족하며(그녀는 부모님을 사랑하고 존경하지만 부모님은 형제자매들에게만 관심을 두고 그녀에게는 좀처럼 관심을 보이지 않는 것 같았다), 하나님께 부족하다고(그녀는 예수님을 따르기를 깊이 바람에도 불구하고 자신이 느끼는 하나님의 부재를 그분이 그녀에게 실망하신 것으로 해석했다) 느꼈다. 이것들은 그녀가 믿는 거짓말들의 일부였다. 그녀가 자신에게 하는 이 거짓말들은 종종 말없이 이루어지곤 한다.

교묘하고 소리 없는 이 수치심의 암류는 그녀가 일하는 법률 회사로 그녀를 따라왔다. 그곳에서 그녀는 사람들이 그녀의 모습을 보고 그녀의 이야기를 듣는 방식이 참신하고 짜릿하다고 느꼈다. 승진, 도전적 업무, 상사로부터의 관심과 더불어, 수치심의 목소리를 재능으로 침묵시키는 그녀의 능력은 확대되었다. 그러나 아이들이 태어났을 때 그 능력은 줄어들기 시작했다. 사방에서(신체적·감정적 측면에서 아이들로부터, 무심해진 남편으로부터, 그리고 그녀가 인생에서 최대의 만족을 발견한 직장으로부터) 다가오는 요구들로 인해 그녀는 감당하기 힘들다고 느끼기 시작했다. 그러자 칼라는 우리 모두가 그러듯이 자신의 강점에 의지했다. 그 강점은 사람들, 특히 그녀에게 즉시 만족감을 느끼게 해 줄 만한 이를 기쁘게 하는 일에 더욱 힘쓰는 데 있었다. 그리고 그 만족의 가장 중요한 근원이 되는 사람은 회사에서 그녀의 자리에서부터 이어진 복도 끝에 위치한 사무실에 있었다.

'이 일이 감당할 수 없게 되진 않을 거야.' 그녀는 스스로에게 말하였다. '나는 이 일을 통제할 수 있어. 그는 다만 내 일에 관심이 있을 뿐이고, 나는 내 일을 정말 좋아해.' 거짓말은 더 견고해졌으며 더 반사적으로 튀어 나왔다. 그것은 그녀가 자신에게 말하는 만큼 그녀 자체가 되었다. 일하면서 함께 하는 점심 식사는 어느새 일하면서 함께 하는 저녁 식사로 바뀌었다. 그리고 그 저녁 식사는 보통은 배우자나 가장 가까운 여자 친구와 나눌 법한 친밀한 대화로 바뀌었다. 그녀의 상사는 물론 열정 없는 결혼 생활을 하고 있었으며, 그가 유일하게 결핍을 느끼는 부분을 거리낌없이 드러냈다. 칼라는 그 부분에 끌려 감정적 해결책을 제공했다. 그러한 처신은 그녀가 중간에 낀 아이로 자라면서 잘 배워 두었던 것이다. 심연으로 다가가는 각 단계마다 그녀의 상사는 그녀가 이해하기에 "당신은 아름다워요. 당신은 똑똑해요. 당신은 재미있어요. 당신은 내 모든 문제에 대한 답이에요. 나는 당신이 필요해요. 당신은 부족하지 않아요"라는 메시지를 보냈다. 그녀는 그가 더 암묵적으로 하는 말을 듣지 못하였다. "나는 내 필요를 채우기 위해 당신이 필요해요. 나의 필요는 당신이나 당신의 결혼 생활이나 아이들보다 더 중요해요. 사실 내 필요 말고 내게 중요한 것은 없어요. 당신의 필요가 중요한 것은 당신의 필요를 채워 주어야 내 필요를 채울 수 있을 때뿐이죠. 알고 보면, 당신은 당신이 생각하는 것만큼 중요한 사람은 아니에요." 그녀가 이해했던 것과 달리 그의 말에 함축된 의미는 바로 이것이었다.

으레 그렇듯이 성적 관계는 그녀가 탄 열차가 도착하게 될 다음 정류장이었다(처음에는 결코 적지 않은 수치심과 죄책감을 수반했지만). 그 비밀을 프레스톤과 가까운 친구들과 부모님에게 들키지 않으려면 어떻게 해야 할까? 칼라가 그녀의 인생이 거짓이며 그녀는 지금도 부족하고 앞으로도 부족할 것임을 끊임없이 상기시키는 수치심 수행원의 존재에 대해 의식하지 못한 채로 자신의 외관을 유지하는 데는 많은 에너지가 들었다. 그녀가 외도를 멈춘다 해도, 분명 그것으로는 충분하지 않을 것이었다. 이 해로운 느낌에 대해 그녀가 취할 수 있는 유일한 해결책은 그녀가 자신의 고용주에게 얼마나 무조건적으로 사랑받는지에 관한 감각, 심상, 느낌에 주의를 돌리는 것이었다. 칼라와 내가 처음으로 만나기 얼마 전에 그녀의 남편은 의심을 품게 되었다. 그의 물음에 그녀는 단호하게 혼외 관계를 부인했다. 잠을 자지 못했던 것이 당연하다. 수치심의 완벽한 순환 고리가 완성되었다.

"프레스톤에게 그 관계에 대해 이야기하라고 제가 제안하면 어떤 느낌이 드나요?" 나는 물었다. 그녀는 경악했다. "속이 메슥거려요." 그 뒤로 그녀는 정말 현기증과 메스꺼움을 느낀다고 호소했다. "그 일이 일어나게 될 세상은 결코 상상할 수 없어요. 그는 이미 저에게 무관심한 걸요. 그는 이제 저를 증오할 거예요. 아니, 증오보다 더 심각하겠지요. 저는 그에게 역겨운 존재가 될 거예요. 제가 한 짓을 고려하면 당연히 그렇겠지요. 게다가 그에게 사실을 말하면 그는 아들들을 데리고 날 떠날 거예요. 당연히 그럴 거예요."

몇 회기가 지난 후에 칼라는 결국 깨달음의 지점에 도달했다. "왜 그에게 말할 수 없는지 이유를 알 것 같아요. 핵심은 이거예요. 저는 너무…취약하다는 느낌이 들어요." 좋다. 그녀가 그것을 말했다. 그녀는 우리 중 많은 이가 가장 불편한 감각 중 하나라고 쉽게 말할 그것을 소리 내어 표현했다. 취약하다고 느끼는 것은, 하와와 아담이 과일 잔치 이후에 그런 것처럼, 벌거벗었고 수치스럽다고 느끼는 것이다. 성경 내러티브에 표현된 세상의 이야기에서, 수치심은 취약성이 말없이 실어나르는 감정의 짐이기 때문이다. 우리의 마음속에서, 취약하다는 것은 위험의 가능성을 감지한다는 것이다. 그러나 이 위험은 그저 (뇌간과 변연계 회로의 작용에 한정된) 물리적 소멸의 위험으로 지각되지 않는다. 그것은 관계가 와해될 가능성인데, 이 가능성은 훨씬 더 무섭게 인식된다. 이 가능성은 전전두엽으로 하여금 우리에게 우리가 부족하다고 말하도록 하며, 우리가 결국 혼자 남을 것이라는 두려움에 시달리도록 만든다. 취약하다는 것은 우리가 그 의도를 확신할 수 없는 사람들 그리고 우리를 홀로 내버려둘 수 있는 사람들 앞에서 우리가 속수무책임을 인식하는 것이다.

이 취약성의 상태에 대해서, 나는 칼라에게 그녀의 대인관계 신경생물학적 연결망에서 무슨 일이 일어나는지 상상하는 또 하나의 방법을 제시하였다. "당신이 아주 취약하다고 느끼는 것은 지극히 당연해요." 나는 말했다. "이 취약감은 수치심이 활성화하는 감정이에요. 안전하지 않을 수도 있는 곳에서 자기가 알려지려는 찰나에 있을 때 누구나 어느 정도 느끼는 감정입니다. 자신이 알려지도록 허용하는 것은 매우 힘든 일이에요." 성경의 언어에서 취약성은 완전히 다른 무언가로 재구성되고 변화된다. 오로지 성경의 이야기만이, 성경의 하나님만이 주실 수 있는 무언가로 말이다. 성경의 이야기는 그것을 주면서 우리로 하여금 동일한 것을 서로에게 주기를 권유한다. 그것은 알려짐의 선물이다(그러나 그것은 선물인 동시에 공포이기도 하다).

칼라는, 몹시 취약하다고 느낄 것이라는 예상-그리고 그 안에 새겨진 수치심-이 그녀가 인생의 구원을 위해서 취해야 하는 움직임을 방해한다는 것을 깨달았다. 그녀는 취약감이 자신의 가장 큰 약점의 징후-자신의 생존을 위협하는 가장 큰 위험 요인-라고 해석했다. 하지만 (이 경우에는) 나에게, 바라건대 하나님께, 어쩌면 심지어 그녀의 남편에게 알려진다는 관점에서 그 취약감이 재구성될 때 그것이 그녀가 치유될 수 있는 비결임을 알고 놀랐다. 그런데 이것을 어떻게 실현해야 할까? 이 불의 강을 어떻게 헤엄쳐 건너야 할까?

우리가 바라는 우리가 아니라, 있는 그대로의 우리

우리는 취약성을 특정한 시기나 특정한 경우에 경험하는 것이라고 생각하는 경향이 있다. 비판받을 때, 아플 때, 직장에서 해고당했을 때, 우리보다 더 많은 권력을 가진 누군가와 어려운 대화를 할 때, 청중 앞에서 이야기하거나 논문의 정당성을 변호해야 할 때 우리는 취약성을 감지한다. 혹은 칼라의 사례에서처럼 고통스러운 결과를 낳을 수도 있는 무언가를 밝히려고 할 때 우리는 취약성을 느낀다. 어떤 경우든 상관없이 우리는 노출된다는 것을 특별한 시기에 그리고 특정 사건의 맥락에서 발생하는 것으로 간주한다.

이것은 취약하다고 느끼는 것의 의미를 어느 정도 설명해 주지만 완벽한 설명은 아니다. 실제로 취약성이란 우리가 선택하는 것이나 (나머지 시간에는 그렇지 않은데) 특정 순간에만 해당되는 것이 아니다. 오히려 그것은 우리 **존재**의 속성이다. 이 때문에 우리는 옷을 입고 집에서 살며 제한 속도를 지킨다. 우리가 인생에서 하는 일 중 매우 많은 부분이 (여러 가지 목적 중에서) 우리가 **언제나** 취약하다는 사실로부터 우리를 보호하기 위해서 구상된다. 인간이라는 것은 **취약하다는 것이다**. 사실 완전히 벌거벗은 자연적 상태에서 우리보다 더 취약한 동물은 없다고 주장할 수 있다. 그러나 영양(羚羊)보다는 우리가 그 취약성의 사실을 상기시키는 모든 것을 다룰 방법을 더 많이 알고 있다. 취약성은 취약한지 아닌지의 문제가 아니라 어느 정도로 취약한지의 문제다. 이것이 우리가 더 개방적으로 취약한 상태가 될 선택의 여지가 없다는 뜻은 아니다. 하지만 우리가 취약하지 않다고 믿는 것은 착각이다. 취약성을 숨길 수는 있으나 제거할 수는 없다. 그렇다면 문제는 우리가 취약한지 또는 취약할 **여부**가 아니라, 우리가 선하고 아름다운 세계를 창조하기 위해 **어떻게** 그리고 **언제** 의식적이고 의도적으로 취약성에 참여하는지다.

개념적인 면에서 우리의 지속적 취약성을 파악하기는 어렵지 않다. 그리고 이것이 나타나는 방식에는 여러 차원이 있다. 우리는 분명히 신체적으로 취약하다. 버스에 치일 가능성을 고려하면, 누구도 하루가

끝날 무렵 자기가 살아 있으리라고 예측할 수 없다. 그러나 우리는 그것을 상당 부분 통제할 수 있다. 버스가 다니는 도로에서 떨어져 있으면 된다. 그러나 매우 상호적인 관계의 삶에서 취약성은 더 다루기 힘들어진다. 우리가 신체적 취약성을 의식적으로 피하는 일은 타당하다. 신체적 취약성에는 궁극적 죽음의 위험이 연관되어 있기 때문이다. 우리는 신체적 취약성을 피하는 것을 1순위로 삼기 때문에, 관계적 취약성에 무방비한 상태란 우리가 길들여진 모든 행동의 성질에 역행한다. 우리의 마음이 구체화된다는 점을 고려하면, 우리가 몸으로 무언가를 행할 때 우리의 마음이 그와 비슷한 형태로 만들어진다는 것을 예상해야 한다.

우리는 신체적 안전을 철저하게 보장하느라 취약성이 비정상이라고, 심지어 병리적인 것이라고 생각한다. 분명 우리는 취약성을 장려하는 광고를 보게 되리라고 기대하지 않는다. 이 세상의 지배적 타당성 구조(plausibility structure: 사회학자 피터 버거가 만든 용어로, 의미 체계를 위한 사회 문화적 맥락을 가리킨다. 이 맥락 안에서 그 의미들은 타당하거나 타당한 것처럼 보이게 된다—역주)가 기대하고 장려하는 바는 힘과 대담함이다. 적자생존을 취약성을 포함하는 언어로 바꾸어 표현하기란 쉽지 않다. 취약성과 동일시되곤 하는 약함은 환영받지 못한다. 우리가 취약한 자아를 보호하는 무수한 방식을 고려할 때, 우리는 결국 우리가 취약하지 **않으며** 취약해서는 **안 된다**고 믿는다. 이 때문에 우리의 감정적 취약성의 순간이 일반적 현상이 아니라 일시적 사건으로 이해되는 것이다. 그리고 그 사건은 무언가가 잘못되었음을 나타내는 것으로 간주될 때가 많다. 우리가 취약성을 드러내는 동시에 그로부터 우리 자신을 지키는 여러 방식에 대해서는, 브레네 브라운의 유익한 설명이 있다.[1] 그녀의 연구가 잘 받아들여졌다는 것은 취약성의 현상이 얼마나 보편적인지, 게다가 그것을 피하기 위해 우리가 얼마나 많은 에너지를 소모하는지를 보여 주는 증거다.

칼라에게 그리고 우리들에게, 취약성의 개념은 해방의 기대와 비참한 거절의 가능성에 대한 공포 둘 다를 가져온다. 그것을 약점으로 보는 이들에게는, 우리가 그 안에 살고 있다고 믿는 이야기를 상기하는 것이 도움이 될 수 있다. 칼라의 경우에 그랬던 것처럼 말이다.

취약한 존재로 창조되다

수치심과 마찬가지로 취약성은 인간의 조건의 산물로 이해된다. 브라운과 기타 연구자들의 연구는 취약성이 인간의 번영을 증진시킬 가능성에 대중의 주의를 쏠리게 했다.[2] 그럼에도 불구하고, 자연주의적 진화의 관점에서는 취약성이 인간의 상호 작용들의 조정자로서 기능할 뿐이다. 우리가 이제는 취약성의 유용성을 발견하고 있지만, 역사적으로 취약성은 인간으로서 우리의 더 큰 이야기 안에 있는 궁극적 이해와 무관했다.

그러나 성경 내러티브는 다른 이야기를 들려준다. 사실 너무도 다른 이야기라서, 성경의 지면에서 취약성이 차지하는 위치를 보며 우리는 그 역할과 용도에 놀랄 수밖에 없다. 그 이야기는 첫머리에서 시작된다. 거기서 우리는 취약하신 하나님을 소개받는다. 상처입히는 행위에 무방비한 상태라는 의미에서 취약하신 하나님. 그분은 고통에 무방비하신 상태다. 거절에 무방비하신 상태다. 죽음에 무방비하신 상태다.

수치심처럼, 취약성의 역할과 기능에 대한 최근의 사회학적 연구는 성경 내러티브가 4천 년이 넘는 세월 동안 인간과 하나님에 대해 우리에게 들려주는 이야기를 긍정한다. 우리는 삼위일체 하나님이 그분의 형상대로 인간을 창조하는 일을 고려하시는 것(창 1:26-27)에 대해 읽으면서, 하나님이 이 기쁨이 가득한 지상의 삶에 그분과 함께하도록 인간들을 초대하심으로 말미암아 필연적으로 그 삶이 험난해지는 상황에 스스로 걸어 들어가셨음을 알고 계신다는 인상을 받는다. 하나님은 우리를 만드심으로 말미암아 스스로 해로움이 존재하는 길로 들어서셨다. 창조의 행위는 취약성의 행위로서, 상처입히는 행동에 하나님이 무방비한 상태가 되시는 행위였다. 이 행위에는 심적 고통이 따라올 것이었다. 그러나 이 무방비 상태는 그것의 예견된 미래를 두려움과 수치심이 지배할 수 없도록 해 주는 관계적 연결에 의해 지지를 받는다. 추정하건대, 하나님은 창조 세계가 문제를 일으키리라는 것을 알고 계셨지만 어떤 정신적 외상이 닥치든 그분의 삼위일체 관계가 그 무게를 감당할 것이라고 확신하셨다.

창조 내러티브를 더 따라가다 보면, 남자와 여자가 벌거벗어도 부끄러워하지 않는 것(창 2:25)이 삼위일체적 상호 의존과 기쁨의 반영이며, 하나님의 형상대로("우리의 형상을 따라") 만들어진다는 것의 의미를 충실히 반영한다는 것을 알게 된다. 남자와 여자가 벌거벗었으나 부끄러워하지 않는다는 것은 **취약하다**는 것이었고, 상처입히는 행위에 **무방비하다**는 것이었다. 그것은 그들이 취약성으로 인한 곤궁함 가운데 삶이 풍성해지도록 서로에게 의존한다는 점을 강조했다. 확실히 사람이 혼자 사는 것은 좋지 않기(창 2:18) 때문이다. 우리의 취약성은 깊은 관계가 삶의 기본이라는 점, 다시 말해 깊은 관계란 그것이 우리가 곤경에 처하거나 외로울 때만 필요로 하는 것이 아니라는 점을 일깨워 준다. 그리고 이 '우리'의 신경생물학은 처음부터 우리가 창조된 목적에 대한 하나님의 의지를 반영한다.[3]

그러나 벌거벗은 취약성이 단지 우리가 관계 가운데 있도록 창조되었음을 나타내는 것만은 아니다. 하나님은 우리가 그분이 사시는 것처럼 살기를 바라신다. 그러므로 하나님의 형상대로 창조된다는 것은 우리가 세상에서 창조적 지배권을 가진다는 뜻도 된다. 그리고 우리가 최대한 창조적이기 위해서는 취약한 상태여야 한다. 이것은 우리가 직원 휴게실에 모여서 나누는 대부분의 대화에서 듣는 메시지가 아니다. 우리는 혼자 힘으로 일을 잘 해내라는 압박을 받는다. 그리고 우리가 잘 해낼 수 없으면 수치심이 우리를 기다린다. 인간의 가장 강력한 창조 행위는 성교와 아기의 출생까지 이어지는 일들이라고 주장할 수 있다. 생명을 빚는 이 행위보다 더 많은 신체적 취약성을 요구하는 일은 없다. 그 일은 단독으로 이루어질 수도 없다. 그러므로 우리는 벌거벗음이 **곤궁함**에 관한 것만이 아니라, 우리가 혼자서는 창조할 수 없는 것을 함께 창조하는 기쁨에 관한 것이기도 함을 알게 된다. 취약성은 그저 곤궁하거나 위험에 무방비한 임의적 상태가 아니다. 그것은 발견과 창조의 기회를 그리고 아름다움과 선함이 나타날 기회를 제공하도록 세상의 우주적 구조 안에 내장된 것이다.

우리를 찾으러 오시다

창세기 3장에서 큰 혼란이 일어나는 동안 하나님은 최초의 커플을 찾으신다. 5장에서 본대로, 벌거벗은 창조적 순수함은 숨겨진 고립된 판단으로 타락한 상태였다. 이제 그 커플에게 취약함은 더 이상 무언가를 부분들의 총합보다 더 큰 존재가 되도록 하는 기회가 아니라 경멸의 위험을 수반했다. 이 공간으로 "그날 바람이 불 때" 하나님이 걸어오셨다. "네가 어디 있느냐?" 그들은 방금 거칠게 독립한 상태이고, 그분은 그들을 애써 찾아내셨다. 하나님의 물음은 더 먼 거리감, 더 큰 수치심, 더 깊은 확신—취약성이란 사람들이 흔히 생각하는 것과 다르다는—을 이끌어 낸다.

이 구절은 우리가 아담과 하와가 느끼는 바와 그들이 반응하는 방식에 먼저 주의를 돌리게 하기 쉽다. 그렇지만 하나님은 "네가 어디 있느냐?"라고 물으실 때 무엇을 느끼셨을까? 인간들의 거부를 알고 어떤 느낌을 받으셨을까? 이 이야기를 읽자마자 인간들이 하나님을 거부하고 있었다고 결론 짓는 것은 어렵지 않다. 그들이 정말 그렇게 하고 있었기 때문이다. 하나님이 그 거부를 실제로 느끼셨다고 상상하는 데는 더 많은 노력이 필요할지도 모른다. 그리고 (그 거부가 그분이 우리를 계속 찾아내려 애쓰시는 것을 방해하지는 않았지만) 그 순간이 성금요일에 정점에 이르게 될 많은 순간 중 첫 번째임이 확실하다고 상상하는 것도 마찬가지다. 우리는 예수님을 볼 때에야, 하나님이 그분의 취약성이 처음 노출되었을 때 겪으셨을 경험의 실상을 이해하기 시작한다.

하나님이 오실 때는 처음부터 질문을 하신다는 점에 주목하라. 그분은 대답을 얻으려 애쓰시는 쪽이다. "네가 어디 있느냐?" 이 질문은 취약성이 이 상황에 적절한 태도라고 상정한다. 그분은 벌거벗은 창조성을 구하고 계신다. 그분은 애초에 자신이 우리를 창조하면서 취약하셨던 만큼 우리도 취약하기를 청하고 계신다. 그분은 우리를 찾고 계신다. 왜냐하면 그분은 우리와 함께하시는 바로 그 순간에 우리가 **그분과 함께하기를** 갈망하시기 때문이다. 그리고 그분이 우리로 인해 느끼시는 기쁨을 우리가 알기를 갈망하시기 때문이다. 그 기쁨은 항상 존재하는 것으로서, 그분이 경험하실 수도 있는 다른 감정들이 존재할 때조차 존재한다. 그분은 두 사람의 지리적 위치나 영혼의 상태를 알기 위해 그들의 행방을 물으시는 것이 아니다. 그분의 질문은 연결의 수단이다. 그분은 취약성 자체를 위해 그들을 취약성의 자리로 초대하시는 것이 아니다. 오히려 우리의 조건을 고려하면 취약성은 하나님과의 그리고 다른 이들과의 연결을 심화하기 위해 우리가 반드시 거쳐야 하는 상태다. 다른 길이란 없다.

화해를 향한 움직임에서, 하나님은 우리가 그 과정을 함께하는 것을 구상하고 계신다. 그분은 처음에 우리에게 무엇을 하라고 말하면서 다가오시지 않는다. 그러한 접근에는 우리 중 어느 편의 신뢰도, 취약성도 필요하지 않다. 그분은 질문을 하며 다가오신다. 그것은 진정으로 상호 작용의 관계를 추구하는 질문이다. 그것은 하나님이 질문은 적게 하시고 발언은 많이 하시기 위한 유인 전술이 아니다. 사실 처음부터 하나님은 우리에게 그분을 신뢰하라고 청하시는 만큼 우리를 신뢰하셔야 했다. 그분은 우리를 창조하시면서 삼위일체적 관계의 연결 외에 모든 것을 거신다. 이는 우리가 상상하기도 어려운 일이다. 그렇다면 예수님을 따르는 자들로서 우리가 하는 이야기의 첫머리에서 우리는 취약성이 우리를 향한 하나님의 자세의 본질적 측면이며 수치심의 치유와 인간다운 풍성한 삶의 촉진을 위해 근본적으로 필요한 것임을 알게 된다.

그러나 기독교의 내러티브에서 하나님의 취약성은, 창세기에서 아직 충분히 전개되지 않았지만 그 씨앗은 확실히 존재하는 무언가에 달려 있음을 우리는 잊지 말아야 한다. 삼위일체 교리가 확립되는 데는 여러 세대에 걸친 노고와 기도와 성찰이 소요되었다. 이 교리는 성경의 하나님이 단일하신 하나님이지만 그분의 세 위격은 서로 독립되고 뚜렷이 구별된다는 데 동의한다. 지금 이 자리에서 이 신비를 충분히 탐구하지는 못하지만, 그 신비는 수치심의 문제를 다루는 데 아주 중요하다. 앞에서 언급한 것처럼, 수치심의 가장 두드러진 특징 중 하나로서 취약하게 살아갈 것이라는 예견에 공포라는 감정적 연료를 제공하는 것은 고립의 위협, 버림받음의 위협이다. 우리의 뇌는 우리를 궁극적 의미에서 홀로 내버려둘 수 있는 무언가에 깊은 의심을 품도록 연결되어 있다. 따라서 우리는 자신을 노출시켜서 누군가와 연결되었다가 홀로 남겨질까 두려워서, 우리 자신을 노출시키기를 꺼린다. 실제로, 우리는 창세기에서조차 우리가 취약성에 자신을 맡긴다면 결국 나쁜 일이 일어날 수 있음을 보게 되는 것이다. 아담과 하와가 서로에게 하는 행위에 자신들을 개방한 것은 오로지 벌거벗은 상태에서였다. 내가 다른 사람에게 더 많이 노출될수록, 배신을 당할 때 나는 더 큰 상처를 입을 것이다. 우리는 연결을 갈망한다. 거부당하지 않고 있는 그대로의 모습으로 보이고 알려지기를 깊이 갈망한다. 그러나 우리는 바로 그 접촉을 위해 요구되는 취약성을 무서워한다. 그리고 수치심은 취약성에 직면하여 느끼는 거부에 대한 두려움을 조정하는 변수다.

그러나 삼위일체에서 우리가 반드시 주목해야 할 것이 있다. 바로, 하나님은 떠나시지 않는다는 것이다. 성부, 성자, 성령 사이에 공유되는 사랑의 관계는 다른 모든 삶과 창조성의 모형이 의지하는 근원이다. 언제나 자기를 내주고 취약하고 기쁨이 가득한 사랑의 관계에서 수치심이 들이마실 산소는 없다. 세 부분으로 이루어진 공유된 관계에 존재하는 서로를 향한 상존하는 움직임(서로와 함께 일하고, 서로를 신뢰하며, 서로를 기뻐하는)은 하나님이 왜 취약성 가운데 세상을 창조하셨으며 또 예수님 안에서 그 세상에 오시면서 자신을 취약하게 만드셨는지 그 근거를 제공한다.

생생히 그려지는 이 삼위일체의 관계는 예수님을 따르는 이들에게 모든 치유가 시작되는 곳이다. 그리고 칼라의 경우(또 그녀와 같은 무수한 이들의 경우), 이 관계는 취약성의 시작과 수치심의 끝으로 그녀를 초대하였다. 두말할 나위 없이, 이 중 어느 것도 쉽지 않았다. 다행히 그녀는 하나님이 그것이 어떠한 것인지 정확히 알고 계심을 발견하였다.

알려지기 위해 오시다

칼라는 진실로 관계 속으로 초대받고 있었다. 내 진료실에서 그녀가 취약하다고 느꼈던 순간은 사실상 성경에서는 매우 다르게 표현되는 무언가가 그녀에게 임박한 순간이었다. 『영혼의 해부』에서 나는 **알려진다**는 것이 무엇을 의미하는지 탐구하였다.[4] 성 바울은 고린도전서 8:2-3에서 이를 언급한다. 거기에서 그는 만유를 통달하기 위해 아는 것과 하나님에 의해 알려지는 것 사이의 차이를 지적한다. "만일 누구든지 무엇을 아는 줄로 생각하면 아직도 마땅히 알 것을 알지 못하는 것이요 또 누구든지 하나님을 사랑하면 그 사람은 하나님도 알아주시느니라."

바울은 하나님께 알려지는 것은 우리가 그분을 사랑한다는 지표임을 내비친다. 그리고 알려진다는 것은 필연적으로 우리가 자신의 각 부분, 특히 가장 깊이 숨겨졌다고 느껴지며 가장 많은 수치심을 지닌 부분을 기꺼이 노출한다는 것을 의미한다. 2절의 **안다**는 것은 아담과 하와가 선악을 알게 하는 나무의 열매에서 구한 것과 다르지 않다. 그것은 모든 질문을 하고 모든 관찰과 분석을 하는 것이다. 그에 반해서, **알려진다**는 것은 필연적으로 취약하다는 것, 하나님의 사랑에 우리 자신을 개방한다는 것이다. 그것은 질문을 받는 것이다. 관찰되는 것이다. 보이는 것이다.

그리고 데이비드 베너가 지적하듯이, 가장 깨어졌다고 느껴지고 우리가 최대한 감추는 부분들은 사랑받고 치유되기 위해 가장 절박하게 하나님께 알려져야 할 부분들이다.[5] 이 부분들은 우리의 수치심을 담고 있다. 그리고 수치심 수행원은 끊임없이 우리의 주의를 그 부분들로 돌린다. 하나님은 하와와 아담에게 (그분이 다른 것을 아시는 것과 마찬가지로) 그들이 그분께 알려질 기회를 주시기 위해 그들을 찾으러 오셨다. 수치를 당하는 우리의 부분들이 알려지는 경우에만 그 부분들이 구원받을 가능성이 있기 때문이다. 우리는 우리가 하나님께 알려지고 다른 이들에게 알려지는 만큼만 하나님을 사랑하거나 우리 자신을 사랑하거나 다른 이들을 사랑할 수 있다. 칼라는 그 여정을 시작했으며, 그것은 쉽지 않은 일임이 점차 드러났다.

이 부분들이 알려질 때 그것들은 치유의 가장 큰 기쁨을 알게 될 것이다. 고린도전서 13:12에서 바울은 찬가의 시적 언어를 사용하여, "우리가 지금은 거울로 보는 것같이 희미하나 그때에는 얼굴과 얼굴을 대하여 볼 것이요 지금은 내가 부분적으로 아나 그때에는 주께서 나를 아신 것같이 내가 온전히 알리라"라는 것을 우리에게 일깨워 준다.

온전히 사랑받기 위해서는 그리고 온전히 사랑하기 위해서는 우리가 온전히 알려지는 것이 필요하다. 절대적 기쁨은 내가 어떤 사물이나 사람과 기쁨이 있는 임의의 관계를 맺는 데서 오지 않는다. 오히려 절대적 기쁨은 내가 전적으로 알려지는 것을, 특히 (종종 내가 의식적으로 자각하지 못한 상태에서) 교묘하고 비밀스러운 방식으로 수치심을 지닌 부분들이 전적으로 알려지는 것을 결국 포함해야만 한다. 이것은 새 하늘과 새 땅의 언어다. 이것은 하나님이 홀로 시작하신 일이며 그분은 우리가 그분과 함께 그 일을 하기를 간절히 바라신다. 하나님은 우리가 그분께 알려지기를 갈망하시는 만큼 그분이 우리에게 알려지기를 갈망하시기 때문이다. 그분은 우리가 그분의 알려짐의 삼위일체적 삶에 함께하기를 바라신다. 에덴에서 하나님은 남자와 여자가 잘못한 것을 지적하는 데 관심이 있으셨던 만큼 대화와 진정한 관계를 맺는 일에 관심이 있으셨다. 그분은 그들이 수치를 당하기를 바라신 것이 아니라 그분이 알려지기를 그리고 그들이 알려지기를 더 간절히 바라셨다. 이것은 달라지지 않았다. 우리가 이 시대에 알려지기를 행하는 만큼, 우리는 다가올 시대에 알려짐의 온전한 표현에 대해 더 준비되어 있을 것이다. 그러나 다시 말하지만, 이를 위해서는 인간의 다른 어떤 일보다 힘겨운 노력이 필요하다.

취약성에 대한 성경 이야기의 심상은 그것이 이 노출의 과정에 우리와 함께하시는 하나님에 대해 이야기한다는 점에서 세상의 이야기와 구별된다. 취약성의 한가운데에서 수치심은 우리가 아주 외롭다고 느끼게 되는 방식으로 우리의 취약감을 채색한다. 알려짐은 우리가 고립되어 있지 않으며 **또 다른 존재**가 있다고 상정한다. 그 존재에 의해 그리고 그 존재의 자발적·열성적 임재 안에서 우리는 알려지게 된다. 예수님을 중심으로 이루어지는 이야기에서 우리는 다음의 구절들을 읽는다. "수고하고 무거운 짐 진 자들아, 다 내게로 오라. 내가 너희를 쉬게 하리라"(마 11:28). "하나님을 가까이하라. 그리하면 너희를 가까이하시리라"(약 4:8). 우리가 취약하게 느낀다는 것을 의식하는 순간, 우리는 우리가 혼자라는 감각을 활성화한다. 그러나 하나님은 아담과 하와를 찾을 때 그러신 것처럼, 우리가 살아가도록 만들어진 대로 살아가기를 청하신다. 그분과 **함께** 그리고 다른 이들과 **함께** 관계 안에서, (수치심이 바라는 고립의 상태가 아니라) 알려짐의 상태에서 살도록 우리를 부르신다.

머무르기 위해 오시다

창세기 기사에서 그리고 구약의 상당 부분에 걸쳐 우리는 움직이시는 하나님에 관한 이야기를 듣는다. 우리 곁에 가까이 오시기도 하고 물러나시기도 하는 하나님, 그렇지만 결코 우리를 홀로 내버려두지 않는다고 말씀하시는 하나님, 우리가 그분께 알려지기를 간절히 바라시며 그분이 우리에게 알려지기를 간절히 바라시는 하나님. 우리는 이와 같은 교훈을 발달 과정에 따라 배워야 한다. 갓난아기와 젖먹이일 때는 사실상 때를 가리지 않고 부모의 존재를 필요로 한다. 그러나 시간이 지남에 따라 우리의 기억 능력이 발달하면서, 부모가 우리 곁에 머물 때도 있고 아닐 때도 있으나 우리의 마음속에서 '우리와 함께' 머물고 있음을 배운다.

그러나 우리는 하나님에 관한 한 그 교훈을 그만큼 쉽게 배우지 못한다. 우리는 우리가 그분의 마음속에 있음을 믿는 일에서, 우리가 그분의 마음속에 있는 것처럼 살아가는 일에서 어려움을 겪는다. 그리고 우리는 그분을 우리 마음속에 계속 머무시게 하는 데 어려움을 겪는다. 어쩌면 이것이 이사야 7-8장이 마태복음 1장에 나오는 내용을 암시하는 이유다. 두 본문 모두에 임마누엘에 대한 내용이 나오기 때문이다. 하나님은 우리의 장막들 사이에 그분의 장막을 치러 오신다. 예수님 안에서 하나님이 우리와 함께 계신 것은 우리 사이에 의자가 하나 놓인 것과는 다르다. 그분은 우리를 보고, 우리와 이야기하고, 식사를 위해 우리의 식탁에 앉고, 우리에게 질문하신다. 그분은 우리에게 대단한 취약성을 요구하는 질문을 은밀하게 묻지 않으시고 오히려 다른 사람들 앞에서 물으신다. "네게 무엇을 하여 주기를 원하느냐?"(막 10:51) 그분은 계속하신다. "네가 낫고자 하느냐?"(요 5:6) 예수님은 제자들에게 물으셨다. "너희는 나를 누구라 하느냐?"(막 8:29)

그러나 그분이 질문만 하시는 것이 아니다. 어떻게 살아야 하는지 우리에게 말씀하시는 것["나는 너희에게 이르노니 너희 원수를 사랑하며 너희를 박해하는 자를 위하여 기도하라"(마 5:44)]에 더하여, 극도로 취약한 방식으로 그분 자신을 우리에게 드러내셨다. "나와 아버지는 하나이니라"(요 10:30). "나는 생명의 떡이니"(요 6:35). "나는 세상의 빛이니"(요 8:12). 우리는 이 말씀들을 위로와 소명의 말씀으로 듣기 쉽다. 그러나 그러한 말씀들을 하시는 것이 예수님께는 무엇을 의미했을까? 그분이 스스로 이해하신 자신의 정체성의 이 내밀한 부분들을 드러내시는 동안, 그분의 내면에는 어떤 감정이 흘렀을까? 이 말씀들은 단순히 진리의 선언이 아니었다. 그 말씀들은 취약성의 행위였다. 그분이 처하신 상황을 고려할 때 그분은 조롱과 거부를 당하고 결국 고통스러운 죽음을 맞게 될 길로 들어서셨기 때문이다.

그분이 세상 물정도 모르고 이 선언들을 하셨다는 암시는 없다. 그분이 베들레헴에서부터 골고다로 나아가시는 동안 내내 극도로 자신감 넘치는 견고함과 대담함의 귀감이셨다는 암시도 없다. 오히려 그분은 세례에서 드러나는 관계, "너는 내 사랑하는 아들이라. 내가 너를 기뻐하노라"(눅 3:22)라는 말씀에서 들리는 관계에 둘러싸여 계셨다는 암시가 있다. 확실히 그분은 세례 직후이자 사역의 시작 직전에 사막에서 사탄과 씨름하는 중에(마 4:1-11; 막 1:9-13; 눅 4:1-13) 그분이 결국 택하셨던 길을 피하게 해 주는 상상의 퇴로에 대해, 그분을 기다리고 있는 곤경을 방지해 줄 견고하게 포장된 길에 대해 고심하셨다.

마찬가지로, 사역의 마지막에 예수님은 겟세마네에서 아버지께 "이 잔"을 치워 달라고 탄원하셨다. 이 잔은 십자가형만 상징하는 것이 아니라, 우리가 관계를 거부하는 것, 우리가 사랑을 외면하는 것, 우리가 혼자 힘으로 세상에서 성공하는 데 헌신하는 것 등 그분이 떠맡으실 모든 것, 곧 죄를 상징했을지도 모른다. 그리고 십자가의 수치는 죄를 알리고 조장하고 강화하면서, 죄와 뗄 수 없이 얽히게 될 것이었다. 예수님의 십자가형은 죄를 상징하는 만큼 수치를 상징한다. 십자가형은 희생자들을 처형하는 동시에 그들에게 굴욕감을 줄 의도로 사용되었다.

보통 희생자들을 십자가형에 처하기 전에 그들의 옷을 모두 벗겼다. 이보다 더 굴욕적인 사건은 상상하기 어렵다. 예수님도 같은 일을 겪으셨다고 보는 것이 타당하다. 그러나 우리는 그분의 벌거벗은 모습을 바라보는 것 혹은 생각하는 것조차 (그것이 얼마나 당혹스럽게 느껴지는지를 고려하면) 사실상 불가능하다는 것을 발견한다. 우리가 그분의 모습을 예술적으로 나타내는 방식에서조차 우리의 불편함이 드러난다. 이 사건을 담은 그림에서는 거의 예외 없이 예수님의 허리 아래를 천으로 가린다. 이는 예수님의 십자가형을 그리는 다른 방식을 옹호하려는 것이 아니다. 성금요일이 우리를 죄뿐만 아니라 수치로부터도 구원했다는 것에 대해 우리가 신학적으로 동의하더라도, 실제로 우리 자신이 그 금요일에 거기 있으면서 벌거벗은 예수님과 함께하는 것은 그러한 동의와 전적으로 다른 사안이라는 점을 지적하려는 것이다. 하지만 우리는 거기 있는 것이 어떠했을지 시간을 들여 마음에 그려 보고 감지해 보고 느껴 보는 만큼만 "그들이 나의 주님을 십자가에 못 박았을 때 당신은 거기 있었는가?"라는 질문에 그렇다고 대답할 수 있다.

여기에서 핵심은 예수님의 (문자 그대로의) 벌거벗은 취약성이 **그분은 우리가 되는 것이 정확히 어떠한 것인지 아신다**는 점을 우리에게 알려 주는 증언임을 강조하는 것이다. 우리와 진정으로 함께하시기 위해서, 예수님(임마누엘)은 취약하다는 것의 의미를 알고 계실 뿐만 아니라, (수치심의 위협을 고려하면) 실제로 취약함에 이르도록 살아가는 것이 얼마나 고통스럽고 놀랄 정도로 힘든지 알고 계신다. 그분은 벌거벗겨지는 것을, 있는 그대로의 모습을 드러내고 홀로 죽도록 방치되는 것을 모면할 방법을 찾으면서 피땀을 흘리는 고통을 알고 계신다. 그분은 스스로 먼저 하지 않으시는 일은 우리에게 요구하지 않으신다. 칼라가 자신의 외도에 대해—또한 눈에 띄는 사람, 부족함 없는 사람이 되기 위해 평생 분투한 것에 대해—털어놓는 것을 고려할 순간이 왔을 때, 나는 예수님이 그녀를 재촉하시지 않을 것이라고 말했다. 오히려 그분은 그러한 고백이 필요한 일이기는 하지만 (수치심의 힘을 고려할 때) 자신을 노출하는 것이 얼마나 고통스럽고 힘든 일인지 안다고 그녀에게 말씀하실 것 같다고 말했다.

우리의 수치심의 치유에 대해 알려면, 우리가 예수님 안에서 만나는 이 하나님께 주의를 돌려야만 한다. 공동체에서 사랑받는 것이 어떻게 수치심을 굴복시키고 우리를 고양시켜 선하고 아름다운 행위에 이르도록 하는지 알기 위해서 우리는 구체화된 방식으로 예수님께 (문자 그대로) 의지해야만 한다. 칼라는 다가오는 공포 즉 자신이 분명 익사할 것임을 예견했을 때 필사적으로 호흡하면서 이 하나님께로 더 가까이 가기 시작했다.

악마는 (아주 사소한) 세부 사항 안에 있다

칼라의 이야기로 인해, 수치심이란 극적으로 비참한 환경이나 충격적 환경에서만 감지되는(그리고 마음에 그려지거나 느껴지거나 생각되거나 행동으로 옮겨지는) 것이라는 생각으로 눈을 돌리는 것은 솔깃한 일이다. 칼라의 내러티브에서 수치심의 존재와 본질은 매우 분명하다. 그녀가 남편에게 진실을 고백할 것을 고려하면서 느낀 강렬한 취약성도 이해할 수 있다. 마찬가지로, 예수님의 취약성과 그분을 문자 그대로 해체해서 와해시키려는 수치심의 시도의 실재를 인정하는 것은 힘들지 않다. 그러나 우리는 지혜로워야만 한다. 우리가 수치심은 인상적 방식으로만 나타난다고, 눈에 띄는 상황에서 가장 큰 소리로 그것을 듣게 될 때만 말한다고 믿는 것보다 수치심이 더 좋아할 일은 없기 때문이다. 칼라의 이야기를 숙고하면서 심각한 수치심이 대체로 그녀의 외도에 관한 것이라고 생각하기 쉽다. 그러나 그것은 오산이다.

칼라의 삶은 수치심의 전술이 작용하는 방식의 전형이다. 수치심은 수치심을 낳는다. 다시 한번, 그녀가 불륜 관계에 접어들었을 때에야 수치심이 모습을 드러내고 활동을 시작했다고 생각하지 않도록 주의해야 한다. 오히려 그 관계는 많은 점에서 수치심의 원인인 동시에 그것의 **결과**다. 수치심은 이런 식으로 일하는 경향이 있다. 우리 자신의 수치심이 우리가 부족한 존재라고 말하지 않는다면, 우리가 직원 회의에서 다른 사람들에게 창피를 주는 일은 일어나지 않을 것이다. 마음속 깊은 곳에서 돈 없이는 충분하지 않다고 믿지 않는다면, 우리가 횡령하는 일은 일어나지 않을 것이다. 음란물을 계속 보는 것은 그 행동에 한참 선행하는 우리의 불충분함에 대한 대응 기제로서의 성격이 강하다. 결혼 생활에서 곤란한 대화에서 불가피하게 나올 말을 관대하게 다룰 능력이 있다면 우리는 곤란한 대화를 피하지 않을 것이다. 그 불가피하게 나올 말은 결국 누군가를 떠나게 할 것이며, 누군가로 하여금 우리가 부족한 존재임을 말이나 행동으로 표현하도록 할 것이다. 이 모든 경우와 겉보기에 무해한 다른 경우 수백 가지에서 수치심은 칼라에게 그랬던 것처럼 속삭임으로 시작해 점점 강해져 함성이 된다.

알고 보면, 수치심은 가장 사소한 세부 사항, 인생의 가장 평범한 순간 가운데 살아간다. 그곳이 정확히 수치심이 머물고자 하는 곳이다. 수치심은 할아버지에게 성적 학대를 받는 아이의 침실로 찾아온다. 이보다 더 추악하고 비극적인 시나리오는 거의 없다. 그러나 수치심은 한순간 언뜻 지나가는(하지만 그 여파는 몇 주 동안 지속되는) 눈길이나 목소리 톤 안에서 살아갈 때가 더 많다. 수치심은 순수하게 호기심 어린 질문이 결코 제기되지 않는 적막 속에서, 격려나 감사나 칭찬의 말이 결코 주어지지 않는 적막 속에서 왕성하게 자란다. 수치심은 감정적 방치 가운데 나타난다. 이 감정적 방치는 처음에는 사소해 보이지만, 그 감정적 부재가 축적되면 결국 방치된 아이는 자신이 아버지에게 중요하지 않다는 (대개 무성 영화처럼 보이는) 이야기를 상상하게 된다. 그리고 이것은 그 아이가 친구, 형제, 남편, 아버지가 된다는 것의 의미에 대해 스스로에게 하는 이야기로 스며들 것이다. 이것은 또한 그 아이가 자신이 하나님께 어떤 존재라고 감지하는지에 영향을 줄 것이다. 수치심은 좋은 이야기를 자기 방식으로 바꾸는 것을 매우 좋아한다.

회사 이사들이 자신들의 취약성을 부채질하는 수치심이 두려워서, 고용인들을 효과적으로 챙기기 위해 필요한 어려운 결정을 내리기를 거부하는 한편 최고 경영자의 무책임한 행동은 계속 용인한다. 이런 회사의 회의실에 수치심이 앉아 있다. 학교 당국은 지원금이 끊길까 두려워 교사들을 닦달하고, 교사는 학생들을, 학생은 부모를 닦달한다. 그러면 학부모들은 자신들의 부족함이 두려워서, 학교 당국이 아이들이 명문대에 들어갈 만큼 충분히 일을 하지 않는다고 불평한다. 바로 그 학교에서 수치심은 복도를 걸어 다니고 교실로 들어간다. 교수가 연구 성과를 내지 못하면 주목받지 못하고 그 결과 종신 재직권을 얻지 못한다. 그런 학계에 수치심이 도사리고 있다. 지식의 추구에 대한 숭고한 헌신에도 불구하고 험담과 뒷말, 남의 평판을 은밀하게 깎아내리는 행위가 대학교의 학과 생활에서 용인된다. 수치심은 우리가 전한 설교의 낱말들과 그 설교에 대한 페이스북 게시물 안에 있다.

그것은 성(性)과 이민에 대한 우리의 화려한 수사 속에 있다. 수치심은 경기장에서 뛰는 선수들에게, 기본 교육을 받는 병사들에게 고함을 지른다. 어떤 신문의 편집장이 펜을 쥐고 있느냐에 따라 수치심은 특정 정치인에 대해 글을 쓰기도 하고 그 정치인의 적수에 대해서 글을 쓰기도 한다. 그것은 '우리'와 '그들'로 나뉜 세계에 대한 이야기를 반복한다. 그리고 '그들'은 항상 나쁜 편이다. 그리고 나쁜 편은 언제나 결국 총구 앞에 서게 된다. 알고 보면, 판단은 불같은 말이나 발사된 총알의 형태로 쉽게 찾아온다. 두 가지 형태의 판단은 모두 상처입은 자를 돌볼 사람이 아무도 없는 들판에 희생자를 내버려둔다. 우리가 아는 것처럼 수치심은 사람을 가리지 않는다. 예수님을 따르는 우리도 우리가 어느 누구 못지않게 수치심으로 많은 어려움을 겪는다는 것을 종종 깨닫는다. 내가 죄인 중의 괴수인 것이다.

그리고 우리는 이것에 무감각해져서 무심하게 체념하며 '인생이란 원래 이렇다'라고 무의식적으로 인정하게 된다. 인생의 길은 수치심의 길이다. 악의 매개체가 바라는 대로 수치심은 삶의 일상적 사건들 사이에 몸을 숨긴다. 그것은 그저 존재의 산물로서, 다시 말해 우리가 몹시 싫어해서 바꾸기 위해 노력하지만 근본적 목적을 지니지는 않은 것으로서 알려지기를 원한다. 그러나 그것은 선하고 아름답게 되도록 예정되었던 세상을 해체하려는 의도를 품고 있다.

만국을 치료할 잎사귀를 지닌 나무가 있는 도성에서 완결되도록 의도된 이야기를 누가 감히 상상하려 들까? 벌거벗었으나 부끄러워하지 않을 수 있는 장소가 있음을 믿을 만큼 제정신이 아닌 사람이 어디 있을까? 수치심을 질식시켜 죽이기 위해 의도적으로 관심의 초점을 수치심으로 돌릴 사람이 어디 있을까? 그러한 시나리오는 과연 어떤 세상에 존재할 수 있을까?

알려짐의 성경적 개념에는 이러한 질문들에 답할 수 있는 가능성이 담겨 있을까? 우리는 그 개념이 신뢰하는 관계의 안전함 속에서 우리가 자신의 참된 자아를, (그 정도가 작든 크든) 수치스럽다고 지각하는 우리의 부분들을 드러내 보이는 것을 의미함을 알게 되었다. 또한 우리는 하나님은 자신이 기꺼이 하실 마음이 없는 일을 우리에게 하라고 요청하지 않으심을 목격했다. 그리고 예수님 안에서 하나님은 우리에게 다가와 그분의 존재 전체를 드러내셨다.

그러므로 우리는 하나님의 선한 창조 세계의 일부인 대인관계 신경생물학으로 돌아가서, 그것을 성경 내러티브의 타당성 구조를 통해 파악하려 한다. 그렇게 해서 우리는, 어떻게 해서 하나님의 방식대로의 알려짐이 예수님이 거주하신 동시에 그 자신에게 주의를 기울이셨던 그 이야기에 우리의 주의를 끌어들임으로써 우리의 수치심을 치유하는지 보게 될 것이다. 그 이야기에서 예수님은 하나님의 왕좌 주위에 구름같이 둘러싼 허다한 증인들이 모인 가운데 도래할 기쁨을 고대하셨다. 이 알려짐의 과정은 치유를 위한 기회를 제공할 뿐만 아니라, 하나님과 함께 새로워진 지성과 감성을 창조하는 우리의 능력이 확대될 기회를 제공한다. 우리를 움츠러들게 하는 수치심의 맹공격에도 불구하고, 그 새로워진 지성과 감성으로부터 선하고 아름다운 나라가 불현듯 나타날 것이다.

7장

구름같이 둘러싼 치유하는 증인들

칼라의 입장에서 내게 외도에 관해 이야기하는 것은 시작일 뿐이었다. 그녀는 행동을 개시했고 점점 더 큰 위험을 감수했다. 우선 신뢰하는 친구에게, 그다음에는 목사님께 자신의 이야기를 밝혔다. 그리고 마침내 남편과 함께 내 진료실에 와서 그에게 그녀의 이야기를 밝혔다. 칼라와 프레스톤의 이야기는 고통스러운 회복에 관한 이야기이자 구원되었을 뿐만 아니라 이제는 풍성해지고 있는 결혼 생활에 관한 이야기다. 모든 이야기가 그렇게 잘 끝나지는 않는다. 그들이 과거를 쉽게 잊은 것도 아니다. 그리고 그 과정에서 수치심은 확고하게 복귀하려 애썼다. 그러나 수치심으로부터 벗어나 활짝 피어나는 기쁨의 삶으로 들어서는 그들의 여정은 특히 그들이 기꺼이 알려지고자 했기 때문에 실현되었다. 그러므로 알려짐의 과정이 수치심의 치유에 필수적이라고 말하기는 어렵지 않다. 그러나 수치심이 마음의 모든 기능적 영역을 철저히 오염시키고 와해시킨다는 점을 고려할 때, 우리는 수치심의 마음-몸 상태를 다루기 위해 어떤 실질적 조치를 취해야 할까? 우리가 하는 노력은 이성적으로 생각하는 바를 바꾸는 일에 한정될 때가 많다. 하지만 이러한 노력은 수치심에 별다른 타격을 주지 못한다. 그렇다면 우리는 어떻게 그것에 맞서야 할까? 칼라와 프레스톤은 그들의 결혼 생활, 실로 그들의 삶 전체에 대한 진실을 드러내는 것에 더하여, 우리가 직감적으로 회피하기 쉬운 바로 그 일을 실행함으로써 구체적 방식으로 수치심의 영향을 약화시킬 수 있었다.

그분이 보시는 것을 보고, 그분이 행하시는 것을 행하라

신약의 히브리서에서 우리는 강적에게 효과적으로 접근하는 법의 모형을 제공받는다.

> 이러므로 우리에게 구름같이 둘러싼 허다한 증인들이 있으니 모든 무거운 것과 얽매이기 쉬운 죄를 벗어 버리고 인내로써 우리 앞에 당한 경주를 하며 믿음의 주요 또 온전하게 하시는 이인 예수를 바라보자. 그는 그 앞에 있는 기쁨을 위하여 십자가를 참으사 부끄러움을 개의치 아니하시더니 하나님 보좌 우편에 앉으셨느니라. (히 12:1-2)

"구름같이 둘러싼 허다한 증인들"이라는 이미지는 히브리서 11장에서 막 거명된 이들(우리 앞에 간 사람들)과 지금 우리와 함께 있는 이들을 나타내며, 우리의 여정에서 우리가 혼자가 아님을 강조한다.

그러나 인생을 헤쳐 나가는 동안 우리에게 "잘했어요!"라고 말하며 응원해 주는 사람들의 큰 무리에 우리가 속해 있다는 이 비전을 유지하는 데는 커다란 노력이 필요하다. 이것은 수치심과 싸우는 데 가장 도움이 되는 조치 중 하나다. 그것은 예수님이 세례를 받으실 때 들으신 말씀과 동일한 바를 우리에게 일깨워 주는 공동체를 우리 주변에

창조하는 일을 수반한다. 우리는 혼자서 수치심에 대항해 싸울 수 없다. 신뢰할 수 있는 친구들, 가족들, 영적 멘토들과 함께해야 한다. 고립은 수치심이 주로 사용하는 방법 중 하나임을 기억하라. 그러므로 우리는 순전히 의지력만 가지고 혼자 힘으로 이 일을 할 수 있다고 생각해서는 안 된다.

다음으로, 본문의 저자는 우리에게 인내로써 경주하는 것을 방해하는 모든 것을 벗어 버리라고 권유한다. 어떤 고대 권위자들은 "얽매이기 쉬운 죄"라는 구절을 "산만해지기" 쉬운 죄라고 번역한다. 이것은 도움이 되는 번역이다. 왜냐하면 너무도 많은 죄가 주의력의 작용으로 시작되기 때문이다. 수치심은 우선 (사탄이 하와에게 그랬던 것처럼) 우리가 사랑받고 있으며 그분은 우리로 인해 기뻐하신다고 말씀하시는 하나님의 목소리에 집중하던 우리가 (아주 잠깐이라도) 다른 곳으로 주의를 돌리도록 작용한다. 주의력에 따라오는 감각, 심상, 느낌과 함께 말이다. 주의는 우리 마음의 열차를 움직이는 엔진을 가동시키는 열쇠임을 기억하라. 수치심이 가장 우선시하는 것은 산만함이다.

그다음에는 예수님께 우리의 시선을 고정해야 한다는, 다시 말해 그분께 우리의 주의를 집중해야 한다는 내용이 나온다. 우리는 근본적으로 그분이 행하시는 바를 보고 행하도록, 그분의 모범을 따르도록 부름받는다. 『영혼의 해부』에서 나는 예수님이 성부께서 그에게 "너는 내 사랑하는 아들이라. 내가 너를 기뻐하노라"라고 말씀하시는 것을 들으시는 경험을 상세히 설명하는데, 그 말씀은 (그분이 말씀하시는 다른 것들과 더불어) 하나님이 그분의 아들들과 딸들 모두에게 언제나 하시는 말씀이다. 예수님을 다르게 만든 것은 그가 그 말씀을 듣고 그것에 따라 행동한다는 점이었다. 우리도 반드시 그렇게 해야 한다.

수치심은 우리가 이 메시지에 주의를 기울이지 못하도록 할 수 있는 모든 일을 할 것이다. 예수님은 이 사실을 아셨다. 그리고 사역을 시작하실 때 수치심이 이용하려 할 자신의 삶의 부분들을 절제(切除)하기 위해 조치를 취하셨다.

세례 직후에 예수님은 "성령에 이끌려 광야로 가[셨다]"(눅 4장). 우리는 친구는 가까이, 적은 더 가까이 두는 것이 현명하다는 말을 들어 보았다. 예수님은 수치심이 작용 중일 때를 알아보기 위해 사탄을 가까이 끌어당기셔야 한다는 것을 아셨다. 세 가지 시험 단계 모두에서, 예수님은 악이 그분의 주의를 다른 데로 돌리기 위해 이용하려 하는 그분의 마음의 부분들에 직면하셨다. "만일 당신이 하나님의 아들이라면, 이 돌들로 떡이 되게 하라.…성전에서 뛰어내리라.…힘을 통해 정치적으로 세상을 운영하는 내 방식에 헌신하라." 각각의 경우에 사탄은 예수님으로 인한 하나님의 기쁨에 의심을 품는다. "이봐, 하나님이 정말로 당신을 그렇게 사랑하신다면 어째서 상황을 이렇게 힘들게 만드시겠어? 당신은 이 모든 재능을 가지고 있어. 그것들을 사용해! 아니면 하나님은 당신이 생각하는 방식으로는 당신을 사랑하시지 않는 것이 아닐까? '아들'이란 말은 당신 자신을 묘사하는 데 쓰기에는 조금 과한 것 같군." 사탄은 예수님이 하려고 계획하셨던 일이 충분치 않음을(따라서 다른 선택권들을), 예수님이 부족하셨음을 전달하고 싶어 한다. "그것이 사실이라면 어떻게 당신이 하나님의 아들일 수가 있지? 어떻게 하나님이 당신을 기뻐하실 수가 있을까? 음, 어쩌면 하나님은 당신을 기뻐하지 않으실지도 몰라." 오래전 에덴에서의 대화가 이곳에서 메아리친다.

그러나 예수님은 "기록된 바…"라고 거듭 말씀하심으로써 이를 반박하신다. 이것은 예수님이 침투 사고(intrusive thought: 달갑지 않고 고통스러우며 다루기 힘든, 부지불식간에 하는 생각-역주)를 물리치기 위해 사용하신 원시적 인지 치료법이나 의례 혹은 마음의 부적이 아니었다. 1세기 유대인에게 "기록된" 바는 "하나님이 말씀하시되"의 줄임말이다. 예수님의 주의(다시 그 단어다)를 하나님의 목소리로 이끄는 문구다. 예수님이 자신에게 상기시키는 모든 것이, 그를 사랑하시고 기뻐하시며 그의 가장 깊은 갈망을 채우기 위해 헌신하실 것이고 그의 창조적 소명을 절정에 이르게 하실 아버지와의 관계에 주목한다. 예수님은 자신이 누구인지 일깨워 주는 아버지의 목소리를 듣는 동안 계속 아버지와 친밀하게 연결되어 있다. 예수님이 광야에서 받으신 시험 마지막에 복음서 저자는 마귀가 "다음 기회를 노리면서"(공동번역) 예수님을 떠났다고 전한다. 이는 예수님의 광야로의 여행이 한 번뿐인 시련이 아니었다는 뜻이다. 훗날 악은 예수님으로 하여금 그분이 하나님의 아들이 아니며 부족한 존재라는 것을 수긍하게 하려고 시도할 것이다. 그리고 그 가운데 수치심이 나타나게 될 것이다. 지금의 시험은 그때 나타날 수치심에 대해 예수님을 준비시켰다.

상상력의 행위를 연습하기

"우리의 시선을 예수님께 고정하는"(fix our eyes on Jesus, NIV) 것은 그분을 바라보고 그분이 행하신 바를 행하는 것을 의미한다. 그것은 우리의 수치심을 의도적으로 찾아내어 노출시키고, 아버지-우리가 그분이 아주 기뻐하시는 자녀라고 말씀하시는-의 관점에서 그 수치심을 재구성하는 것이다. 이 일이 일어나기 위해서 우리는 상상력의 구체화된 행위―우리의 모든 감각, 심상, 느낌, 생각, 신체적 행위가 하나님이 우리로 인해 경험하시는 기쁨에 대한 우리의 감을 반영할 수 있게 해 주는―를 연습해야만 한다.

상상력의 구체화된 행위를 구성하는 요소는 무엇일까? 우선 그것은 우리가 아버지의 기쁨의 목소리를 더 뚜렷이 듣게 해 주는 관계들을 조성하는 일을 포함한다. 구체적으로, 이것은 우리를 구름같이 둘러싼 허다한 증인들로 이루어진 관계들의 맥락에서 우리의 가장 깊은 곳에 감추인 수치심을 정기적으로 또 의도적으로 드러내는 것을 의미한다. 문자 그대로 구체화된 이 행위에서 우리의 자아 전체가 수치심으로부터 해방된다.

현실의 시공간에서 친구의 얼굴을 보고 목소리를 들으며 나의 곤경에 대한 그의 공감을 감지할 때 수치심과 고립과 정체에 관한 이야기였던 것을 다른 방식을 상상할 기회가 주어진다. 다른 이야기를 상상하기 위해서는 내 뇌가 그렇게 할 수 있는 상태여야 한다. 나에게 미래의 근거가 될 기억이 없다면 미래를 상상할 수 없기 때문이다. 이러한 종류의 구체화된 행위는 새로운 가능성을 상상하기 위한 기반을 제공한다. 그러나 여기에는 노력과 인내가 필요하다.

나는 지금까지 살아오면서 몇몇 관계로부터 혜택을 받았다. 그 관계들 안에서 나는 극도로 수치스러운 비밀들(그리고 정말로 그런 비밀들이 많다)에 대해 진실을 말하는 연습을 해 왔다. '연습'은 아주 중요한 단어다. 나는 이러한 훈련이 한참 부족하기 때문이다. 때때로 나는 나를 얽어매는 수치스러운 것들을 인정하는 것을 피할 방법을 찾고 하나님의 기쁨의 목소리로부터 다른 곳으로 주의를 돌린다. 그러나 우리가 불완전하기는 해도 꼭 무능하지는 않다.

칼라와 프레스톤 두 사람 모두에게는, 이 상상의 행위를 연습하는 일 그리고 그들이 사랑받으며 그들의 수치심이 떨쳐질 것이라는 확신을 강화하는 경험에 몰두하는 일이 중요했다. 여기에는 결혼 치료 이상의 것이 필요했다. 그들을 커플로서만이 아니라 개인으로서도 새로운 삶으로 부름과 동시에 그들의 기쁨과 용서의 기억을 강화하는 일을 사명으로 삼는, 다른 공동체들과의 연결이 필요했다. 그들은, 정기적으로 만나서 온전히 알려지는 사명에 헌신하는 커플 모임에 함께함으로써 이 일에 힘썼다. 이 자리에서 두 사람 모두 자기 이야기를 들려주었다. 그리고 시간이 지나면서, 이 구체화된 공동체에서 그들은 새롭게 상상한 이야기, 치유와 구원과 기쁨의 이야기를 신뢰할 위험을 무릅쓰기 위해 필요한 공감을 얻었다. 그 공동체가 이 새로운 이야기를 자주 했기에 칼라와 프레스톤은 그 이야기를 삶으로 살기 시작하였다. 이로부터 칼라와 프레스톤은 과거를 용서하는 방법뿐만 아니라, 수치심이 그들의 관계를 방해하고 와해시키려고 시도할 지점을 그들이 빈틈없이 의식하게 되는 새로운 미래를 창조하는 방법까지 깨달았다.

의미심장하게도, 치유를 위한 환경을 제공하려는 의도로 형성된 집단의 구성원이 자기 이야기의 취약하고 깨진 부분, 특히 수치스러운 부분을 과감히 드러낼 때, 대인관계 신경생물학적 사건들이 일어나기 시작한다. 먼저, 수치스러운 것을 공유하는 데는 대단한 용기가 필요하다(특히 그 사람이 죄를 범했고 마땅히 수치심을 느낀다면). 우리는 그 사람의 표정과 신체 언어에서 그것을 본다. 우리는 다 그러한 경험이 있지 않은가. 게다가 거의 즉시 우리는 듣는 사람들의 몸에서 눈에 띄게 부드러워지는 현상도 목격한다. 앉은 자리에서 말하는 사람을 향해 몸을 기울이고, 표정에는 연민이 묻어나며, 반응을 보일 때 목소리에는 다정함이 배어 있다. 그들이 그렇게 함에 따라, 말하는 사람의 뇌가 다른 사람들의 공감을 받는다고 느끼면서 그의 신경생리학적 상태가 달라지기 시작한다. 이것은 말하는 사람의 내면에 더 높은 수준의 신경망 통합을 일으키며, 그와 더불어 불안이 감소한다. 더욱이 이 모험을 감행하고 나면 그 사람이 그 이야기 안에서 느끼는 외로움은 줄어든다. 이제 그 이야기를 하는 행위에는, 느껴지는 바를 다른 사람들이 감정적으로 수용한다는 의식이 포함되기 때문이다. 이것은 나쁜 행동을 수용하는 것과 동일시되어서는 안 되며, 단순히 그 행동에 수반되는 감정을 인정하는 것일 뿐이다.

그러한 상호 작용의 연습과 더불어, 말하는 사람은 다른 사람들과 취약한 상태로 살아가는 것의 의미에 관한 일단의 새로운 기억을 수집한다. 그 사람은 이러한 종류의 모험을 감행할 때 미래에 '자신이 괜찮을 것'처럼 살기 시작할 뿐만 아니라, 지금 이 순간에도 '자신이 **괜찮은 것**'처럼 살아간다. 그 사람은 가능한 한 자주 투명하게 살아감으로써 삶을 장악하는 수치심의 힘을 약화시키는 법을 배우면서, 회복력이 자랄 기회를 얻는다. 이러한 유형의 공동체는 구성원들이 취약성을 연습하고 이를 그들이 자리 잡고 있는 다른 모든 관계적 맥락에서 삶의 방식으로 만드는 능력을 강화할 한 가지 방법을 제공한다.

이 집단에서 듣는 사람들은 말하는 사람의 입장에서 공감하는 공명판 역할만 하는 것이 아니다. 처음에는 알지 못하더라도, 그들은 **내면에서 자신의 이야기에 관해** 감지하는 바에 반응하고 있다. 이렇게 해서 우리는 우리의 삶에 관한 진실을 말하는 것(그것 자체로 움직임이다)이 어떻게 듣는 사람들 안에 움직임을 낳고 그들 자신의 깨어짐에 관한 호기심과 숙고를 불러일으키며 그들의 마음의 여러 기능적 부분을 접합하도록 돕고 이제껏 이해하지 못했던 것들을 이해하도록 돕는지 알게 된다. 이 움직임은 수치심에 치명적 위협이 된다.

연습을 하면서, 듣는 사람은 말하는 사람에 대한 자신의 반응이 말하는 사람에 관한 것인 만큼 자신에 관한 것임을 깨닫게 된다. 이것이 이러한 방식의 알려짐이 하는 일이다. 그것은 사람들을 서로와의 더 큰 연결 지점과 더 큰 통합으로 움직이게 한다. 그와 동시에 각각의 구성원은 자신의 마음 안에서 더 높은 수준의 통합을 경험한다. 그러므로 한 사람이 수치심을 드러내서 수치심이 노출되고 치유될 때, 하나님은 동시에 그 수치심의 치유가 그 사람의 이야기하기에 친밀하게 참여하는 모든 사람에게 가능하도록 만드신다.

칼 로저스(Carl Rogers)와 헨리 나우웬(Henri Nouwen)은 가장 개인적인 것이 가장 보편적이라고 말했다. 신뢰할 만하고 기대에 차 있는 듣는 사람들의 모임에서 누군가가 자기가 지닌 수치심을 드러내는 때보다 이에 대한 더 큰 증거는 없다. 다른 곳에서 나는 우리가 모두 우리를 찾고 있는 누군가를 찾아 세상에 태어났으며 우리 인생의 남은 기간에 계속 이 검색 모드에 머물게 된다고 말한 적이 있다. 우리가 자신의 수치심을 인정할 때, 그것은 우리 모두가 지닌 수치심에 반향을 불러일으킨다. 고백을 통하여, 수치심은 말하는 사람뿐만 아니라 듣는 사람의 삶에서도 공명과 노출과 치유를 위한 기회를 부여받는다. (우리의 공동체적 삶뿐만 아니라 개별적 삶도 반드시 포함하는) 인간의 의식의 모든 차원에서 치유가 발생할 때 참된 선함과 아름다움이 나타난다. 공동체적 삶과 개별적 삶은 서로 떼어 놓을 수 없다. 이것이 하나님의 형상대로 만들어졌다는 것의 의미다. 그리고 이것이 우리가 하나님처럼 산다는 것, 다시 말해, 질문하기를 연습한다는 것의 의미다. 이 질문하기 연습에서의 임무는 정답을 찾는 것이 아니라(정답도 중요하긴 하지만) 더 연결되는 것이다.

수치심 목록 만들기

히브리서 12장의 다음 부분에서 우리는 예수님이 십자가를 참으사 "그 수치심을 경멸하셨음"(scorning its shame, NIV)을 본다. 다른 번역본들에서는 '경멸하다'(scorn)라는 단어 대신 '개의치 않다'(disregard) 혹은 '멸시하다'(despise)가 쓰였다. 이 단어들 모두 반응적 행위가 아니라 의도적 행위를 나타낸다. 우리가 참석한 잔치에 우리의 원수도 와 있었는데 우리가 그 사실을 끝까지 알지 못한 채 그곳을 떠난다면, 우리가 그 자리에서 원수를 경멸하거나 개의치 않았다고 말할 수 없을 것이다. 어떤 것을 경멸하거나 무시하거나 멸시하기 위해서는 그것의 존재에 대해 의식하고 있어야만 한다. 이것이 예수님이 수치심에 대해 하셨던 그리고 하시는 일이다. 그분은 수치심을 찾아내시며 그것의 존재를 모른 체하지 않으신다. 그분은 그것이 거기에 있지 않은 것처럼 행동하지 않으신다. 그분은 결국 십자가형을 피하지 않고 정면으로 다가가셨으며, 또 그 십자가형이 상징하는 수치심을 경멸하시고 개의치 않으시고 멸시하셨다. 그분은 자신의 소명에 착수하심으로써 그 소명에 불가피하게 속한 수치심을 받아들이셨다. 그 수치심은 그분이 죽음을 맞으시는 순간까지도 그분을 구슬려 다른 길로 가게 하려고 했다. 예수님은 십자가에서 내려와 자신이 진정으로 하나님의 아들임을 입증하라는 요구를 받으셨다(막 15:30). 또한 마태복음 26:53에서, 예수님은 열두 군단의 천사들을 불러 자신을 돕게 할 수 있다고 생각하셨다.

예수님이 행하신 바를 행하기 위해, 우리는 숨어 있는 수치심을 찾아내야 한다. 우리는 그것이 우리를 찾기를 기다리지 않는다. 내가 자주 사용하는 훈련은 수치심 목록이라고 불린다. 그것은 8×13센티미터 크기의 카드와 연필을 이용하는 간단한 훈련이다. 하루를 지내며 수치심과 맞닥뜨리면 언제라도 그 카드에 표시를 해 두라. 훈련의 목적은 수치심을 초래한 원인이나 수치심을 둘러싼 더 큰 이야기를 분석하는 것이 아니다. 그러한 형태의 분석은 아이러니하게도 수치심 순환을 강화시키는 경향이 있다. 훈련의 목적은 수치심이 발생했다는 사실에 주의를 돌리는 것이다. 수치심이 은밀한 작전을 사용한다는 점을 기억하라. 수치심은 (자기가 아무런 공을 차지하지 않더라도) 당신이 그것을 경험하는 것만으로도 만족할 것이다. 수치심의 목표는 유명해지는 것이 아니라 당신을 파괴하는 것이다.

수치심은 감각, 심상, 느낌, 생각, 행동 같은 다양한 정신 기능에 나타난다는 점을 기억하라. 이 훈련의 목표는 수치심이 '머릿속에서 들리는 목소리들'을 넘어(대개 이 목소리들이 범인이긴 하지만) 이 다양한 방식으로 자신을 나타내는 동안 그것의 활동을 점점 더 의식하게 되는 것이다. 당신은 수치심 수행원의 일을 추적하는 데 근본적으로 더 능숙해질 것이다.

보통 수치심에 대한 우리의 반응은 매우 무의식적이고 반사적이라서, 우리는 나쁜 일이 발생하기 전까지는 우리가 수치심의 덫에 걸린

줄도 모르고 계속 그 특정 신경생물학적 경로를 따라 나아간다. 이것이 칼라에게 일어난 일이다. 그러나 수치심을 알아보는 행위는 우리가 수치심의 길을 따라가는 진행을 가로막는 방식으로 정지해서 주의를 전환하는 것을 의미한다. 그렇게 해서 우리는 자신에게 다른 진로를 계획할 기회를 부여한다.

예를 들어, 칼라의 고백이 있은 지 몇 달 후 그녀와 프레스톤이 결혼 생활을 재건하기 위해 애쓰는 중에 칼라는 프레스톤에게 거리감을 느낄 때마다 가슴이 내려앉는 감각과 더불어 그녀의 전 상사에 관한 심상과 느낌에 압도당했다. 여기에는 '이 결혼 관계 속에 있지 않았다면 좋았을 걸'이라는 생각이 따라온다고 전했다. 이러한 경험에는 '내가 그런 잘못을 저지르다니!'라는 자기를 판단하는 생각이 곧 뒤따랐다. 이 모든 것이 3초도 되지 않는 순간에 일어났다. 그녀가 생각한 것은 그저 비난의 말이 아니었다. 그것은 마음의 기능적 영역 전체가 수치심의 공격을 당하는 형국이었다.

두말할 나위 없이, 이로 인해 툭하면 그녀의 감정이 격화되었고, 그로 인해 때로 오후와 저녁 시간 내내 그들의 상호 작용이 틀어지곤 했다. 이 초기의 심상-느낌-생각 복합체 차단하기를 연습함으로써, 그리고 그것을 수치심 공격이라고 명명함으로써 칼라는 그 경험과 그녀의 자아감 사이에 거리를 두고, 뒤로 물러나 그녀가 있는 곳에서 다시 시작할 수 있었다. 그리고 여기에는 그녀가 남편과의 사이에 거리감을 느끼며 자신은 그와 더 가까워지고 싶다고 프레스톤에게 말하는 일이 포함되었다. 그 말을 들은 프레스톤은 ('거리를 두었던' 것에 대해 비판받는다고 느끼는 것이 아니라) 아내와 더 가까워지기를 바라게 되었다. 이로 인해 그들의 관계에는 신뢰가 계속 쌓여 갔다. 왜냐하면 그는 그녀의 고백이 있기 전까지는 그와 친밀함을 누리고 싶어 하는 그녀의 갈망을 쉽게 의심했기 때문이다. 이것은 수치심이 그 순간을 와해시키려 하고 있음을 의도적으로 인정하는 행위가 그들이 더 깊이 연결되는 결과를 가져온 사례다. 이것은 수치심이 하려고 작정했던 이야기가 아니었다. 그것은 오히려 구원의 이야기, 하나님의 나라가 실제 시공간의 세상으로 침입하는 이야기, 하나님이 우리 각 사람의 삶에서 매일 매 순간 들려주기 원하시는 이야기였다. 우리에게 이야기를 들을 귀가 있고 그것을 말할 목소리가 있다면 좋으련만.

심리 치료에서 우리는 무언가를 길들이기 위해 그것에 이름을 붙인다고 종종 말한다. 그 순간을 수치심 사건으로 명명하는 것은 우리의 주의를 전환하고, 우리를 수치심의 소용돌이에서 꺼내 주며, 우리가 그것을 더 냉정하게 관찰하도록 해 주고, 우리가 헵의 원리를 따르는 신경망으로부터 부지불식간에 반사적으로 행동하여 그 결과 수치심의 메시지를 강화하게 되는 것을 막아 준다. 그러나 칼라와 프레스톤 두 사람 모두가 발견한 것은 (그들이 하루 동안 수치심의 활동을 몇 번 기록했는지 고려하면) 수치심 목록의 실시가 제한된 기간만 수행하는 부업이 된다는 것이었다. 내가 그들에게 일깨워 준 것처럼, 그 훈련의 목적은 수치심이 우리의 삶에서 얼마나 자주 활동하는지 상기함으로써 한층 더 수치심을 느끼는 것이 아니다. 그 훈련의 목적은 우리가 일단 수치심을 발견하고 명명하였다면 수치심이 조금이라도 더 전진하는 것을 막기 위해 수치심에 대한 우리의 자각을 강화하는 것이다.

수치심을 경멸하고 하나님의 이야기 안에서 인내하라

이 과정의 다음 단계는 수치심과 그것이 하려고 하는 이야기로부터 우리의 주의를 돌려 참된 이야기, 하나님이 바로 이 순간에 하시는 이야기를 다시 바라보는 것과 관련된다. 수치심을 경멸하는 것 또는 개의치 않는 것은 그것을 인정하면서 외면하는 것이다. 마치 그것을 경시하는 것처럼 말이다.

수치심을 경멸하기 위해 그것이 숨은 곳을 찾아서 드러내는 이 과정은 우리를 깊이 아는 타인들과의 지속적 상호 작용에 의해 가능해진다. 예수님이 성령을 매개로 아버지와 맺고 계신 관계의 표상은 이 과정이 이루어야 할 바의 본을 보여 준다. 또한 예수님은 하나님이 어떻게 우리가 수치심에 압도당하지 않고 겁없이 맞설 수 있게 하시려고 우리를 붙드시는지를 보여 주었다. 요한복음 21:15-17에서 베드로를 원래 위치로 회복시키시는 예수님의 행위가 보여 주는 것처럼 말이다.[1] 이 상호 작용은 예수님이 어떻게 베드로의 수치심을 찾아내시며 그분께—그리고 그분이 그로 하여금 행하도록 부르시는 그 일에—새롭게 주의를 돌리도록 하시는지를 언뜻 보여 준다. 이것은 본질적으로 수치심을 개의치 않거나 경멸하는 연습이 작용하는 방식이다. 결국 우리는 하루 동안 주기적으로 이것을 할 수 있게 된다. 그러나 그것은 우리가 우리 삶의 진실을, 특히 이러한 기회가 아니면 감추고 싶은 수치심을 성실히 고백하는 대상으로서의 타인들과 주기적으로 다시 연결되는 것을 통해서만 가능하다. 우리는 정체(停滯)가 수치심의 신경생물학적 속성 중 하나임을 기억한다. 그것은 우리를 말 그대로 또 감정적으로 고립과 마비의 자리로 옮겨 놓는다. 우리가 우리의 삶을 서로와 공유하는 것을 정기적으로 연습할 때, 우리는 그들을 향해 **움직이며**, 그들이 우리를 향해 움직이도록 공간을 창조한다. 수치심은 이것을 싫어한다.

우리의 삶을 드러내는 데는 대단한 인내가 요구된다. 히브리서 12:1로 돌아가서, 저자는 우리에게 "인내로써 우리 앞에 당한 경주를 하[라]"라고 단호히 권고한다. 새 하늘과 새 땅의 이쪽 편에서는 우리에게서 수치심이 제거되지 않을 것이다. 오히려 우리는 수치심을 경멸하기 위해 수치심에 대한 자각을 키운다. 그러나 우리는 상황을 '바로잡는' 언어, 문제를 '정복하는' 언어로 말하는 세상에 살고 있다. 수치심은 우리가 수치심 없는 상태가 될 수 있다고 믿는 것을 아주 좋아할 것이다. 왜냐하면 우리가 자신이 여전히 수치심으로 오염되어 있다는 것을 알게 되면 그로 인해 다시 한번 수치심을 느끼고 싶어질 것이기 때문이다.

십자가형에서처럼 수치심을 처형하는 것은 느린 과정이며 우리는 수치심의 사형 집행인으로서 하나님과 동료로서 함께 일하고 있다고 서로에게 그리고 우리 자신에게 일깨워 주는 것이 중요하다. 우리의 임무는 (수치심이 도사리고 있는 우리의 부분들에 대한 고백이 규범이 되는) 밝고 안전한 무대로서의 관계들 안에 계속 머무르는 것이다. 이를 위해서는 시간이 소요되는 대단한 노력이 필요할 것이다. 악은 조용히 어둠 속으로 사라질 마음이 없기 때문이다(하지만 결국 악은 어둠 속으로 사라질 것이다). 그리고 악에게 숨이 붙어 있는 한, 그것이 마음대로 이용할 수 있는 무기 중에 수치심보다 더 유용한 것은 결코 없을 것이다. 그러나 인내가 있으면, 우리는 고백에 더 대담해진다. 그 고백은 하나님이 우리를 더 탁월한 통합과 회복력의 자리로 데려가실 공간을 만들어 낼 우리의 수단이며, 참으로 하나님이 우리 안에 분열되지 않은 마음을 창조하실 공간을 만들어 낼 우리의 수단이다.

우리는 그러한 혜택을 경험하게 될 것이다. 뿐만 아니라 히브리서 12:2은 이렇게 말한다. "그는 그 앞에 있는 기쁨을 위하여 십자가를 참으사 부끄러움을 개의치 아니하시더니 하나님 보좌 우편에 앉으셨느니라." 우리가 제일 먼저 보게 되는 것은 다시 기쁨이다. 이것은 창조의 재현이다. 기쁨은 하나님의 삼위일체적 존재의 중심에 있었고 지금도 그렇다. 예수님께 '십자가를 참는 것'이 가능한 것은 그분이 (다른 어떤 것보다도) 성령 안에 있는 아버지와의 관계 안에서 우리와 함께하는 기쁨에 주의를 기울이고 계시기 때문이다. 기쁨은 통합의 부산물이며 안전한 관계들이 형성하는 연결망의 부산물이다. 또한 이 관계들은 우리가 선함과 아름다움이 나타나도록 촉진하는 방식으로 살아가기를 기대하고 희망하기 때문에 우리에게 이런저런 요구를 한다. 이러한 의미에서 기쁨은 예수님에 대한 아버지의 절대적 희열―예수님의 행동뿐만 아니라 존재에 대한 희열―을 예수님이 의식하는 데서 오는 결과다. 더욱이 이 기쁨은 결국 세상에서의 예수님의 역할에 대한 비전 즉 세상의 주가 되는 일을 실행하려는 그분의 최종적 움직임에서 절정에 이른다. 마찬가지로, 우리는 아버지의 큰 기쁨에 주의를 돌리며 이것이 우리가 그 안에서 살아가는 이야기라는 우리의 믿음을 촉진하는 일들을 행할 때, 창조성의 영역 곧 "하나님이 전에 예비하사 우리로 그 가운데서 행하게 하려" 하신 "선한 일"(엡 2:10)을 발견할 적절한 공간도 창조하게 된다.

프레스톤과 칼라의 경우, 타인들에게 알려지는(그리고 타인들은 그들에게 알려졌다) 연습으로 인해 기쁨이 나타나기 시작했다. 처음에는 기쁨이 아주 짧은 공감의 순간에만 일어났다. 그 순간은 쉽게 상실되고 망각될 수 있는 것이었다. 그러나 다른 사람들과 함께 나는 그들로 하여금 그 처음의 순간들에 주의를 기울여 기억하도록 했다. 그리고 그들이 과거의 잔해로부터 이야기를 재구성하고자 노력할 때 그 부서지기 쉬운 기억들로부터 기쁨이 용수철처럼 튀어 올랐다. 처음에는 미소로, 그다음에는 웃음으로 그 기쁨의 탄성(彈性)은 점점 더 강해졌다. 이 모든 일은 다른 사람들과 함께하는 가운데 일어났다. 그 사람들은 비슷한 구원의 여정에 있었고 칼라와 프레스톤을 공동체 안으로 기쁘게 맞이하였다. 수치심과 그 모든 것을 말이다.

맞아요, 당신이 잘못했어요

3장에서 나는 죄책감이 수치심의 기반 위에 서 있다고 간략히 언급했다. 우리는, 밀접하게 관련되어 있지만 서로 다른 정서들로 죄책감과 수치심을 경험한다. 그러나 나는, 죄책감을 따라오면서 영향을 끼치는 수치심의 암류 없이 죄책감을 느끼는 사람을 본 적이 없다. 실제로 우리의 행동이 관계의 단절을 야기할 때(타인이 당장 알아차리지 못할 수도 있는 마음의 은밀한 행위들을 포함하여, 우리에게 진정으로 책임이 있는 행위들), 우리의 뇌는 아주 희미하게라도 관계의 멀어짐이라는 손상에 대한 경보를 발할 것이기 때문이다. 그렇다면 수치심은 우리가 입은 정신적 외상에 관련된 경우가 많은 만큼, 타인과 우리 자신에게 상처를 입히는 우리의 행동과 관련될 때가 많다. 그것은 하와의 경우처럼 관계에서 위험에 처해 있다는 지표이자 경고다.

그렇다면, 우리는 누군가가 실로 그릇된 행동에 대한 수치심을 표현하는 것을 들을 때 그러한 실질적 관계 단절—성경 내러티브의 언어로 표현하면, 죄—을 모른 체하지 않는 것이 중요하다. 수치심의 고백은 힘든 작업을 대신하는 지름길, 궁지에서 벗어나는 쉬운 길이 아니다. 요한복음 21장에서 예수님은 베드로가 자신을 부인했던 일을 무시하고 넘어가지 않으셨다. 그분은 베드로가 입힌 상처의 깊이를 축소하지 않으셨다. 그리고 베드로처럼 우리는 와해를 가져오는 우리의 행동에 책임을 져야 한다. 하나님이 우리가 비굴하게 굴거나 우리의 깨진 상태에 대해 거듭 생각해 내기를 원하시기 때문이 아니다. 오히려 그분은 우리가 우리의 삶 및 타인과의 관계가 얼마나 중요한지를 배우고 그 중요성에 대한 우리의 자각을 키우기를 원하신다. 다시 말하지만, 우리는 우리의 관계들의 중요성을 하나님이 받아들이시는 것보다 훨씬 덜 심각하게 받아들인다.

우리가 크고 작은 열상을 만들어 내며 다른 사람에게 상처를 입힐 때, 그 열상을 치료하는 일이 필요하다. 이를 위해서는 그 열상을 일으킨 우리의 역할에 대한 책임을 인정해야 한다. 수치심은 우리가 이러한 인정에 대해 저항하는 배후에 있는 감정적 에너지다. 수치심은 우리가 책임을 인정하는 즉시 버려질 것이라는 예감을 부채질함으로써 저항한다. 우리가 기억하는 대로, 수치심의 특징 중 하나는 그것이 버림받음의 전조, 관계의 비극적 붕괴의 전조라는 것이다. 내가 약속한 일을 하지 않았다고 아내에게 시인하더라도 그녀가 나를 떠나지 않을 것임을 나의 좌뇌는 알고 있지만 지독하게 되돌아오는 희미한 공포는 (조금씩이라 하더라도) 여전히 존재한다. 사탄이 우리의 최초의 부모를 설득해서 믿게 한 바가 우리 내면의 깊은 곳에 도사리고 있다. 바로 우리는 하나님이 계속 우리와 함께 머무실 만큼 충분히 중요한 존재가 아니라는 것이다. 자기가 저지른 잘못을 누군가에게 고백할 순간을 고대하며 향유하는 사람이 어디 있을까? 죄를 사면받고 느끼는 안도감을 상상할 수도 있지만, 그러려면 우리는 용서가 아니라 경멸을 받게 될지도 모른다고 말하곤 하는 수치심의 경향성을 넘어서서 노력해야 한다.

수치심으로부터 해방되기 위해서 나는 "맞아요, 이 일은 당신이 잘못했어요"라고 말해 줄 누군가가 필요하다는 것도 맞는 말이다. 나는 **내가 고백하고 있는 그 사람이 떠나 버리지 않으리라는 것을 감지하는 동시에, 나의 행동이 사실 내가 생각하는 만큼 나빴다는**(그보다 더 나쁘지는 않더라도) 것을 들어야 한다. 수치심은 우리를 구슬려 죄가 겉으로 보이는 것만큼 나쁘지는 않은 것처럼 굴도록 한다. 그것이 그렇게 나쁜 일이라면 그리고 내가 그것에 직면해야 한다면, 그 직면 과정은 너무 힘들 것이고 나는 압도당할까 봐 두렵기 때문이다. 누군가가 자기 잘못에 대해 용서를 구할 때, 용서가 실제로 이루어지고 가해자의 수치심이 효과적으로 치유되려면, 상처입은 우리가 주어진 고통의 실재를 인정할 수 있어야 한다.

칼라와 프레스톤의 경우, 그녀의 외도로 인한 수치심의 찌르는 듯한 통증이 참을 만한 수준으로 줄어들기까지 수 개월이 소요되었다. 그리고 그렇게 되는 데는 프레스톤이 주기적으로 그녀의 행동으로 돌아가 용서를 연습하고, 칼라는 그만큼 빈번하게 그 용서를 받아들이며, 악이 열성적으로 하려고 하는 이야기보다는 하나님이 하려고 애쓰시는 이야기에 비추어 그녀의 결혼 생활을 다시 상상하기 위해 수치심을 경멸하는 연습 과정이 필요했다.

치유 공동체의 힘

이 고찰들로부터 어떻게 해서 하나님이 일단의 헌신된 사람들을 사용하셔서, 그들이 수치심을 경멸하고 그것을 삶의 변방으로 밀어 놓으면서, 분열되지 않은 마음을 창조하기 위한 공간을 공동으로 만들도록 하실 수 있는지 볼 수 있다. 수치심을 처형하기 위해서는 그러한 공동체의 일원이 되어야 한다. 그러나 우리의 본성은 우리가 모든 것을 혼자 힘으로 할 수 있는 것처럼 사는 것이다. 그러한 관념은 실로 악의 중심 자체로부터 나온다. 우리는 수치심을 치유하는 것도 이와 다를 바 없다고 믿도록 유혹당할 것이다.

요한복음 9장에서 우리는 한 사람의 삶뿐만 아니라 공동체 전체의 삶까지 해치기 위해 최선을 다하는 수치심과 마주친다. 이야기는 예수님이 날 때부터 맹인 된 사람을 우연히 만나시는 것으로 시작된다. 제자들이 묻는다. "이 사람이 맹인으로 난 것이 누구의 죄로 인함이니이까? 자기니이까, 그의 부모니이까?"(2절) 처음부터 누군가에게 책임이 있다고 간주한다. 판단은 용인된 삶의 방식인 것이다. 수치심은 악이 통치할 때 쓰는 홀(笏)이다. 예수님은 말씀하셨다. "이 사람이나 그 부모의 죄로 인한 것이 아니라 그에게서 하나님이 하시는 일을 나타내고자 하심이라"(3절). 그분은 부분적으로 "그것은 수치심에 관한 것이 아니다. 그것은 기쁨에 관한 것이다!"라고 말씀하심으로써 제자들의 질문을 논박하신다. 그분은 이미 판단으로부터 가능성으로 그들의 주의를 돌려놓고 계신다. 두려움으로부터 기쁨에 찬 기대로. 그러나 기쁨에게는 적이 있다. 이야기의 나머지 부분이 이를 증명한다. 예수님은 진흙을 이겨 맹인의 눈에 바르시면서, 자신이 물질적 차원에서 모든 사람에게 수치심을 일으키는 것에 거리낌없이 다가가심을 보여주신다. 그 사람의 눈은 그에게 부족한 모든 것을 상징했다. 또한 그의 눈은, 그에 대해 (가능성이 아니라) 과오의 범주에서 생각했던 공동체에 관한 모든 것을 상징했다.

그 사람이 치유된 후에 문제가 발생했다. 그 치유가 안식일에 일어났기 때문이다. 먼저 이웃 사람들은 그 사람으로 인해 고민스럽고 혼란스럽다. 그래서 그들은 의견을 구하기 위해 그를 종교 지도자들 앞으로 데리고 간다(그러한 활동을 단속하는 것이 이웃의 책무이기라도 한 것처럼). 대화는 치유에 대한 조사에서 예수님의 자격에 대한 취조로 빠르게 옮겨 간다. 바리새인들은 맹인의 평가에 만족하지 못하고(그의 증언이 **부족하다**고 판단하면서), 다음으로 그의 부모를 불렀다. 그들은 자기들이 공동체로부터 내쳐질까 두려워 아들의 이야기와의 관련성을 부인하고 아들을 배신하여 종교 조직의 희생양이 되게 한다. 이제는 보게 된 맹인은 법정으로 다시 끌려와 결국 그 율법학자들의 위선에 대해 비판한다. 그 후 일어나는 일은 예측 가능한 것이다. "그들이 욕하여…이에 쫓아내어 보내니라"(28, 34절). 수치심의 임무는 완성된다. 이야기는 제자들이 한 사람(날 때부터 맹인인 사람)에 대해 내린 판단에서 시작되어 수치심이 어떻게 공동체 전체를 오염시키며 작용하는지를 드러내게 된다.

우리는 이로부터 적어도 세 가지를 발견한다. 첫째, 수치심은 개인만 오염시키는 것이 아니다. 수치심은 조직에 고질적으로 존재하며, 수치심에 의해 운영되는 조직은 그것의 평형 상태를 유지하고자 할 것이다. 수치심은 자기의 권위를 나누어 가지지 않을 것이다. 맹인의 수치심은 공동체의 조직화된 수치심을 통해 유지된다. 어떻게 사람들

(이웃 사람들, 바리새인들, 부모)이 보인 유일한 반응이 거리낌없는 즉각적 기쁨이 아닐 수 있단 말인가? 이 이야기는 수치심이 우리의 문화에 단단히 자리 잡고 있음을 상기시켜 준다. 예전에 맹인이었던 우리의 친구가 그랬던 것처럼 개개인이 수치심으로부터 치유될 수 있다. 하지만 그러한 치유를 지지하며 수치심이 하려고 하는 이야기보다는 우리가 그 안에서 살고 있는 참된 이야기를 우리에게 상기시키는 공동체에 속하지 않고서는, 수치심으로부터의 자유가 쉽게 유지되지 않을 것이다.

나탈리는 나를 처음 보기 두 해 전에 끔찍한 성폭행을 당했으며, 우리가 만나기 전에는 전문가의 도움을 구한 적이 없었다. 그 사건으로 인한 수치심이 너무도 커서, 그녀는 부모님께도 그 일을 말한 적이 없었다. 그녀는 부모님이 "그 사건에 대해 아는 것을 감당하지 못하실" 것이 두려웠다. 그녀가 정말로 두려워했지만 의식하지 못한 것(그녀가 진정으로 하고 있던 이야기)은 그녀가 겪는 고통의 무게를 감내하지 못하는 부모의 무능함이 그녀가 그들에게는 너무 버거운 존재라는 것을 나타낸다는 점이었다. 그녀는 그들이 필요로 하는 존재가 아니었다. 그녀에게는 문제가 있었다. 그녀의 수치심의 깊이를 볼 때, 그녀는 부모에게 혹은 나를 제외한 다른 누구에게도 그 사건을 알릴 의향이 없었다. "선생님은 정신과 의사니까 저를 도와주실 수 있을 거라고 생각해요. 그러면 다른 누구에게도 이야기할 필요가 없을 거예요."

나는 그녀의 수치심을 치유하려면 심리 치료에서 해야 할 힘든 작업에 더해 공동체의 도움이 필요하다는 것을 그녀에게 알려 주었다. 그녀의 뇌는 그녀가 사랑받고 보살핌받는 존재라는 점을, 그리고 그녀가 (자신을 묘사하기 위해 자주 사용한 단어인) '망가진' 존재가 아니라는 점을 상기시켜 주는 (그녀가 다룰 수 있는 한) 많은 목소리를 필요로 하게 될 것이었다. 그러한 조치에 편안해지기까지 몇 달이 소요되었지만, 그녀는 결국 성폭행으로 인한 정신적 외상을 경험한 여성들을 지원하는 모임에 참여하였다. 수 개월 동안 이 집단은 구체화된 방식들(말하기, 글쓰기, 노래하기, 함께 요리하기, 하이킹하기)로 그녀의 수치심을 구원과 완전함과 창조성의 강력한 이야기로 변화시키도록 도와주었다. 즉 그 모임은 나탈리에게 "구름같이 둘러싼 허다한 증인들"이 되었다. 그녀의 수치심은 치유의 완전함을 실현하기 위해 공동체를 필요로 했다.

이러한 공동체가 다양한 환경에서 나타날 수 있다는 데 주목하는 것이 중요하다. 그러한 공동체는 종교계에서만 형성되지 않는다. 학교, 공장, 인근 지역, 기술 업체 사무실, 탄광, 일류 의과 대학의 정신의학과, 예술 협회, 레스토랑 주방에 그런 공동체들이 존재한다. 그 공동체들은 치료 모임이 아니다. 치료보다는 수치심이 그 조직을 관장하는 것을 불허하는 일에 전념한다. 우리는 각자의 삶에서 수치심 수행원을 더 잘 알게 되면서, 수치심의 전체는 그 부분들의 총합보다 크며 각각의 집단은 사람들의 구성이 어떠하든 상관없이 공동의 수치심 수행원을 가지고 있음을 알게 된다. 우리는 서로에게 고백하고 "구름같이 둘러싼 허다한 증인들"을 상기시키는 일에 함께 참여하는 많은 사람의 힘을 통해 조직적 수치심의 타성에 대항한다. 그러므로 맹인이 회당에서 쫓겨난 뒤에 예수님이 그를 만나신 것(요 9:35)과 마찬가지로, 우리는 서로를 '만나는' 장소에서 정기적으로 모여야 한다. 예수님은 그를 만나서 그의 신뢰에 대한 보상을 주셨다. 바로 예수님과 마주보는 것 말이다.

이것은 두 번째 발견으로 이어진다. 수치심은 구체화된 정서이기 때문에, 그것을 약화시키기 위해서는 사실 이상의 것이 필요하다. 예를 들어, 우리는 "성경에 이르되 누구든지 그를 믿는 자는 부끄러움을 당하지 아니하리라 하니"(롬 10:11)라는 구절을 읽을 수는 있으나, 그것을 우리의 삶 속에 엮어 넣는 데는 여전히 지대한 어려움을 겪는다. 저스틴은 사제 폭탄에 부상을 입은 뒤로, 전쟁의 옛 기억뿐만 아니라 자신의 의족을 보는 것으로도 감정이 촉발되곤 했다. 그의 의족은 처음에 압도적 수치심의 감정을 불러일으켰다. 예전의 건강하고 탄탄한 몸과 비교해서 지금은 모자란 존재가 되었다는 느낌이 들었고 이어서 동일한 내용의 생각이 따라왔다. 다시 달린다는 목표(그는 결국 이 목표를 달성했다)를 가지고 재활 센터에서 몇 개월 동안 진행한 훈련은 (그가 내면의 삶과 하나님과의 관계에 기울인 노력만큼이나) 그의 수치심을 다루는 데 크게 기여했다. 우리는 흙과 생기이며, 수치심의 치유는 우리가 몸으로 행동하는 방식이 달라진다는 것을 필연적으로 의미한다. 우리는 이 점을 기억해야 한다. 예전에는 감정적 마비 탓에 말 그대로 움직일 수 없었지만 이제는 움직일 것이다. 예전에는 침묵했지만 이제는 말할 것이다. 우리는 하나님이 예수님 안에서 사람들에게 손을 내밀라고(막 3:5), 자리를 들고 걸어가라고(요 5:11), 가서 씻으라고(요 9:7) 말씀하심으로써 보여 주셨던 것처럼, 현실 세계에서 신체적 작용을 보여 줄 것이다. 수치심의 치유는 결코 내면의 일만은 아니다.

셋째, 우리는 수치심이 적절하게 다루어질 때마다 관련된 사람들 모두가 기뻐할 것이라고 가정한다. 하지만 우리가 본 요한복음 9장의 이야기는 상황이 늘 그렇지는 않다는 점을 일깨워 준다. 수치심을 명명하고 경멸하는 행위는 해방을 가져오는 동시에, 수치심을 퍼뜨리는 데 적극적 책임이 있는 모든 이를 필연적으로 폭로하기도 한다. 이를테면 예수님이 그 사람에게서 하나님의 일이 드러날 공간을 창조하시며 그를 치유하실 때(3절), 예수님은 그의 인생을 그에게 있는 잘못된 것의 측면에서 이해한 공동체에 필연적으로 맞서시는 것이라고 볼 수 있다. 사람들이 예수님께 달려와서, 그들의 맹인 친구를 치유해 달라고 급히 재촉했다는 증거는 없었다. 치유는 이웃 사람들에게 위로와 기쁨을 가져오지 않았다. 오히려 괴로움을 가져왔다. 그리고 참으로 선한 행위가 괴로움의 반응을 일으킬 때마다 수치심이 작용하여 바로 그 이웃 사람들을 (비록 무의식적인 것이지만) 공모 죄로 고발한다.

요한복음 9장의 이야기는 결국 공동체의 권력의 본부로 이어진다. 그곳에서 이름 없는 맹인보다 더 눈먼 율법학자들은 이웃 사람들이 암묵적으로 표현한 메시지를 명시적으로 선언한다. 그것은 치유하러 오는 빛이 우리의 눈을 너무 아프게 하니 우리는 그 불꽃이 꺼지기를 바란다는 메시지였다. 우리의 세상에서 치유가 저항에 직면한다는 것이 이상해 보일 것이다. 그러나 우리가 수치심 수행원을 해고하기 위해 그를 추적하기 시작하면 그제야 이 현상을 실제로 겪게 된다. 치유를 위해서는 언제나 취약성이 필요하며, 우리의 병들고 상처입은 부분들의 노출이 필요하다. 그 부분들은 요한복음 9장의 공동체가 맹인을 그들의 의식 밖에 두었던 것과 마찬가지로 우리의 의식으로부터 자주 감추이고 동떨어진 상태에 있다. 그들이 자신들의 수치심이 곧 노출될 것임을 예견할 때, 다수는 그 노출이 필연적으로 수반할 불편함을 견딜 수 없다고 확신하고는 두려움에 떤다. 거실로부터 업무상 점심 식사, 학부모회 모임에 이르기까지 수치심이 노출되고 치유될 기회가 있다. 그리고 이 장소들 가운데 어느 곳에서든 그 치유는 저항에 직면할 수도 있다. 이러한 이유로, 우리는 우리 삶의 이야기를 털어놓음으로써 수치심 없이 감정적으로 벌거벗는 연습을 하는 데서 오는 기쁨을 스스로 상기할 수 있는 고백의 공동체에 일상적으로 참여해야만 한다.

우리는 대인관계에서 어떻게 수치심을 다룰 수 있는지 살펴보았다. 이제부터는 우리가 처음으로 우리의 존재를 살아 내고 움직이며 소유하기를 배우는 환경으로 탐구를 확장하고 심화한다. 수치심은 이러한 기관들에 가장 은밀하게 새겨져 있으며, 급격히 성장하여 지금 존재하는 부분들의 총합보다 더 커진다. 그리고 바로 그곳에, 치유와 구원과 창조성을 위한 우리의 가장 큰 잠재력이 있다.

8장

양육 공동체에서 수치심을 저지하라

모든 것이 완벽해 보였다. 그 가족이 매해 보내는 성탄절 카드를 받는 이들은 그렇게 믿었을 것이다. 도미니크와 조안은 결혼한 지 20년이 되었고, 세 자녀는 친절하고 기꺼이 도움이 되려 하며 학교 공부에 열심이었다. 고교 상급생인 맏아들 에릭이 교회와 관계를 끊을 것이며 대학에도 가지 않겠다고 결정했을 때, 그들은 도대체 이해할 수가 없었다. 그들이 아는 한 위험을 알리는 징후가 나타난 적이 없었다. 마약 문제도 없었다. 술도 아니었다. 여자 친구도, 섹스도 아니었다. 무엇이 잘못되었던 것일까?

그들은 예수님을 따르는 가족이었다. 아니, 적어도 그렇게 생각했다. 도미니크와 조안은 맏아들의 갑작스러운 진로 변경에 당황했다. 어떻게 해야 할까? 몇 주 동안 그들과 만나 보니, 이 가족은 완벽할 필요는 없지만 최선을 다해야 한다는 모토를 가지고 살아가는 것이 분명했다. 내가 대학에 다니던 시절 교수님 중 한 분이 말씀하셨듯이, 어쩌면 부모가 자녀에게 하는 가장 도움이 안 되는 말 중 하나는 "네가 최선을 다하기를 바랄 뿐이란다"라는 말일 것이다. 누구도 모든 일에 최선을 다할 수는 없다. 그렇게 많은 시간이나 에너지를 가진 사람은 없기 때문이다. 이 가족에서 수치심은 학대로 나타나지 않았으며 누군가가 알코올 의존증에 빠진 결과로 나타난 것도 아니었다. 이혼의 조짐은 없었다. 그보다는 완벽주의의 미묘한 암류가 이 갑작스러운 사태 변화를 초래했다.

"숙제 다 했니?" "내가 말한 그 서류 작성했니?" "감사 편지는 다 썼니?" 이는 어느 가정에서나 오가는 평범한 질문들이며, 그 자체로는 악의가 없다. 그러나 도미니크와 조안의 집에서 자녀들은 의식적으로뿐만 아니라 무의식적으로도 완벽함에 대한 기대와 더불어 살아갔다(나와 만남을 거듭하면서 자녀들은 이 점을 말해 주었다). 주방과 거실에는 수치심 수행원이 배회하면서 (자녀들뿐만 아니라) 모든 사람에게 실수는 아주 위험한 것이라고 상기시켰다. 누구든 저녁 식사 자리에서 유쾌하지 못한 일을 알리면 (말이 아니라) 한숨이나 신음을 통해 실수는 아주 위험한 것이라는 메시지가 전해졌다. 조안은 자기 행동을 의식하지 못했다. 하지만 자녀들은 하나같이 어머니가 빈번하게 보인 이와 같은 행동을 묘사하였다. 더군다나, 아버지도 대개 어머니의 행동을 제지하지 않았다. 그도 이런 대화가 전개되는 방식을 의식하지 못하는 듯했다.

에릭은 마침내 진저리를 쳤다. 교회와 관계를 끊겠다는 그의 선언은 하나님에 관한 것인 동시에 숨을 쉬려는 그의 필사적 방책에 관한 것이었다. 그러나 그가 내게 말한 대로, 그가 모든 일에 최선을 다하기를 원하는 하나님을 도대체 어떻게 만족시킬 수 있단 말인가? 에릭은 신앙, 성경, 고통에 대해 몇 년 동안 가져온 의문들—진지하게 예수님을 따르는 사람이면 누구라도 제기할 법한 통상적인 합리적 의문들—에 대한 답을 원했다. 그러나 에릭은 이 의문들에 대해서 늘 단순한 반응밖에 얻지 못했다. "음, 그것에 대해 기도는 해 보았니?" 신앙에 관한 한 엉뚱한 생각을 할 수 있는 여지는 거의 없었다. 에릭의 어머니는 아들의 의문에 매우 심한 불안을 느꼈다. 아버지는 독실한 신자임에도 불구하고 이러한 면에서 에릭을 돕기 위해 노력하지 않았으며, 이러한 관심사를 드러내는 것은 너무 위험한 일이라는 무의식적 인상을 남긴 채 아들을 홀로 내버려두었다.

에릭은 통찰력 있는 청년이었기에, 기독교에 관한 이 모든 것에 대해 확신할 만큼 충분한 정보를 얻지 못할 것이라는 걱정 때문에 자신의 신앙이 동요했음을 깨달았다. 결국 우리는 수치심에 대해, 그리고 그것이 우리가 예수님을 어떻게 대할 것인지 결정하는 방식 속으로 얼마나 쉽게 파고드는지에 대해 이야기를 나누었다. 예수님과의 관계가 앎에 관한 것인 동시에 알려짐에 관한 것이라면, 우리는 하나님과 함께하는 삶이 옳음에 관한 것이 아니라 사랑받음에 관한 것임을 이내 알게 된다. 에릭이 성장한 가정은 예의를 갖추는 법은 가르쳤지만, 모든 답을 알지 못해도 혹은 답이 틀려도 괜찮은 분위기에서 편안하게 질문을 제기하는 법은 가르치지 않는 곳이었다.

나중에 알게 되었지만, 에릭은 그의 가족의 치유가 시작되는 핵심 축이 되었다. 내가 그의 부모에게 첫 번째로 한 이야기는 그들이 아들에 대해 걱정할 필요가 없다는 것이었다. 확실히 하나님은 걱정하고 있지 않으셨다. 그분은 에릭을 위하여 할 수 있는 모든 것을 하며 일하고 계셨다. 나는 에릭의 허락을 얻어 그의 신앙과 목적의식이 위기를 맞은 근거의 일부를 도미니크와 조안에게 알렸다. 우리는 도미니크의 이야기와 조안의 이야기에 대해, 특히 그들이 자녀들에게 이어질까 봐 두려워하는 부분들―도미니크 집안의 심각한 알코올 의존증 내력과 조안 집안의 불안증 및 우울증 내력―에 대해 더 많은 것을 알게 되었다. 그들은 어떤 실수도 저지르지 않으려는 절박함 때문에 의도치 않게 실수해서는 안 된다는 인상을 자녀들에게 전하고 있음을 알게 되었다.

첫 가정에서의 기쁨과 수치심

이 책의 서문에서 나는 수치심을 단순히 근절되어야 할 나쁜 것으로 이해하는 것만으로는 충분치 않다고 말하였다. 오히려 수치심의 치유와 함께, 하나님이 예정하신 모든 면에서 하나님처럼 더 충만히 살아갈 자유가 찾아온다. 특히 삶의 모든 영역에서 우리가 무엇을 어떻게 창조하는지의 측면에서 그러하다. 그러므로 우리가 바울이 고린도 교회에 보내는 편지(고전 8:2-3)로부터 고찰한 바는 교회뿐만 아니라 삶의 모든 영역을 위한 모형이다. 우리의 애착 유형 중 매우 많은 부분이 가정 환경에서 형성된다. 그 환경에서 우리는 기쁨과 수치심을 처음으로 경험한다. 자녀들 안에 안정된 애착을 형성하는 데 가장 유용한 도구 중 하나는 우리가 자신의 이야기를 이해하면서 수치심을 숨은 곳에서 데리고 나오는 것이다. 우리는 적절한 때에 우리의 이야기를 자녀들과 공유하고 그들의 이야기를 우리에게 들려달라고 청함으로써, 자녀들이 수치심에 대항하는 회복력을 갖추도록 할 수 있다. 이로 인해, 항상 옳음을 유지하는 확실성보다는 관계에서의 솔직함 및 자신감이라는 기반이 세워진다.

우리가 우리의 취약점을 자녀들과 공유할 때, 우리는 그들이 그들의 약점에서 혼자가 아니라는 강력한 메시지를 그들의 뇌에 보낸다.

수치심은 우리가 우리의 문제를 혼자 힘으로 해결할 수 있어야 한다고, 모든 일에 최선을 다하고 실수를 막아야 한다고, 버림받음을 방지하기 위해 그래야만 한다고 믿는 것을 가장 반긴다. 나는 조잡한 성과가 괜찮다고 믿거나 우리가 타인에게 부적절하게 의존해야 한다고 생각하는 것이 아니다. 천만의 말씀이다. 그러나 악이 우리를 가장 효과적으로 유혹하는 방법은 노골적으로 비행을 저지를 기회를 제공하는 것이 아니다. 오히려 우리가 최선을 다하는 데 전념한 나머지 행여 부족할까 두려워하는 것을 통해 악은 우리를 가장 효과적으로 유혹한다.

우리가 자녀들에게 불확실한 요소에 대해 이야기하도록 권유하고 우리 자신의 불확실한 요소를 솔직하게 공유할 때, 우리는 자녀들의 마음이 통합될 수 있게 하면서 그들을 (지식의 확실성이 아니라) 관계에서의 자신감으로 인도한다. 우리는 (에릭이 실존적 불안 속에서 고통당한 것과 마찬가지로) 고통당할 때 인내하기를 배우고 인내는 회복력 있는 인격의 성장을 이루며 인격의 성장은 우리를 수치스럽게 하지 않는 소망을 낳는다. 우리는 이 모든 것을 우리 자신의 벌거벗은 취약성을 통해 그들에게 가르친다.

도미니크와 조안의 경우, 당연하게도 아들 에릭의 갑작스러운 결심은 그들 내면에서뿐만 아니라 그들 사이에도 커다란 불안을 일으켰다. 에릭의 '탈선'은 도미니크의 내면에 아들을 교회에 다니도록 그리고 적어도 지역 대학(community college: 인근 지역 출신 학생들에게 실용 기술 위주의 교육을 제공하는 2년제 대학-역주)에 지원하도록 강요하려는 충동을 일으켰다. 그의 고압적 접근은 에릭의 마음을 바꾸는 데 거의 도움이 되지 않았다. 이것은 결과적으로 조안을 훨씬 더 불안하게 만들었다. 조안은 도미니크의 분노가 에릭을 더 멀리 쫓아 버릴 것이라는 두려움에 떨었던 것이다. 결국 그들은 각자에게 완수하지 못한 업무가 있음을 인정하게 되었다. 그들 각자의 수치심 수행원은 그들이 어떻게 부모로서 훨씬 더 잘할 수 있었을지 상기시키면서, 그들이 처한 곤경에 대해 상대방을 비난하도록 유도했다.

그러나 도미니크는 에릭을 통제하려는 그의 행동이 사실은 성난 알코올 의존증 환자였던 그의 아버지에 관한 오랜 수치심을 통제해야 하는 그의 필요와 관련된 것임을 깨닫기 시작했다. 그의 아버지는 술에 취한 상태에서 도미니크를 헐뜯는 것 말고는 그와 함께 시간을 보낸 적이 없었다. 조안은 그녀의 불안이 깊은 부적절감과 결부되어 있음을 깨닫기 시작했다. 그녀의 아버지는 그녀가 일곱 살 때 가족을 떠났으며, 자신의 부족함에 대한 조안의 자각은 마음에 깊이 새겨졌다. 그녀의 입장에서, 교회와 대학 교육으로부터 멀어져 가는 에릭의 행동은 생활 방식에 대한 선택일 뿐만 아니라 그녀에게서 멀어지려는 결정이었다. 그래서 그녀는 전적으로 새로운 동시에 익숙한 방식으로 버림받는다고 느꼈다.

조안과 도미니크 두 사람 모두에게, 집안의 모든 이가 최선을 다하기를 기대하는 정신은 도미니크 집안의 극심한 통제 그리고 사람들이 떠날까 두려워 그들의 마음을 상하게 할 일을 전혀 하지 않는 조안 집안의 경향성 사이의 중간 점 즉 타당한 절충안인 것처럼 보였다. 조안도, 도미니크도 그들의 내면에 단단히 새겨진 수치심과 슬픔을 서로에게 드러내는 데 많은 시간을 할애하지 않았었다. 각 사람은 상대방의 이야기에 관한 사실들을 알고 있었다. 그러나 둘 중 누구도 각자의 내면에 감추인 수치심이 지금 에릭의 선택에서 표출되고 있다는 사실의 전적인 중대성을 이해하지 못했다.

도미니크와 조안이 그들의 이야기 전체—사실뿐만 아니라 느낌, 감각, 심상—를 서로에게 들려주기 시작했을 때, 수치심이 숨을 어두운 곳들이 줄어들었다. 그들이 각자 수치심 목록을 작성하고 수치심이 살아 있는 순간을 명확하게 무시하며 그 순간을 구체화된 행위로 대신하기 시작하면서 신기한 일이 일어나기 시작했다. 몇 달 동안 그들은 에릭에 대한 불안이 상당히 감소했다고 전했다. 사실 그들은 에릭이 가진 의문에 관해 그를 돕기 시작한 터였다. 그들은 그 의문 중 다수가 대답하기 어려운 것임을 인정하는 동시에 그가 부모의 의견이나 조언을 원한다면 기꺼이 대화 상대가 되어 주겠노라고 했다.

그리고 에릭은 그렇게 했다. 그는 부모님과 함께 그들 고유의 신앙 여정에 관해 더 이야기하기 시작했다. 알고 보니, 도미니크는 에릭만큼 많은 의문을 가지고 있었다. 도미니크는 자기가 느끼는 불확실성과 두려움이 그의 아버지가 술에 취해 노발대발하는 와중에 어린 소년으로서 느꼈던 바와 너무 유사했기 때문에 겁에 질려 그 의문들을 제기하지 못했던 것이다. 삶은 확실하기만 하다면 더 이상 더 두려운 대상이 아니었다. 그리고 그에게 두려움은 궁극적으로 수치심, 아버지가 아들에게 드러내는 경멸에 관한 수치심과 관계가 있었다.

마찬가지로, 조안은 도미니크에게 더 잘 이해받는다고 느끼면서, 느리기는 해도 불안에서 벗어나기 시작했다. 그녀는 자기 목소리를 찾고 자신이 느끼고 바라는 바를 말로 표현하기 시작했다. 그전까지는 그렇게 하면 누군가가 속상해하면서 떠나 버릴까 봐 그럴 엄두를 내지 못했다. 그녀와 도미니크가 새로운 공동의 이야기를 하는 일에서 성장하면서, 조안은 또 자신의 하나님 경험이 어떻게 (교묘하고 소리 없는) 수치심에 오래도록 물들어 있었는지에 관해 에릭과 공유할 수 있었다. 그녀에게, 하나님을 따르는 것은 실수하지 않는 것과 연관되어 있었다. 그녀는 하나님을 실망시키고 싶지 않았다. 그렇게 되면 분명 하나님은 떠나 버리실 것이기 때문이었다. 그녀는 자기 삶에서 매우 사적인 이 세부 사항을 공유할 수 있는 공동체를 가져 본 적이 없었다.

조안의 회복력은 성장했다. 그 덕분에 에릭은 어머니를 당황하게 해서 더 괴롭게 만들까 봐 걱정하지 않고 의문을 제기할 수 있었다. 그녀가 자신의 괴로움을 더 효과적으로 관리하면서, 에릭은 부모님을 잃어버릴까 봐 걱정하지 않고 그의 믿음을 더 성실히 검토하게 되었다.

이 가족과의 여정은 에릭이 열여덟 살일 때 시작되었다. 이제 스물일곱 살인 그는 예수님과 어느 때보다 더 친밀하며, 대학원을 마치려는 참이다. 그러나 이 여정은 고통 없는 순례가 아니었으며, 모든 이야기가 이 이야기처럼 진행되지도 않는다. 수치심은 결코 경기에서 완전히 배제되지 않기에, 나는 아직도 이따금씩 그들을 만난다. 그러나 수치심에 관해 기꺼이 진실을 말하려는 자발성 덕분에 이 가족은 풍성한 삶을 살 수 있게 되었다. 이제 그들은 내가 그들을 처음 만났을 때와는 다른 이야기를 한다. 이 이야기는 한 가족이 두려움 없이 수치심을 무시하고 하나님의 목소리에 귀를 기울이며 그분의 기쁨이 되기 위해 살아가는 고된 노력을 계속하는 이야기다. 하나님은 우리 모두가 이를 경험하기를 원하신다.

하나님의 가정에서 수치심에 대해 배우다

하나님의 가정은 우리가 참 가정의 본질이 무엇인지 배우는 연단의 장소다. 그곳에서 교육의 **내용**과 **방식**은 이상적인 경우 우리의 영혼에 각인되는 동시에, 우리가 이 세계와 그 안에서의 우리의 역할에 대해 배우는 모든 것뿐만 아니라 우리의 생물학적 가정에서의 삶도 변화시킨다. 우리는 배우자 및 자녀들과의 관계에서 감정적으로 취약한 상태(창 2장의 벌거벗은 상태)로 되돌아가는 것이 어떻게 친밀함이 커지고 회복력이 자랄 강력한 기회를 만들어 내는지 보았다. 우리는 기쁨을 주는 이 취약한 상호 의존의 이야기 안에서 의도적으로 살아가면서, 가식의 짐과 거짓 자아로부터 벗어날 자유를 행사한다.

우리는 교회에도 이 모형을 적용한다. 어떻게 해야 교회에서 수치심의 문제를 직접 다루어 수치심이 교회를 **통해** 치유될 수 있을까? 알고 보면, 교회 **안에서** 우리가 취약성의 맥락에서 알려지는 과정은 복음 전도와 치유의 가장 강력한 수단 중 하나가 된다.

이 일에는 커다란 용기가 필요하다. '모두가 수치스러운 일을 하지 않으려고 표면적으로 애쓰고 있는 곳에서 우리의 수치심을 의도적으로 노출시킨다는 개념은 수치심의 손에 놀아나는 거야. 남을 판단하지 말라는 설교를 하는 동시에 남을 판단한다는 평판(그 평판이 마땅하든 그렇지 않든)을 듣는 공동체에 누가 참여하고 싶어 하지? 이렇게 취약한 상태가 되었다가 내가 그렇게 벗어나고 싶었던 바로 그 수치심을 더 경험하게 되면 어떻게 하지?' 수치심을 파멸시킬 것이라고 기대했던 행동이 오히려 수치심을 다시 활성화하고 강화할 수 있다는 두려움은, 타인 및 하나님에 대한 친밀함(취약성)이 확실히 악의 종말을 초래할 것임을 악이 알고 있는 곳들에서 수치심을 강력하게 활용하려는 악의 의도다.

비록 이 과정의 원천이 공식 지도자들(목사, 장로, 집사 등)에게 구체화되어 있긴 하지만, 그것은 결코 그들에게 한정되지 않으며 실로 신자들의 모임에 속한 모든 이에게 적용된다. 다시 검토하자면, 수치심은 경계를 단단히 닫힌 상태로 유지하고 취약성을 최소로 유지하는 방식으로 자리 잡는다. 그것은 우리에게 약점을 드러내다가 수치를 당하게 될 것을 두려워하면서 약점을 드러내지 말라고 가르친다. 이는 인간다운 풍성한 삶을 위해 필요한 요소와 정반대되는 것이다. 예수님은 자신의 벌거벗은 취약성을 적나라하게 공개하셔서, 악에게 고용된 우리가 그분께 가할 수 있는 모든 것에 자신을 열어 놓으셨다. 그분은 우리에게 자신을 맡기고 자신을 드러내며, 그 과정에서 버림받을 것을 각오한 최초의 존재셨다. 마찬가지로, 고린도전서 12:23에서 바울은 "우리가 몸의 덜 귀히 여기는 그것들을 더욱 귀한 것들로 입혀 주며 우리의 아름답지 못한 지체는 더욱 아름다운 것을 얻느니라"라고 우리를 일깨운다. 여기에서 그는, 우리가 각자의 내면 생활에 대해 부끄러워하는 마음이 드는 것과 마찬가지로 쉽게 부끄러워하는 마음이 드는 특별히 취약한 이들을 신중하게 또 부지런히 찾아내고 보호하며 존중하는 믿음의 공동체를 위한 비전을 제시한다. 요한복음에서 예수님이 베드로에게 하신 것처럼 우리는 이 일을 행한다. 이는 그들이 용서와 치유와 보호의 영광을 부여받을 뿐만 아니라, 교회 안에서 그들 고유의 직업적 소명에 대답할 임무도 부여받도록 하기 위해서다. 브래디에게는 이 모든 것이 필요했다.

성장하는 교회의 목사인 브래디는 똑똑하고 재미있고 섬세한 설교자에게 쏟아지곤 하는 많은 칭찬을 듣고 있었다. 그가 이 모든 것으로 인해 우쭐대지 않으려 애를 쓰는 것에는 문제 될 요소가 없었다. 당연히 매달 더 많은 사람이 그가 돌보는 무리에 들어오면서 할 일이 더 많아졌다. 그와 더불어, 피할 수 없는 비판자인 수치심 수행원이 찾아왔다. 브래디는 모든 사람을 만족시켜야 한다고 느꼈으며, 따라서 도움을 요청하는 일이 어렵게 다가왔다. 많은 목사의 경우에 그러하듯이, 오래지 않아 그는 급격한 탈진 상태에 이르렀다. 브래디는 많은 사람이 이를 깨달을 때 반응하는 것처럼 반응해서 더 열심히 일했다. 정신과 의사를 보러 가는 것은 왠지 삶에서 무언가가 단단히 잘못되었다는 신호처럼 보인다. 브래디가 나를 만나러 왔을 때, 그것은 그가 어려움에 처해 있음을 의미했다. 브래디가 수치심 수행원을 계속 만족시키려고 애쓰는 사람들 중 한 명임이 곧 분명해졌다.

"당신이 반드시 누군가의 돌봄을 받도록 교회에서 신경 써 주는 사람이 있나요?" 그는 대답했다. "글쎄요, 장로회가 있는데, 그분들이 제가 어떻게 지내는지 자주 물어보십니다." 나는 물었다. "그러면 그분들께 무엇이라고 답하나요?" 교회에 "브래디, 당신의 약점을 우리에게 말하지 마시오. 우리는 알고 싶지 않습니다"라고 쓰인 표지판이 걸려 있지는 않았지만, 브래디는 그것을 느낄 수 있었다. 그는 그것을 감지했지만 감지했다는 사실 자체를 의식하지 못했다. 어느 누구도 조용한 곳에서 그에게 상황이 어떻게 진행되고 있는지 묻는 일 없이 그가 탈진의 경로를 따라 이동해 온 것이 어떻게 가능한지 내가 물었을 때 그는 비로소 그 사실을 의식했다. 왜 장로들 중 어느 누구도 "당신은 어디에 있습니까?"라고 묻지 않았으며, 브래디에게서 진짜 대답을 들을 때까지 거듭 묻지 않았던 것일까? 그런 후에 진실이 슬프게 다가왔다. "그들이 있는 그대로의 제 모습을 보고는 제가 더 이상 여기에 맞지 않는다고 말할까 봐 너무나 두렵습니다."

정식 교회 사역에 관여하는 사람이라면 누구든 이런 이야기를 알

것이다. 우리는 경력의 특정 시기에 어떤 식으로든 같은 이야기를 겪었을 공산이 있다. 이것은 수치심이 하고자 하는 이야기다. 그것은 연약함을 숨기는 이야기다. 총명하고 재능과 카리스마가 있는 이들에게는 아낌없이 승인을 선사하지만 그렇지 못한 이들에게는 그렇게 하지 않는 이야기. 우리에게 갈등이 있으나 우리를 기다릴 감정들에 직면하기에는 너무 겁이 나는 이야기. 이 감정들은 수치심에 근원을 두고 있다. 수치심 수행원은 우리가 부족하다고, 또 우리가 이런 대화를 나누기에는 예수님이 부족하시다고 우리에게 말한다. 우리는 그 대화를 하지 못할 것이다. 만약 우리가 예수님이 그 대화에 임재하실 것이라고 상상이라도 한다면 그분이 그 대화를 이끄실 것이라고 생각할지도 모른다. 그러나 우리는 그분이 거기에 계신다는 상상조차 하지 못한다. 그 대신 우리는 요한복음 9장의 맹인처럼 쫓겨날 것을 상상한다. "아, 그런 일은 결코 일어나지 않을 거야." 내 좌뇌는 이렇게 말하면서 나를 두려움에서 구해 내려 애쓴다. 그러나 힘든 대화를 나누기를 삼가는 우리의 태도는, 행동을 지시하는 면에서 우리의 우뇌가 논리적 좌뇌보다 훨씬 더 영향력이 크다는 증거다.

도미니크와 조안의 가족이 그랬던 것처럼, 조직의 지도부가 호기심에 열려 있지 않고, 우리가 알려지지 않으면 우리가 아는 바는 중요하지 않다는 생각에 열려 있지 않으며, 수치심이 숨어 있는 곳을 찾는 일과 우리의 벌거벗고 취약한 자아의 실재를 노출하는 일과 우리가 숨기를 원하는 수치심을 무시하는 일에 열려 있지 않으면 우리는 에덴에서 발생한 상호 작용을 되풀이할 것이며, 결국 하와와 아담이 서로에게 떠맡긴 것을 우리의 목사들, 장로들, 집사들, 직원들에게 떠맡길 것이다. "이에 그들의 눈이 밝아져…." 수치심에 대한 무지와 수치심을 노출하기를 꺼리는 마음 사이에서 우리가 결국 얻게 되는 것은, 성적 학대를 못 본 체하는 지도부, 무언의 계급 질서(특히 남자와 여자 사이의 계급 질서)를 유지하는 상호 작용 방식, 그리고 복음의 선포는 우리가 수치스러운 죄인들이라는 이야기로 시작하여 하나님이 우리를 사랑하신다는 이야기를 덧붙이는 것이지 그와 반대로 흐르지 않는다고 주장하는 교리적 입장이다.

우리는 저변에 흐르는 이러한 주제들에 대해 최초의 남녀가 대처했던 것과 같은 방식으로 대처할 때가 많다. 우리는 지식을 추구한다. 우리는 '알고' 싶어 한다. 그리고 이 경우에 안다는 것은 지식에 관한 것인 만큼이나 권력에 관한 것이다. 권력은 우리로 하여금 허약한 취약성에 대한 우리의 깊은 인식에 대처할 수 있도록 할 뿐만 아니라, 그 약함을 우리의 의식으로부터 제거하기도 한다. 바로 그 안에 우리 교회의 더 큰 숫자, 더 큰 무대, 더 높은 평판에 대한 우리의 욕망이 있다. 그러나 복음을 전달할 책임이 있는 조직이 더 크고 더 복잡할수록 수치심이 숨기가 더 쉽다. 수치심을 탐색하고자 하는 우리의 자발성은 명료한 실행 계획에 적잖이 좌우된다. 그리고 내가 더 많은 사람을 관리해야 할수록 수치심 수행원을 밝은 곳에 두기 위해 요구되는 친밀함을 유지하기가 더 어려울 것이다. 그렇다고 교회와 관련하여 규모가 큰 것은 다 나쁘다는 말은 아니다. 수치심이 숨어 있는 곳에 대한 인식을 유지하는 데 더 큰 에너지가 든다는 뜻일 뿐이다.

브래디에게 그것은 우선 그가 전적으로 신뢰하는 장로 두 명과 솔직한 대화를 나누는 것을 의미했다. 이것은 나머지 장로들과의, 또 직원들과의 더 많은 대화로 이어졌다. 결국 교회 지도부에 관여하는 모든 사람이 정기적으로 이러한 문제들을 다루는 일에 전념하는 작은 모임에 참여해 달라는 요청을 받았다. 모든 사람이 그 모임에 참여하지는 않았으며, 이 일에는 검토되어야 할 그 자체의 부작용이 있었다. 그러나 브래디는 교회에서 그가 책임자의 위치에 있는 동안 아무런 과오도 발생하지 않도록 자기 혼자 확인해야 한다는 압박감을 더 이상 느끼지 않았다.

조안과 도미니크가 가정에서 창조적·건설적 상호 작용을 위한 공간을 창조한 것처럼, 브래디가 사역하는 교회의 지도부는 교구민들을 위해 그런 공간을 창조했다. 그들은 결국 더 큰 친밀성, 더 깊은 관계적 연결, 그리고 수치심을 함께 노출하고 무시할 만큼 신뢰가 두터운 공간을 촉진하는 영성 수련을 작은 그룹들을 대상으로 실시하는 데 전념했다. 그 교회는 수적 성장에 헌신하는 만큼 알려짐에 헌신하게 되었다. 그리고 간혹 예배에 참석하지만 신앙에 대해 회의적인 사람들이나 예수님의 이야기를 알지 못하는 사람들은 이 교회 신도들이 자기들의 수치심을 더 이상 두려워하지 않으며 따라서 새로 오는 사람들이나 다른 사람들이 자기들에게 무엇을 가져올지 더 이상 두려워하지 않는다는 것을 알게 되었다.

브래디와 그의 회중이 참여한 작업은 처음에는 고된 노력을 필요로 했다. 그 작업의 복잡성 때문이 아니라, 만일 그들이 서로에게 솔직해지면 강력한 수치심이 그들을 덮칠지도 모른다는 염려 때문이었다. 실제로 수치심은 그것이 존재하지 않을 것처럼 보이는 환경 안에 가장 효과적으로 숨기 때문이다. 이에 대한 증거를 얻기 위해서는, 교구민을 성적으로 학대하거나 개인적 목적을 위해 자금을 유용한 목사에 대한 최신 기사를 읽어 보기만 하면 된다. 이 사건들은 진공 상태에서 발생하지 않는다. 오랜 기간에 걸쳐 회중 구성원들과 지도부가 그들이 자기 삶의 실상을 취약하게 노출할 경우 기다리고 있을 수치심을 두려워하면서, 미세한 은폐에 함께 참여한 경우에 이런 일이 일어난다.

내가 처음으로 브래디를 만난 후 3년이 지나기 전에 그의 교회는 다른 종류의 이야기를 하게 되었다. 다른 성경에서 유래한 이야기나 다른 예수님에 대해 들려주는 이야기가 아니었다. 오히려 예수님의 용서에서 그들은 회중으로서 그리고 교구민 각자로서 수치심을 개의치 않는 동시에 새로운 이야기를 창조할 가능성을 보았다. 그리고 성경에서 시작되는 이 새로운 이야기는 우리가 복음이 갈 것이라고 예상하지 못한 곳들, 그러니까 놀이터, 상점, 공장, 사무실로 들어가기 시작했다. 그 과정에서 그 이야기는 지속적 창조 사역을 위한 치유와 변화의 근원이 되었다.

취약성의 선언으로서의 배움

세상을 여행하는 동안 우리는 새로운 경험에 참여하며 우리의 이야기 안에서 맡게 될 새로운 역할을 배운다. 태어나는 날부터 시작되는 그 여행의 필수 요소는 배움의 과정이다. 우리는 어머니의 목소리를 구별하여 알게 된다. 우리는 얼굴 앞에서 움직이는 사물이 우리의 손이며 그 손으로 다른 사물을 다룰 수 있음을 배운다. 그러나 시간이 흐르면서 우리는 더 형식을 갖춘 과정을 통해 배우게 된다. 우리는 계속 확장되는 발견의 삶이 좋은 것이라고 합리적으로 추정하지만, 수치심은 재빨리 그리고 효율적으로 그 안에 자신을 깊이 새겨 넣는다. 따라서 배움의 과정에서 수치심이 작용하는 방식을 탐구하는 것은 도움이 된다.

보통 배움을 지식의 습득이라고 생각하지만, 지식이 우리에게 부여하는 권력을 얻기 위해 지식을 습득하기도 한다. 그러나 지식의 습득은 우리가 많은 것을 알지 못함을 인정하는 것과 우리가 배우기 위해서는 타인의 도움을 필요로 함을 인정하는 것에 달려 있다. 사실상 배움은 취약성의 선언이다. 어린아이일 때 우리는 이를 예사로 여긴다. 아니, 사실 그것에 대해 전혀 의식하지 못한다. 그러나 나이가 들면서 우리는 점점 더 괴로워하게 된다. 우리는 미래에 우리가 충분히 알지 못하는 것, 충분히 열심히 일하지 않은 것, 충분히 좋은 점수를 받지 않은 것이 드러날까 봐 겁을 낸다. 우리는 부족할 것이다. 우리의 삶이 멋지게 포장되어 있지 않음을, 우리가 엉망임을, 우리가 다른 사람의 도움이 필요함을 인정하는 것은 우리 문화에서 신성모독에 버금간다. 우리가 무언가를 알지 못하거나 어떤 일에 유능하지 못하거나 실수를 저질렀음을 인정하는 것, 그러니까 취약하게 알려지는 것은 우리의 경력에 도움이 될 최고의 역량이 아니다.

우리는 우리 자신을 드러내면서, 세상에서 가장 똑똑한 사람, 학급, 학교, 혹은 나라가 아니라는 수치심을 느낄 위험을 무릅쓴다. 취약성을 드러내는 것은 쉬운 일이나 잘할 수 있는 일이 아니다. 1장에서 우리는 조던의 학생들 다수가 (문자 그대로) 충분한 성적을 내지 못할까 봐 아주 두려워한다는 사실을 알게 되었다. 배우는 자들로서 우리는 타인의 존재를 필요로 하는 취약한 피조물로서 살아간다—우리의 교육으로 하여금 선함과 아름다움의 새로운 형상들이 다양하게 모인 집합을 조성하도록 하기 위해서.

수치심으로 둘러싸인 세상에서, 호기심을 장려하는 취약성의 문화를 창조하는 것은 쉽지 않은 도전이다. 그러나 호기심은 중요한 출발

점이다. 그것은 가정에서 시작된다. 부모는 아이들이 타고난 호기심을 이끌어 주고, 아이들이 앞으로 나아갈 때 그들을 위해 세상을 해석해 준다. 호기심은 (신체적 안전을 전제로 하는) 관계적으로 안전한 상태에 의해 영향을 받는다. 그리고 관계적 안전은 궁극적으로 알려짐의 경험에 기초한다. 신뢰할 수 있는 사람과 함께 있을 때 생기는 안전함을 감지하면 우리는 새로운 관심 영역으로 나아가게 된다. 우리는 실패하지 않으리라는 믿음에 의해서가 아니라, 실수를 저지르더라도 그것이 곧 파멸은 아니라는 확신에 의해 의욕을 가지게 된다. 우리가 두려워하지 않는 환경에서 실수는 우리의 적이 아니라 친구다.

다시 말해 배움은 특히 내가 알지 못하는 바를 두려움 없이 발견하는 것이기도 하다. 그렇다면 배움을 촉진하는 한 가지 방법은 이른바 창조 대화(creation conversation)를 제공하는 것이다. 이 대화는 사람들이 어느 지점에서 취약하거나 약하다고 느끼는지를, 다시 말해 자녀, 고용인, 회중의 일원이 느낄 수 있는 불가피한 결핍을 논의할 공간을 제공한다.

내가 최근에 방문한 미국 북동부에 있는 학교의 교원들 사이에서 그러한 대화가 이루어졌다. 교사들은 학교가 위치한 경제적으로 빈곤한 지역에 의미 있는 교육을 제공하자는 학교의 철학에 충실했다. 그러나 교사들은 충분한 수의 안정된 가정들의 지원(그리고 그 가정들이 자녀들의 교육을 위해 제공하는 구조적 지원) 없이는 많은 필요를 채울 만큼 충분한 시간이나 에너지를 얻지 못할까 봐 걱정했다.

이에 대해 터놓고 이야기해 달라고 그들에게 청하자, 많은 이가 실패에 대한 두려움을 남몰래 품고 있음이 분명해졌다. 아울러 그들은 자기를 제외한 모든 사람이 '평균 수준 이상으로' 일을 해내고 있다고 믿었다. 그들이 수치심을 은폐한 결과, 그들은 원래의 일을 하는 것에 더해 그 모든 감정을 관리하는 데 (비효율적이지만) 더 큰 노력을 들여야 했다. 이 창조 대화를 통해 몇몇 교사는 교장 및 동료들과 더 투명한 관계를 가질 기회를 얻었다. 그들은 걱정을 덜었을 뿐만 아니라, 이제는 더 연결되고 통합된 공동체가 제공하는 감정적 자원과 아이디어 자원을 활용할 수 있었다.

내가 이것을 '창조 대화'라고 부르는 것은 우리가 수치스러워하는 마음이 드는 것들을 노출함으로 말미암아 창조적 가능성이 생겨날 수 있기 때문이다. 교원들과 직원들이 취약한 모습을 드러내기를 꺼렸다면, 그들의 성취는 이루어질 수 없었을 것이다.

물론 이 시도가 거칠게 이루어져서는 안 된다. 수치심을 그 숨은 곳으로부터 쫓아내고 무시하는 방식에 대해 세심하게 고려해야 한다. 더 나아가, 반드시 다른 사람들의 고통스러운 감정 상태 안으로 들어가기를 겁내지 않는 사람들이 이 대화를 인도해야 한다. 그러나 인생의 다른 일과 마찬가지로, 그러한 감정 상태를 견딜 수 있는 역량도 연습을 통해 키울 수 있다.

칭찬의 말을 지혜롭게 선택하라

스탠퍼드의 캐롤 드웩과 공동 연구자들의 연구는 배움이 가장 잘 이루어지는 방식에 대한 또 다른 접근법을 알려 준다. 간략히 말하자면, 드웩의 논지는 교육에서 그리고 다른 많은 영역에서 좋은 성과를 내는 이들에게만 늘 칭찬이 주어진다는 것이다. 교사(또는 코치, 부모, 최고 경영자) 편에서의 이러한 반응이 장기간에 걸친 진정한 성숙과 창조적 진취성에 역효과를 낼 수도 있다는 주장은 선뜻 이해하기가 어렵다.

드웩이 발견한 것은 장기 학습의 효과를 예측하는 데 중요한 변수는 **결과**보다는 **노력**에 대한 칭찬이라는 것이다.[1] 다시 말해, 학생(혹은 가정의 자녀, 운동선수, 나의 환자, 공장 노동자)이 "당신이 하는 일은 정말 어려운 일이에요. 당신이 이 일을 정말 열심히 해서 기쁩니다" 혹은 "잘했어요. 그 일에 노력을 아주 많이 들였군요"라는 취지의 이야기를 듣는 경우가 그 학생에게 더 이로울 것이다. 대인관계 신경생물학의 관점에서 보면, 이 접근법은 마음을 그것이 정확히 기능하는 대로 다룬다. 배움은 우리가 알지 못하는 것이나 능숙하지 못한 것을 파악하는 일에 관한 것이다. 우리들 대부분에게, 그 과정은 어느 정도의 노력을 수반하며 우리가 완성해야 하는 개념이나 업무가 복잡할수록 더 많은 노력이 요구된다. 우리가 성공한 사실에 대해서만 칭찬을 들을 때, 우리의 마음속에서 기이한 일이 일어나기 시작한다. 우리는 기분이 좋은 것을 성공과 결부 짓는다. 물론 문제는 우리가 늘 성공하지는 못할 것이라는 점이다. 우리는 이를 알고 있으며, 그렇지 않더라도 적어도 상식으로 이를 짐작할 수 있다.

곧바로 해결할 수 없는 문제에 직면할 때, 나의 뇌는 내가 부족한 존재일 위험, 성공하지 못할 위험, 실패한 까닭에 수치를 당할 위험이 있음을 깨닫기 때문에, 나는 더 불안해진다. 그러나 내가 문제를 풀거나 질문에 답하려고 시도할 때마다 선생님이 내 노력을 알아보신다면, 나는 다른 미래를 예상하기 시작한다. 나의 행복감과 선생님과의 유대감이 (내가 얻은 결과보다는) 나의 노력에 대한 선생님의 칭찬과 관련이 있다면, 쉽게 풀 수 없는 문제에 직면해도 나는 내가 노력을 쏟는 한 여전히 칭찬을 받게 되리라고 예상하기 때문에 문제 해결을 쉽게 포기하지 않는다. 그렇다고 해서, 좋은 성과에 대한 칭찬이 불필요하거나 도움이 안 되거나 해로운 것은 아니다. 이러한 성취를 언급하는 것은 적절하고 좋은 일이다. 그러나 한 사람의 노력을 의도적으로 존중하는 행위는, 그 고된 노력에 대한 기억된 의식을 담고 있는 확실히 형성된 신경 회로에 접속한다. 우리 팀이 우승을 차지했을 때 우리는 마음껏 환호할 수 있다. 그러나 승리의 순간은 팀이 그 시즌 동안 쌓아 온 노력이 그전에는 눈에 띄지 않다가 이제야 일시적으로 반짝이는 것일 뿐이다.

이것이 보여 주는 바는 교육 과정에서 수치심을 직접 다루기 위해서는 학생의 노력에 주목해야 한다는 것이다. 이때 무슨 일이 일어나는 것일까?

우선 한 가지는, 우리가 누군가가 하는 일이 힘든 일이라는 것과 우리는 그 노력의 진가를 알아본다는 것을 인정할 때, 우리는 **공감**을 나타낸다는 것이다. 우리는 그 일이 어렵고 그 자료를 완전히 익히기 위해서는 인내가 필요하다는 것을 인정하면서 그 학생과 근본적으로 함께한다. 내가 이 사람의 노고를 이렇게 지지할수록 그 사람은 더욱 공감받는다고 느끼며 알려짐을 경험한다. 그 사람이 하는 일은 분명히 힘든 일이다. 그래서 내가 그 사실을 확인해 준다는 것은, 이 일이 얼마나 힘든지에 대한 그 학생의 느낌을 내가 느끼고 있음을 그 학생이 느낀다는 의미다.

지도자나 부모는 (기대 수준을 낮추거나 일을 더 쉽게 만들지 않고) 실패에 대한 두려움을 줄임으로써 불안을 줄이는 능력을 가지고 있다. 이렇게 하여, 상위권이 아닌 학생들도 주로 그들의 인내와 회복력 때문에 결국 두각을 나타낸다. 그들은 실패를 두려워하지 않기 때문에 불안이 덜하고 할 일을 잘한다. 그들의 뇌에서 통상적으로 자신의 부족함이 노출되는 것을 두려워해야 할 부분은, 공감을 통해 학생들로 하여금 자유롭게 할 일을 하며 실패와 수치심으로부터 주의를 돌리게 하는 교사에게 돌봄을 받는다. 이것을 바라지 않는 사람이 있을까?

우리의 교육은 우리가 정규 교육을 완료한 후에도 오랫동안 계속된다. 우리는 더 회복력이 좋은 부모, 배우자, 행정 보조, 여행 가이드, 응급 구조사가 되기를 갈망한다. 우리와 친밀한 타인이 우리에 대해 합당한 기대를 유지하면서도 우리가 하는 일이 힘든 일임을 인정해 준다면, 우리는 그렇게 될 것이다. 여기서 일이 힘들다 함은 양자 역학에 대한 복잡한 이해가 필요하다는 의미에서 힘든 것이 아니라 끈질긴 노력의 측면에서 힘든 것을 뜻한다. 이러한 점진적 진행은 바울이 로마서 5:1-5에 쓴 내용에서 발견된다. 즉, 환난(이 일은 힘들다), 인내(노력에 대한 칭찬), 연단(회복력의 발달), 그리고 소망(기대되는 좋은 결과).

수치심과 싸우기 위한 주의 깊은 배움

지금까지 우리는 알려짐의 수단으로 우리의 생물학적 가정과 영적 가정에서 친밀한 관계를 맺는 것의 중요성과 그것이 어떻게 우리의 창조력을 높이는지를 탐구했다. 또한 공감이 어떻게 우리의 회복력을, 그리고 힘든 장애물에 직면하여 기꺼이 인내하려는 마음을 강화하는지 보았다. 교육자로서 이 원리들을 구체화하는 동안, 우리는 또한 엘렌 랭거(Ellen Langer)가 "주의 깊은 배움"이라고 부르는 것으로 나아갈 기회를 마련한다.[2] 그녀는 주의 깊은 배움이 뜻하는 바의 특징 몇 가지와, 주의가 결여된 배움이 어떻게 사실상 진정한 창조성을 억누르는지를 설명한다. 수치심의 문제와 관련되는 특별한 개념 한 가지는 질문에 대한 답이 확실성보다는 가능성으로 여겨질 때 진정한 배움이 일어난다는 그녀의 의견이다.

질문에 대해 하나의 정답만 존재하는 배움의 과정에 참여할 때, 호기심은 침묵을 강요받는다. 그렇다. 하와와 아담처럼 우리는 정답을 소유함으로써 가장 신속하게 고통을 감소시키는 동시에 틀렸다는 수치심으로부터 우리를 구해 낸다. 그러나 그렇게 함으로써, 기쁨을 주는 발견을 차단하는 동시에 실수를 저지르는 것에 대한 수치스러운 두려움을 강화하기도 한다. 내가 알아야 할 내용이 장미 전쟁의 시기와 그 전쟁에 참여한 인물들의 이름에 한정될 때, 나는 (지금 여기에서의 실제적 삶과 사실상 관련될 수도 있는) 그 분쟁에서 비롯되는 다른 모든 것에 대해 궁금해하기를 멈춘다.

그렇다고 사실이 일상 생활에 중요하지 않다는 말은 아니다(예를 들면, 어떤 환자에게 페니실린 대신 에리트로마이신을 처방하는 일, 또는 철재 빔 한 개가 지탱할 수 있는 하중). 그러나 배움의 과정은 새로움에 대한 우리의 관심과 개방성이 움직일 수 있는 공간을 창조해야 한다. 우리는 가능성 있는 아이디어보다는 암기된 사실들을 반복하는 일로 배움을 실행하는 경향이 있다. 질문이 사실로만 향할 때, 나는 엄청나게 많은 다른 가능한 질문과 대답에 대해 스스로를 차단하면서, 사실이라는 좁은 대역폭에 주목한다. 따라서 거기에는 대답이 있을 수 없다는 이유로 내가 보지 않는 곳에 존재하는 선함과 아름다움을 보지 못한다. 질문에는 **틀림없이** 단 하나의 정답이 있다. 그리고 여기에서 수치심은 가장 정교한 작업을 수행한다.

우리가 사실을 절대적으로 확신할 수 있다는 확실성의 개념은 근대성이나 계몽주의와 더불어 생겨난 것이 아닌데도, 오늘날 아이작 뉴턴 경(Sir Isaac Newton) 같은 과학자들과 가장 밀접하게 결부된다. 뉴턴의 새로운 발견으로 인해, 우주가 작동하는 방식을 알려 주는 일련의 법칙이 드러났다. 사물은 고정되고 변하지 않는다. 그러나 양자역학이 출현하고 베르너 하이젠베르크(Werner Heisenberg)와 알베르트 아인슈타인(Albert Einstein)이 가설을 제시하면서, 확실성이 아니라 개연성의 개념이 도래했다. 모든 것은 상대적이며 입자와 파형으로 구성되어 있다. 따라서 세계(주방의 식탁까지도)는 가장 기본적인 원소들의 차원에서 움직이고 있다. 우리는 움직임이 일어나는 정도에 대해 말할 수 있으며, 어떤 물체가 어디에 있을지, 우리가 얼마나 빨리 움직이는지, 혹은 다른 사람이 무엇을 생각하는지를 얼마간의 확률을 가지고 예측할 수 있다. 하지만 확실히 알 수는 없다.

이것은 우리를 매우 불안하게 만든다(그리고 정신과 의사를 만나러 가게 할지도 모른다!). 질문에 대한 답을 확실히 알지 못하면 나는 틀릴 수도 있다(이런 이유로 수업 중에 듣게 되는 유명한 질문이 있다. "이거 시험에 나오나요?"). 나는 실수하는 것을 배움의 기쁨과 연관시키지 않는다. 수치심은 우리가 틀렸을 때 겪게 될 굴욕으로부터 우리 자신을 보호하기 위해 우리를 확실성으로 몰아감으로써 이 불안을 기회로 활용한다. 혼자 힘으로 더 많이 알수록(그리고 나의 취약한 무지를 드러내지 않을수록), 내가 그 과정에서 수치를 당할 가능성은 더 낮아질 것이다(혹은 그렇다고 생각한다). 그러나 우리가 개연성과 가능성과 움직임이 새로운 발견을 위한 기회라는 생각에 열려 있다면, 우리는 창세기의 창조

기사에서 솟아나는 생각에 우리 자신을 열게 된다. 이 생각들은 정체되신 하나님이 아니라 활동하시는 하나님에 대해 이야기한다. 하나님은 하나의 정답을 가진 질문만이 아니라 "네가 어디 있느냐?" 같은 정해진 답이 없는 열린 질문을 하신다. 수치심은 이러한 소식을 반기지 않는다. 우리가 수치심의 존재를 의식적으로 확인하고 그것을 무시하기 위해 적절한 행동을 취하고자 한다면 말이다.

그러므로 알려지고 노력이 지지받으며 호기심이 장려되는 상황에서는 수치심이 배움의 환경에 자리 잡고 머물기가 더 어렵다는 것을 우리는 어렴풋이나마 알게 된다. 그러나 우리는 조금도 방심해서는 안 된다. 수치심은 예상보다 빨리 그리고 빈번히 행동하기 때문이다. 이것은 교실에서도 마찬가지다. 이를테면, 읽기를 배우는 상황에서 아이들이 조금이라도 수치를 당하면 그것은 미래의 배움의 기회 전체를 방해할 수 있다.[3] 우리는 수치심이 얼마나 교묘히 작용하는지 알고 있다. 교사가 어떤 학생에게 (특히 학급의 나머지 아이들 앞에서) 창피를 주려고 의도적으로 계획하는 모습을 상상하기는 어려울 것이다. 그러나 이 책 여기저기에 있는 다른 이야기들에서 보았듯이, 공개적으로 굴욕을 겪어야 수치심이 작용하는 것은 아니다. 수치심은 그 작용 과정에서 자기가 인정받지 못해도 개의치 않는다.

우리는 수치심이 어떻게 뿌리를 내릴 수 있는지 보았다. 수치심은 우리의 첫 가정에서 심기고, 믿음의 가정에서 싹이 트며, 그 후에는 교육 환경으로 확대된다. 이 환경은 우리가 직업적 소명에서의 삶을 실천하는 방식을 위한 토대가 된다. 우리는 삶의 토대를 이루는 그 체계에서 수치심을 찾아내어 제거하는 법도 살펴보았다. 그런데 우리는 날마다 일터에 우리의 (생물학적·영적·교육적) 가족을 데려간다. 그러므로 이제 우리는 직업적 소명에 초점을 맞추는 마지막 장으로 향한다. 하나님은 이 직업적 소명을 통해 그분의 선한 창조 세계를 관리하라고 우리를 부르신다. 우리가 깨어 있는 시간의 대부분을 보내는 그곳은 우리가 수치심에 대항하는 데 가장 중요한 장소다. 이곳에서 우리는 선함과 아름다움을 창조하는 대리인으로 부름받는다. 그러나 또한 이곳은 수치심이 가장 강하게 영향력을 행사하려 드는 곳이다.

9장

직업적 창조성을 새롭게 하라

명망 있는 경영대학원에서 교육받은 헨리는 금융 분야에 발을 들여놓았다. 그는 특히 경제적으로 낙후된 지역 사회의 소기업들을 돕기 위해 그가 배운 내용을 활용하고 싶었다. 그는 많은 유가증권을 소유한 부유한 고객들을 상대하는 주요 서비스에 덧붙여 소규모 투자 대상들에게 전념하는 부서를 개시한 회사의 일자리를 수락했다. 이는 그가 찾고 있던 바로 그 일자리였다. 그의 문제는 상사와 관련된 것이었다. 그 상사는 직원들로 하여금 더 좋은 성과를 내도록 돕겠다는 의도로 그들이 어느 부분에서 업무를 개선해야 하는지 꼬박꼬박 지적했다. 헨리는 분기마다 상사의 평가를 받았다. 상사는 매번 헨리가 진전을 보여야 할 영역들을 나열하는 것으로 시작했다. 헨리의 강점이나 고객들을 효과적으로 안내해야 할 지점에 대한 언급 같은 것은 없었다. 상사는 고함을 치거나 비열하게 굴욕감을 주지도 않았다. 그저 자기가 보기에 못마땅한 점을 변함없이 낮은 목소리로 웅얼거릴 뿐이었다.

또한 헨리의 상관은 그 팀의 전반적 측면에 대해 그리고 팀의 각 구성원이 개선해야 할 영역에 대해 수행 평가를 제공하는 이메일을 그가 관리하는 모든 직원에게 주기적으로 보내곤 했다. 이것은 부서 내의 팀 구성원들 사이에 무언의 경계심을 조성했다. 각 사람은 말없이 자기의 성과를 타인에게 견주어 평가하면서, 결국 누군가가 그 부서의 목표에 부응하지 못해 해고될 것이라고 확신했다. 이것은 조직이 번영하도록 돕는 길이 아니었다. 헨리는 이러한 환경에서 3년을 살았다. 차고 넘치던 열정이 고갈되어 결국 한 방울도 남지 않은 상황에서 그의 자신감은 약화되었고, 어려움에 처한 이들을 돕는 현장에 대한 관심은 간신히 살아 있었다. 이것이 사업이 돌아가는 방식이라면 그는 매우 다른 일을 해야만 했다.

헨리의 상사가 판단의 문화를 만들어 내려는 의도를 가지고 하루를 시작한다는 징후는 없었다. 하지만 바로 그 일이 일어났다. 그러나 판단으로 흐르는 우리의 경향은 아주 오래된 것이다. 그리고 헨리의 상관이 그렇게 보였던 것처럼, 우리 자신이 취약하다고 느낄 때 판단은 우리가 수치심에 대한 공포에 대처하는 손쉬운 방법이 된다. 판단은 고립을 획책하는 수치심의 끝없이 계속되는 시도를 강화한다. 내가 누군가를 판단하려면, 그 사람을 분석하기 위해 그와 나 사이에 충분한 거리를 만들어 내야 한다. 판단과 함께 그 거리는 커진다. 그리고 거리가 충분히 멀어지면 고립이 온다. 헨리는 자신이 회사에서 도움을 청할 곳 없이 고립되어 있음을 알게 되었다. 그의 상사는 팀을 한 몸 같은 팀으로, 움직이는 전체로 보는 것이 아니라 각자의 할당량을 채워야 할 개인들의 집합으로 보았다.

〰️

수치심을 무시하기 위해 그것이 숨어 있는 곳을 더 알게 되면 치유와 통합에 이르게 된다. 그렇지만 이것이 삶의 다른 직업적 영역이나 우리가 그곳에서 보여 주기를 갈망하는 창조성과 무슨 관계가 있을까?

이것이 소프트웨어 공학이나 회계 스프레드시트, 혹은 내 예술 작품의 가격 책정과 무슨 관계가 있을까? 분명히 말해 두지만, 건물을 짓는 일에서 공학 기술 원리를 익히는 행위를 대체할 수 있는 것은 없다. 외과 수술을 마무리할 때 제대로 매듭 묶는 법을 배우는 행위를 대체할 만한 것은 없다. 좋은 관계들이 그 자체로 제대로 된 배를 만들지 못한다. 그것은 요점이 아니다. 쟁점은 **앎**은 언제나 **알려짐**을 섬긴다는 것이다. 여기서 '앎'은 사물이 작용하는 방식에 대한 필요한 정보를 나타낸다. 그리고 '알려짐'은 그 모든 정보가 중요해지는 목적으로서의 관계를 나타낸다. 그리고 수치심은 직업적 노력의 기초가 되는 관계를 오염시킴으로써, 모든 직업적 노력의 창조적 가능성을 파괴하기 위해 애쓴다.

여기에서 '직업'(vocation)은 하나님이 내게 주신 선물들, 삶의 다양한 영역에 존재하는 선물들을 관리하기 위해 내가 하는 모든 일—일관되고 반복되는 노력이 필요한—을 나타낸다. 따라서 내 직업에는 남편, 아버지, 형제, 친구가 포함된다. 주택 소유자, 이웃, 정신과 의사, 고용주, 교회의 장로, 가끔 자전거 타는 사람도 여기에 포함한다. 하나님은 이 영역들을 나에게 선물로 주신다. 뿐만 아니라, 내가 그것들을 통해 그분과 함께 선하고 아름다운 세상을 창조하고 그 과정에서 타인들에게 참여를 권유하도록 기쁘게 나를 부르신다. 그분은 우리 모두에게 이렇게 하신다. 우리가 다양한 부르심에 어떻게 반응해야 하는지를 아는 것이 언제나 쉽지는 않지만, 한 가지는 확실하다. 바로 수치심은 우리가 이 부르심을 듣지 못하게 하려고 불협화음을 내기 위해 모든 방법을 동원할 것이라는 점이다.

직업적 표현의 다양한 영역에서 수치심은 반(反)창조 역할을 효과적으로 해낸다. 그에 대한 해결책은 취약하게 알려지는 과정에 있다. 우리는 세계의 기초 이전부터 알려진 것과 같은 방식으로, 선하고 아름다운 세상을 창조하도록 예정되었다. 우리는 예수님의 본을 따라 (이미 왔지만 아직 오지 않은) 그분의 나라의 밝은 그림자가 되는 일들을 행한다. 이 맥락에서의 직업 곧 일은 창조성과 동일시될 수 있다. 이는 자녀 양육, 조각, 공학 기술, 영농, 건축, 신학, 배관 설비, 가르침, 우정, 작곡, 공연 등 인생의 모든 직업적 표현에 적용된다. 그리고 기쁨이 있는 창조의 행위(한밤중에 기저귀를 가는 일까지) 하나하나와 더불어 우리는 복음을 선포한다. 이것은 우리가 예수님의 이름을 말할 때 더 직접 이루어질 수 있지만, 최고의 소설과 영화가 모두 그렇듯이 에둘러 말할 때 훨씬 더 강력히 표현되는 경우가 많다. 그것들이 최고의 이야기인 이유는 이야기꾼이 뉘앙스와 암시와 호기심을 창조하는 힘든 작업을 했기 때문이다. 이런 이유로 우리는 하루 중 가장 좋았던 일과 가장 힘들었던 일에 대해 말함으로써 저녁 식탁에서 자녀들에게 이야기를 한다. 직원 회의에서 우리는 회사와 관련된 중요한 결정을 내리기 전에 고용인들의 의견을 구함으로써 그들에게 이야기를 한다. 그리고 우리는 박물관 관람객들을 매우 감동시키는 조각 작품을 통해 그들에게 이야기를 한다. 그러나 각각의 이야기하기 행위에 대해, 수치심은 선함과 아름다움을 창조하려는 시도를 와해시킬 방법을 찾으면서 침투할 기회를 기다리고 있다.

우리가 수치심의 영혼의 습관인 와해에 저항할 때 나타나는 부산물은 우리가 창조성의 향상을 위한 공간을 마련한다는 점이다. 마음은 더 통합될 때 덜 괴로워하기 때문이다. 그렇게 되면 우리는 창조적 시도를 위한 에너지를 더 얻을 수 있다. 이 에너지는 그전까지는 수치심의 대인관계 신경생물학적 신경망을 관리하고 조절하기 위해 사용되던 것이다. 실용적 측면에서 볼 때, (자녀 양육이든 비행기 조종이든) 우리가 맡은 직업적 제도 안에서 수치심을 찾아내는 만큼 우리는 그 영역에서 더 효과적이고 더 창조적인 사람이 될 것이다. 수치심을 찾아내기 전까지는 우리가 모험을 감행하는 두려움을 줄이는 데 집중하기 때문이다. 그 두려움은 우리가 관계에 파국을 초래하는 실수를 할 것이라는 예측에서 기인하며 수치심이 그 두려움을 부채질한다. 물론 이 실수들은 정보 오용의 측면에서 평가될 수 있다. 잘못된 약을 처방하는 것, 잘못된 알고리즘 순서를 입력하는 것, 물자를 충분히 모으지 못하는 것 등. 이러한 오용은 많은 이유로 발생할 수 있다. 그러나 그 실수들의 결과는 궁극적으로 우리의 삶이 무탈할 것인지 여부의 측면에서 평가된다. 그리고 그 여부는 대체로 관계적 역학에 의해 결정된다.

직업 관련 공동체의 모형

바울이 고린도 교회에 보내는 편지가 우리가 이 일을 하는 방법을 찾아볼 유일한 대목은 아니지만, 그 편지는 우리가 수치심의 치유에 관해 배운 바를 매일의 삶에서 적용하는 방법에 대해 유용한 통찰을 제공한다.

    고린도전서 12-13장에서 바울은 한 무리의 사람들이 통합된 방식으로 기능하는 것의 개념을 다룬다. 그는 신경과학자가 아니었지만, 번영하는 공동체 즉 분화된 동시에 연결된 공동체, 통합된 공동체를 그린다. 그가 이러한 말을 적어서 보낸 교회는 당시에 최상의 상태에 있지는 않았다. 다른 이들을 자기네 일원이 아니라고 생각하는 몇몇 사람들이 형성한 파벌들 사이에 내분이 있었다. 그리고 음행을 과시하는 문제, 주의 만찬을 함께 나누는 일에 꽤 퉁명스럽고 무신경하게 접근하는 문제가 있었다. 고린도 교회는 공동의 목적에 맞추어 결성되는 오늘날의 어떤 공동체든 대표할 수 있다.

고린도전서 12:4-11에서 바울은 그리스도의 몸이 어떻게 서로 다른 힘과 능력을 가진 사람들의 모임으로서 나타나는지 묘사한다.

> 은사는 여러 가지나 성령은 같고 직분은 여러 가지나 주는 같으며 또 사역은 여러 가지나 모든 것을 모든 사람 가운데서 이루시는 하나님은 같으니 각 사람에게 성령을 나타내심은 유익하게 하려 하심이라. 어떤 사람에게는 성령으로 말미암아 지혜의 말씀을, 어떤 사람에게는 같은 성령을 따라 지식의 말씀을, 다른 사람에게는 같은 성령으로 믿음을, 어떤 사람에게는 한 성령으로 병 고치는 은사를, 어떤 사람에게는 능력 행함을, 어떤 사람에게는 예언함을, 어떤 사람에게는 영들 분별함을, 다른 사람에게는 각종 방언 말함을, 어떤 사람에게는 방언들 통역함을 주시나니 이 모든 일은 같은 한 성령이 행하사 그의 뜻대로 각 사람에게 나누어 주시는 것이니라.

각 사람이 "서로 다른"(different, NIV; 개역개정에는 "여러 가지"로 되어 있다—역주) 은사들을 한 사명으로 가져온다는 것은 새로운 이야기가 아니다. 그러나 수치심은 '서로 다른'을 '더 나은' 혹은 '더 못한'이라는 의미로 바꾸어 말하는 버릇이 있다. 수치심이 내 마음에 자리 잡은 정도만큼 나는 무의식적으로 타인과 나 자신 둘 중의 하나를 겨냥하는 판단으로써 **차이**에 반응한다.[1] 심지어 내가 서로 다른 사람들은 서로 다른 직무를 가지고 있다는 관념을 의식적으로 자각하며 받아들일 때도, 바로 저 구조로 인해 수치심의 잠재적 병소가 활성화될 수 있다. 특히 공동체에서 일이 잘못되어 갈 때 그럴 수 있다. 헨리에게 일은 매우 잘못되어 가고 있었다.

고린도전서 12장에서 바울은 몸의 각 지체가 공동의 유익이라는 복리에 기여한다는 점을, 또한 전체로서의 몸은 그것이 진정으로 살아 있다는 것의 의미를 표현한다는 점을 분명히 한다.

> 몸은 하나인데 많은 지체가 있고 몸의 지체가 많으나 한몸임과 같이 그리스도도 그러하니라. 우리가 유대인이나 헬라인이나 종이나 자유인이나 다 한 성령으로 세례를 받아 한몸이 되었고 또 다 한 성령을 마시게 하셨느니라. 몸은 한 지체뿐만 아니요 여럿이니. (12-14절)

우리는 혼자 힘으로 성공할 수 없다. 마찬가지로, 대인관계 신경생물학은 마음이 분화된 기능적 부분들—주의, 기억, 감정, 애착—이 유연하게 연결된 통합된 전체로 기능해야 한다고 시사한다. 우리는 회사, 교회, 학교, 가족을 이러한 견지에서 보지 못한다면 그 조직들의 영혼을 제대로 형성할 수 없다. 수치심의 사명은 개개인을 와해시키는 것과 같은 방식으로 모든 제도를 와해시키는 것이며, 고립은 수치심의 중요한 전략적 무기다.

예수님을 따르는 자들로서 우리는, 우리가 어떤 이야기의 일부인지 기억하도록 도울 뿐만 아니라 우리가 공동체에 속할 때 우리의 이야기가 나타난다는 것을 기억하도록 돕는 일을 일상적으로 해야 한다.

'예수님과 나'라는 옵션은 결코 존재하지 않는다. '예수님과 우리'만이 있을 뿐이다. 그러나 바울은 수치심에 대해 꽤 많이 알고 있으며, 이제는 예수님의 몸의 측면에서 그것을 직접 다룬다.

> 만일 발이 이르되 나는 손이 아니니 몸에 붙지 아니하였다 할지라도 이로써 몸에 붙지 아니한 것이 아니요 또 귀가 이르되 나는 눈이 아니니 몸에 붙지 아니하였다 할지라도 이로써 몸에 붙지 아니한 것이 아니니 만일 온몸이 눈이면 듣는 곳은 어디며 온몸이 듣는 곳이면 냄새 맡는 곳은 어디냐? 그러나 이제 하나님이 그 원하시는 대로 지체를 각각 몸에 두셨으니 만일 다 한 지체뿐이면 몸은 어디냐? 이제 지체는 많으나 몸은 하나라. (고전 12:15-20)

그는 수치심이 시작되는 곳, 바로 우리의 자기 정죄에서 시작한다. 발이나 귀가 자신이 '부족하다'고 스스로에게 말하는 것과 동일한 방식으로, 우리도 우리의 부적절함에 대해 상기시켜 주는 수치심 수행원에게 귀를 기울인다. 그렇게 하면서 우리는 마음에 장벽을 세워서, 우리의 자아에서 부족하다고 판단되는 부분들을 더 적절하다고 판단되는 다른 부분들로부터 분리한다. 이것은 수치심이 분할 정복(divide and conquer)을 선호함을 나타낸다. 그리고 그러한 경향이 매일 헨리의 마음속을 흐르고 있었다. 바울은 이제 수치심이 취하는 자연스러운 과정인 타인에 대한 판단으로 주의를 돌린다.

> 눈이 손더러 내가 너를 쓸데가 없다 하거나 또한 머리가 발더러 내가 너를 쓸데가 없다 하지 못하리라. 그뿐 아니라 더 약하게 보이는 몸의 지체

가 도리어 요긴하고 우리가 몸의 덜 귀히 여기는 그것들을 더욱 귀한 것들로 입혀 주며 우리의 아름답지 못한 지체는 더욱 아름다운 것을 얻느니라. 그런즉 우리의 아름다운 지체는 그럴 필요가 없느니라. 오직 하나님이 몸을 고르게 하여 부족한 지체에게 귀중함을 더하사 몸 가운데서 분쟁이 없고 오직 여러 지체가 서로 같이 돌보게 하셨느니라. 만일 한 지체가 고통을 받으면 모든 지체가 함께 고통을 받고 한 지체가 영광을 얻으면 모든 지체가 함께 즐거워하느니라. (고전 12:21-26)

"내가 너를 쓸데가 없다!" 본질적으로 이것은 우리가 아주 가벼운 경멸의 기색이라도 내비칠 때마다 우리의 뇌가 하는 말이다. 그것은 하와와 아담이 서로에게 한 말이다. 그것은 우리가 비판받을 때마다 듣는 말이다. 그렇다고 각각의 사례가 엄청난 손상을 가하는 것은 아니다. 우리 인류는 회복력이 꽤 좋기 때문이다. 그러나 수치심은 우리가 여기에서 **실제적** 손상을 축소하는 것에 만족하고 인생은 원래 이런 것이라는 우리의 가설에 만족한다. 판단은 이러한 방식으로 발화하기를 되풀이해 온 관련 신경망과 상호 연결되면서, 생각뿐만 아니라 감각, 심상, 느낌의 형태로 수월하게 나타난다. 우리는 다른 사람한테 다 들리도록 이 판단의 말을 하지는 않는다. 그렇게 한다면 너무 창피할 것이다. 그렇지만 우리는 이러한 경향을 조절하는 데 상당량의 에너지를 쏟는다. 헨리는 상사가 다른 누군가의 결점을 언급할 때마다 느껴지는 은밀한 쾌락을 인정하기 싫어했다. 그것은 그가 자신의 수치심과 해고에 대한 두려움에 대처하도록 도와주었다.

그러나 바울은 타인을 판단하려는 우리의 경향을 넘어, 특히 그의 시대를 고려할 때 훨씬 더 비범한 진술을 한다. 그는 더 약한 부분이 요긴하며, 덜 귀히 여겨지는 부분이 더 귀한 대우를 받아야 한다고 제안한다(22-23절). '더 약한' 그리고 '덜 귀히 여겨지는' 이 요소들은 그 문화에서 수치심의 짐을 지고 있는 것으로 이해된다. 그것들은 보통 비루하고 폐기하거나 버릴 만한 것으로 간주된다. 그러나 바울은 몸의 생명 유지에 필수적인 강한 부분들이 더 취약한 부분들에 주의를 돌리면서 그 부분들을 찾아내어 그것들이 몸의 전체적 건강에 '불가결하게' 기여할 공간을 창조할 때 몸이 유익을 얻는다는 것을 보여 주면서, 수치심에 대해 형세를 역전시킨다. 앞서 언급한 대인관계 신경생물학적 모형과 마찬가지로 바울의 이 주장도 우리의 직관에 반(反)한다. 여기에서 대인관계 신경생물학적 관점은 성경 내러티브 안에 있는 근본 주제로서 나타난다. 사람의 마음이나 공동체가 번영하려면, 훨씬 더 큰 성장을 위한 공간을 창조하기 위해 수치심이 숨어 있는 곳에 주의를 돌려야만 한다. 예수님이 하늘의 자리로부터 내려와 우리와 함께 하시는 방식을 통해서라도 그렇게 해야 한다(빌 2:5-8). 이것은 교회뿐만 아니라 철물점이나 다국적 기업을 운영하는 상황에도 해당된다. 그것은 헨리의 회사에도 해당되었다. 하지만 그의 상사는 그것을 이해하지 못하는 듯했다.

헨리의 이야기와 더불어 고린도전서 12:15-26은 우리가 이 책을 통해 연구하는 바의 많은 부분을 더 명료하게 이해할 수 있게 해 준다. 바울이 수치심의 길은 이제 소개하려고 하는 사랑의 길에 반대되는 것이라고 (적어도 여기에서는) 넌지시 내비친다는 점에 주목하라. 에덴에서 그랬던 것처럼, 수치심이라는 정서 상태로부터 판단이 생겨나고 판단에는 죄가 따라온다. 이렇게 창세기 3장의 요점이 되풀이됨으로 말미암아, 우리는 (미묘하거나 은밀하게라도) 수치심이 발생했을 때 그것이 악의 기지가 되어 악이 하나님의 선한 창조 세계 안의 마음들과 조직들을 와해시키는 사명에 착수하는 장소가 된다는 것을 다시금 기억하게 된다.

또한 그 구절은 수치심이 항상 구체화된다는 개념을 강조한다. 그것은 우리가 다른 사람들과의 구체화된 상호 작용에서 경험하는 바와 별도로 존재하는 추상적 '실재'가 아니다. 이것도 바울이 말한 그리스도의 몸 비유가 매우 중요한 이유다. 이것은 우리가 수치심과 싸우기 위해 구체화된 방식으로 조치를 취해야 한다는 점을 상기시켜 주기 때문이다.

고린도전서 12장의 결론에서 바울은 독자들을 "가장 좋은 길" 곧 사랑의 길로 인도하기 시작한다. 그는 13장으로 이동하면서, 사랑은 추상적 관념도 아니고, 얻을 수 있는 대상 즉 마치 정해진 할당량이 있는 것처럼 획득하거나 달성할 수 있는 무언가도 아님을 분명히 한다. 그것은 그가 결국 말하게 될 내용 즉 "사랑은 언제까지나 떨어지지 아니[한다]"는 것을 암시하는 길이다(그 길은 통로를 의미하기도 하고 움직임을 의미하기도 한다). 사랑은 떨어지지 않는다. 왜냐하면 사랑은 연결을 위해 시도해 볼 또 하나의 행위, 또 하나의 몸짓을 항상 가지고 있기 때문이다. 그리고 사랑의 움직임에는 결코 끝이 없다. 우리는 결코 '도달하지' 않는다. 오히려 C. S. 루이스가 우리에게 상상하라고 이른 것처럼, "더 위로 그리고 더 안으로" 여행하며, 새 하늘과 새 땅에서조차 그렇게 여행할 것이다.[2] 수치심이 우리를 정체된 무기력 속으로 밀어 넣으려 애쓰는 상황에서 사랑은 우리에게 **움직이라고** 명한다.

바울은 이제 우리가 할 수 있는 많은 고귀한 일을 열거한다. 하지만 그 일들이 사랑으로 이루어지지 않는다면 아무 의미가 없다.

내가 사람의 방언과 천사의 말을 할지라도 사랑이 없으면 소리 나는 구리와 울리는 꽹과리가 되고 내가 예언하는 능력이 있어 모든 비밀과 모든 지식을 알고 또 산을 옮길 만한 모든 믿음이 있을지라도 사랑이 없으면 내가 아무것도 아니요 내가 내게 있는 모든 것으로 구제하고 또 내 몸을 불사르게 내줄지라도 사랑이 없으면 내게 아무 유익이 없느니라. (고전 13:1-3)

이러한 의미에서, 사랑은 명사라기보다는 부사(즉, '사랑으로')로서, 동사의 행동 즉 지혜의 속도에 맞추어 취해지는 행동을 묘사한다. 그러나 수치심은 그 본질상 움직임을 멈추게 하고, 대화를 닫아 버리고, 창조적 발견을 짓밟고, 실수에 대한 두려움으로 너무 빨리 혹은 너무 느리게 행동하고, 교차하는 인생들의 유동성으로 인한 불가피한 불화를 바로잡기를 회피한다. 뿐만 아니라, 이 단락은 모든 직업에 적용된다. 내가 최고의 수학 교사여도 사랑으로 그 일을 하지 않으면, 내가 최고의 앱을 개발하더라도 사랑으로 그 일을 하지 않으면, 내가 교회에서 최고의 아동 프로그램을 감독하더라도 사랑으로 그 일을 하지 않으면, 내가 상원에서 중요한 법안을 통과시키더라도 사랑으로 그 일을 하지 않으면, 내가 회사의 주주들을 위해 최대한 많은 돈을 벌더라도 사랑으로 그 일을 하지 않으면 나는 아무것도 아니다. 나는 아무것도 얻지 못한다. 바울은 이제 사랑이 무엇인지를, 아니, 움직임과 행동의 측면에서 사랑을 묘사하며 사랑이 무엇을 하는지 보여 준다.

사랑은 오래 참고 사랑은 온유하며 시기하지 아니하며 사랑은 자랑하지 아니하며 교만하지 아니하며 무례히 행하지 아니하며 자기의 유익을 구하지 아니하며 성내지 아니하며 악한 것을 생각하지 아니하며 불의를 기뻐하지 아니하며 진리와 함께 기뻐하고 모든 것을 참으며 모든 것을 믿으며 모든 것을 바라며 모든 것을 견디느니라. (고전 13:4-7)

자녀 양육, 목회, 농업, 농구 경기, 목공, 경찰 업무, 구조 공학 등 우리가 하는 모든 일은 사랑과 수치심에 대한 반응으로 이루어진다. 그리고 사랑과 수치심은 우리의 기억, 감정, 감각 및 행동에 대한 권한을 얻기 위해 씨름하며 우리의 주의를 얻기 위해 경쟁한다. 이 둘은 우주의 지배적인 정서적 세력들로서 선과 악 사이의 투쟁을 대변한다. 우리 각 사람의 내면에서는 성령의 임재와 수치심 수행원으로 대표되는 이 두 가지 정서 상태가 우리를 그리고 우리가 만드는 문화를 둘러싸고 교전 중이다. 성령은 우리가 하나님 아버지가 사랑하시며 기뻐하시는 딸과 아들이라고 말씀하시는 그분의 목소리를 되풀이한다. 수치심 수행원은 전체로서의 우리는 말할 것도 없고 우리 마음의 모든 기능이 부족하며 버림받았음을 크고 작은 방식으로 우리에게 상기시킨다. 이 전쟁은 구체화된 삶의 모든 영역에서 발생한다.

마지막으로, 바울은 예수님의 이야기가 완성의 이야기임을 상기시킨다. 하나님은 우리를 미성숙에서 성숙으로, 와해에서 통합으로, 수치심이 숨는 곳에서 수치심이 밝히 드러나 무시될 수 있는 곳으로 옮겨 가게 하려고 하신다. 이제 우리는 **우리가 알려지는 순간에조차 아**는 것으로 주의를 돌리게 될 것이다.

사랑은 언제까지나 떨어지지 아니하되 예언도 폐하고 방언도 그치고 지식도 폐하리라. 우리는 부분적으로 알고 부분적으로 예언하니 온전한 것이 올 때에는 부분적으로 하던 것이 폐하리라. 내가 어렸을 때에는 말하는 것이 어린아이와 같고 깨닫는 것이 어린아이와 같고 생각하는 것이 어린아이와 같다가 장성한 사람이 되어서는 어린아이의 일을 버렸노라. 우리가 지금은 거울로 보는 것같이 희미하나 그때에는 얼굴과 얼굴을 대하여 볼 것이요 지금은 내가 부분적으로 아나 그때에는 주께서 나를 아신 것같이 내가 온전히 알리라. 그런즉 믿음, 소망, 사랑, 이 세 가지는 항상 있을 것인데 그중의 제일은 사랑이라. (고전 13:8-13)

다시 말해, 우리는 우리에 대한 하나님의 인식을 경험하는 것과 동일한 방식으로 하나님, 타인들, 우리 자신에 대해 인식하게(알게) 될 것이다. 그분의 눈길이나 목소리에 수치심의 기색은 없다. 우리는 그분께로, 그리고 그분이 어떻게 우리를 돌보고 계시는지로 주의를 돌리게 된다. 그 과정은 불가항력적이어서, 아주 오랫동안 우리의 어떤 부분들을 계속 어둠 속에 숨어 있게 한 수치심에 대한 우리의 인식은 완전히 사라진다. 그 결말을 지향하며, 우리는 우리 삶의 총체, 즉 믿음, 소망, 사랑에 주의를 기울여야 한다. 믿음으로 사는 것은 성령의 임재를 신뢰하고 그 임재에 깊이 동조하는 것이다. 그 임재 안에서 우리는 살고 움직이며 우리의 존재를 가진다. 믿음으로 살면서, 우리는 그분이 우리가 있는 곳에 계시는 것을 **참으로 기뻐하신다고** 적극적으로 상상한다. 또 우리는 우리가 그분을, 또 서로를 의지하며 살아간다는 것을 염두에 두고 우리가 하는 모든 일을 하나님과 **함께** 행한다고 적극적으로 상상한다.

신뢰가 긍정되고 보답받는 많은 경험에 영향을 받아 우리의 예측하는 신경망이 형성되는 가운데 소망이 생겨난다. 바울은 예수님을 따르는 로마 사람들에게 다음과 같이 쓴다.

> 그러므로 우리가 믿음으로 의롭다 하심을 받았으니 우리 주 예수 그리스도로 말미암아 하나님과 화평을 누리자. 또한 그로 말미암아 우리가 믿음으로 서 있는 이 은혜에 들어감을 얻었으며 하나님의 영광을 바라고 즐거워하느니라. 다만 이뿐 아니라 우리가 환난 중에도 즐거워하나니 이는 환난은 인내를, 인내는 연단을, 연단은 소망을 이루는 줄 앎이로다. 소망이 우리를 부끄럽게 하지 아니함은 우리에게 주신 성령으로 말미암아 하나님의 사랑이 우리 마음에 부은 바 됨이니. (롬 5:1-5)

환난으로부터 인내, 연단, 소망에 이르는 진행에 주목하라. 이러한 종류의 소망은 우리를 부끄럽게 하지 않는다. 성경이 들려주는 이야기에서 소망은 마법이 아니다. 그것은 우리의 감정의 문 앞에 난데없이 나타나지 않는다. 소망이 나타나려면 노력이 필요하다. 우리는 수치심을 거듭해서 바라보고 거듭해서 무시하는 작업을 해야만 한다. 이 작업은 때로 고통스럽게 힘든 인내의 작업이다. 그렇게 하면서 인격의 회복력, 즉 유연성과 적응력과 일관성과 에너지와 안정성을 지닌 통합이 우리의 변화의 부산물로 나타난다. 그리고 이로 인해 우리는 다른 미래를 기억할 수 있게 된다. 톰 라이트(N. T. Wright)가 제안하는 대로, 이 미래는 다가오는 것을 가리키는 동시에 예수님 안에서 우리의 현재 안으로 전진하여 들어와서 모든 것을 새롭게 하는 희망찬 미래, 하나님의 미래다. 그리고 이 소망은 즉 기쁘게 알려지는 것에 관한 이 심상은 수치심의 여지를 전혀 남기지 않는다.[3]

수치심이 없으면, 사랑—항상 있을 것들 중 제일인 것—은 우리를 해방하여 온유하게, 참을성 있게, 그리고 사랑의 다른 모든 특성을 지니고 행동하도록 할 뿐만 아니라 하나님이 처음부터 의도하신 대로 창조하도록 한다. 나는 사랑과 수치심이 우리의 영혼을 놓고 교전하는 두 개의 근본적 정서 상태라는 점을 앞에서 언급했다. 물론 이 말은 사실을 지나치게 단순화한다. 수치심이 우리에게 폐를 끼치는 유일한 정서이거나, 사랑이 건설적·통합적 행동을 낳는 거의 모든 감정을 품고 있는 것은 아니기 때문이다. 여기에서 요점은 여러 면에서 삶은 그리 복잡하지 않다는 것이다. 어떤 순간에든 삶은 대체로 우리를 두 방향 중 한쪽으로 움직이게 하는 우리의 미시적 결정들로 요약된다. 한 방향은 하나님과 그리고 타인들과 연결된 더 통합되고 회복력 있는 삶이고, 다른 방향은 더 와해되고 분리되며 무질서하고 경직된 삶이다. 매일 매 순간 우리는 수치심과 사랑 사이에서 선택한다.

그런데 우리가 속한 문화가 하는 평범한 이야기, 즉 하나님은 존재하시지 않고 결국 모든 것이 정지하게 될 것이라는 이야기 안에 살고 있다면, 우리가 선택해야 하는 수치심과 사랑은 그저 실존의 소산에 불과할 것이다. 그러나 실상은 그와 반대다. 우리는 이것을 잊지 말아야 한다. 우리가 하나님이 짜고 계시는 거대한 태피스트리(tapestry: 여러 색실로 그림을 짜 넣은 직물—역주)의 일부라고 믿는다면, 우리는 의도적으로 취약하게 살기로 선택하고 안전한 치유 공동체의 환경에서 우리의 수치심을 노출하는 순간마다 하나님 나라를 건설하는 일에서 그분의 도우심으로 돌 하나를 더 놓게 된다(이 하나님의 나라는 지금 존재하는 동시에 아직 존재하지 않는다). 그 과정에서 우리가 하는 이야기는 소망과 신뢰와 기쁨의 위대한 이야기다(위대한 드라마를 절정에 이르게 하는 데 고된 노력이 필요하긴 하지만).

직업적 소명 의식을 새롭게 하라

우리는 벌거벗었으나 부끄러워하지 않는 방식으로 의도적으로 하나님의 이야기를 하면서, 뇌로부터 그리고 (무수히 많은 직업 영역에 적용될 수 있는) 통합의 개념으로부터 많은 것을 배울 수 있다. 마음의 다양한 기능에 동조하고 그렇게 함으로써 통합의 상태에 이르기 위해 전전두엽이 필요한 것과 마찬가지로, 모든 조직도 그 조직의 기능적 부분들의 분화와 결합에 헌신하는 지도자가 필요하다. 주의 기제와 상호 관련된 신경세포들은 전전두엽에 있다. 이 신경세포들은 다양한 기능적 신경망을 서로에게 연결시킨다(예를 들면, 기억, 감정, 계속 진행 중인 우리의 내러티브, 계속 변화하는 우리의 상태, 우리가 상호 작용하는 타인의 마음에 대한 우리의 인식). 이렇게 전전두엽은 마음의 지도자처럼 기능한다. 뇌의 이 부분에서는 (가능한 범위에서) 우리가 감지하고 심상을 떠올리고 느끼고 생각하는 바―특히 불쾌한 감정처럼 바람직하지 못한 특징―가 의식적 자각에 이르게 된다. 이는 그러한 것들을 이해하고 마음의 다른 부분들과 연결하기 위해서다. 이렇게 하여, 각각의 감정, 감각, 느낌, 신체적 행동은 **적절한 역할과 의미를 부여받아** 마음의 전반적 건강에 기여한다. 그렇다면, 마음의 활동에서 지도력이란 전전두엽의 기능으로 간주될 수 있다. 바로 **의도를 가지고** 마음의 각 요소가 더 큰 전체의 (분화된 동시에 연결된) 일부로서 수행하도록 창조된 일을 하게 하는 기능이다. 그리고 이것은 우리의 상상을 넘어서는 창조성을 가능하게 한다.

이제 이것은 지도력이 인간의 조직에서, 우리가 자리 잡은 직업적 영역에서 하는 일을 위한 모형을 제공한다. 지도력은 **의도를 가지고**

서, 지도자와 가까운 관계에 있으며 그가 책임지는 이들로 하여금 활약하게 하는 것, 다시 말해 그들로 하여금 하나님이 예정하신 선한 일을 기쁘게 하도록 하는 것으로 이해될 수 있다. 데이브 슈레이더(Dave Schrader)에 따르면, 지도력은 위계적 조직에 한정되지 않으며, 위계적 조직에서 저절로 생겨나지도 않는다. 그러므로 모든 사람은 잠재적 지도자다.[4] 지도력에 대한 이러한 접근법을 취하는 조직은 의지와 인내를 필요로 할 것이며, 선함과 아름다움의 창조라는 결실을 맺을 것이다.

수치심은 이러한 종류의 지도력이 무엇을 할 수 있는지 알고 있기에, 그것을 사정없이 공격할 것이다. 우리가 우리 자신이 누구인지 그 진실을 드러냄으로써 기꺼이 취약성이라는 우리의 창조된 상태와 더 일치되게 살아가려 할 때 지도력이 향상된다. 수치심은 이 점을 잘 알고 있다. 그리고 우리에 관한 진실은 우리가 답을 가지지 못한 영역이나 도움을 필요로 하는 영역을 포함할 것이다. 이는 우리가 상대적으로 더 높은 위치에 있을 때 특히 그렇다. 개빈은 바로 이런 상황에 처해 있었다.

"그런 일은 좀처럼 일어나지 않을 겁니다." 나는 개빈과 그의 사업에 대해 상담을 해 왔다. 우리는 회사에 대한, 특히 지난 분기에 업무량에 대해 불만을 표시한 부서 관리자들에 대한 그의 염려를 살펴보았다. 개빈은 양심적이고 부지런히 일했다. 그는 고용인들에게 마음을 썼으며, 그들이 프로젝트를 수행할 때 필요한 지원을 제공하기 위해 늘 애썼다.

그러나 지난 6개월 동안 무언가가 달라졌다. 회사가 처음으로 큰 정부 계약을 따내면서, 위험 부담이 더 커졌다. 더 많은 돈이 필요했고 성과에 대한 압력이 더 커졌다. 실패의 위험이 증가했고 더 나아가 (개빈이 예상하기로는) 회사 전체가 공개적으로 굴욕을 겪을 일이 일어날 위험이 증가했다. 분명 그는 과중한 부담을 느꼈다. 그 사실을 인정하려면 그에게 큰 용기가 필요하리라는 점도 분명했다. 그는 스스로를 자발적인 사람이라고 인식했으며, 자신에게 닥치는 문제뿐만 아니라 때로 타인에게 속한 문제에 대해서조차 자신이 해결책을 찾아야 할 것 같은 책임을 느꼈다. 막을 수 없는 실력자인 그가 등장하면 소문 난 요지부동의 상대도 언제나 움직였다. 그러나 웬일인지 이번 상대는 꼼짝도 하지 않았다.

나는 상담의 일환으로 개빈에게 그의 이야기를 해 달라고 요청했다. 그렇게 열린 질문에 대한 대답의 특성은 그 자체로 무언가를 드러낸다. "저의 이야기를 해 달라니, 무슨 뜻인가요? 제 이야기의 어떤 부분을 알고 싶으시죠?" 지금까지 배운 대로, 우리는 언제나 이야기를 하고 있다. 하지만 신체 치수나 회사를 구할 획기적 계획을 넘어서, 진정으로 우리에 대해 많은 것을 알고자 하는 사람들에게 이야기를 하는 연습은 그다지 많이 하지 않는다. 처음에 개빈은 내가 듣고 싶어 하리라고 생각되는 내용을 서투르게 대충 짜맞추었다. 당연히 그의 이야기에는 아주 많은 성공이 포함되었다. 그는 그것들에 대해 겸손했다. 그는 아이가 둘인 유부남이었다. 예수님을 따르는 독실한 신자로서, 동료 신자들로 이루어진 지역 공동체에 참여하고 있었다. 건강은 비교적 좋은 편이었다. 그가 알기로, 우리를 서로 만나게 한 문제 외에는 곧 닥쳐올 큰 문제가 거의 없었다. 아울러 그는 약점을 쉽게 드러내지 않는 것이 분명했다.

나는 그가 성장하면서 도움을 요청할 때 어떤 경험을 했는지 물어

보았다. "음, 사람들은 도움을 요청할 수 있지요. 저는 언제나 사람들을 도왔고, 부모님은 저를 도와주셨어요." 개빈은 다섯 남매 중 맏이로, 자신의 맏이 역할을 진지하게 받아들였다. 그는 동생들을 아주 소중히 여겼으며, 이것은 그가 열여섯 살일 때 아버지가 느닷없이 돌아가신 후로 특별한 의미를 띠게 되었다. 그의 경험상 도움을 요청하는 것과 누군가를 돕는 것은 별개라는 점을 곧바로 명확히 깨닫지는 못했다. 아버지의 죽음의 여파로 개빈은 자신의 책임이 고조된 것을 느꼈다. 몇 달 동안 지속된 어머니의 슬픔을 고려하면 특히 그랬다.

"약함에 대해 어떻게 생각하세요?" 나는 물었다. 똑똑하고 통찰력 있는 개빈은 합리적 대답을 내놓았다. "모든 사람에게는 약한 부분이 있습니다. 노력해서 그 부분을 강화할 수 있도록, 그 약한 부분이 어디인지 아는 게 좋지요." 나는 그가 회사에서 약함에 어떻게 접근하는지 물었다. "사람들을 지원하기 위해, 그들이 일을 더 잘하는 데 필요한 발전과 훈련 기회를 제공하기 위해 할 수 있는 모든 것을 합니다." 나는 다시 물었다. "그러면 당신은요? 당신의 약한 부분을 돕는 일은 누가 하나요?" 그는 아주 잠시 생각했다. "음, 물론 접니다. 저 말고 누구일이겠어요? 제 회사잖아요."

개빈의 이야기는 평범한 주제를 가진 평범한 이야기다. 이른 나이에 아버지를 여의긴 했지만 인생의 여러 차원에서 성공을 거두었음에도 불구하고, 그는 아가리를 벌리고 있는 심연 위를 맴돌고 있었다. 그가 사업뿐만 아니라 인생에 접근하는 방식을 바꾸지 않으면 그 심연은 곧 그를 집어삼킬 것이었다. 그와 내가 더 많은 이야기를 나눌수록 그것이 분명해졌다.

치유를 위한 노출

앞서 살펴보았듯이 수치심의 가장 심각한 부산물 중 하나는 (수치심의 치유를 위해 역설적으로 요구되는) 노출에 대한 두려움이다. 우리의 실상이 드러나면 거부당하리라는 비참한 공포에도 불구하고 우리 자신을 드러내는 데는 크나큰 용기가 필요하다. 우리를 해칠 수도 있는 타인에게 우리의 실제 자아, 즉 우리의 약점, 결함, 실수, 깨어짐을 (우리의 욕망, 필요, 희망과 함께) 노출시키는 데는 비난과 판단과 무시를 당할 위험이 수반된다.

나는 개빈에게 부서 관리자들과 대화를 해서 그가 과중한 부담을 느끼고 있으므로 그들이 더 효과적으로 일하고 아이디어도 내 주기를 바란다고 이야기하면 어떻겠느냐고 물었다. 그는 실제로 **곤궁한** 처지에 있었다. 그는 이 단어가 타인들이 보기에 자기가 한심할 것이라는 심상을 떠올리게 해서 반감이 들었다. 이 제안에 대해, 그는 "그런 일은 좀처럼 일어나지 않을 겁니다"라고 답했다. 그는 그들이 그가 모든 답을 가지고 있지 않음을 알게 되면 더 이상 그를 지도자로 존중하지 않으리라고 확신했다. 그의 건강과 관리자들의 건강을 위해 그리고 회사를 위해 가장 크게 도움이 되는 일 중 하나가 그가 '감당하기에 버겁다'고 느낀다는 점을 인정하는 것이라는 생각은 그에게 낯설게 다가왔다. 우리는 그의 현재 상황에서 그의 내면에 어떤 감정이 생기는지 살펴보았다. 그는 심사숙고하면서 다음의 단어들을 나열했다. 두려움, 혼자인, 어리석은, 무능한. 그 느낌들이 나타내는 것 안으로 더 깊이 들어가기 전에 잠시 멈추고, 나는 그가 고용인들에게 진실을 이야기하면 어떤 느낌이 들 것 같은지 물었다. "어리석게 들릴 수 있다는 걸 알지만, 너무 수치스러운 느낌이 들 거예요."

다시 한번, 수치심은 개빈이 그의 이야기를 모두 털어놓고 그 과정에서 회사에 대해 자유를 발견할 가능성을 막는 암류였다. 그리하여 우리는 수치심의 본질에 대해, 그리고 그가 자신의 이야기 전부를 관리자들과 공유함으로써 수치심에 직접 맞서면 어떨지에 대해 이야기했다. 개빈은 그 제안이 제시하는 논리를 이해하기는 했지만 그러한 방책에 대해 회의적이었다. 우리가 더 오래 이야기할수록, 그는 사업에서뿐만 아니라 삶의 다른 영역에서도 (자신이 자신감 있고 안정되고 유능하다고 생각하고 싶어 함에도 불구하고) 자신이 취약하다고 느끼고 있음을 알게 되었다. 그리고 그가 일에서 감지하는 취약성은 삶의 다른 영역들 속으로 서서히 퍼져 나가고 있었다.

이는 수치심이 일하는 방식으로, 특성상 바이러스처럼 퍼져 나간다. 그것은 취약성에 대한 깊은 공포를 만들어 낸다. 우리가 후퇴하여 숨어서 우리의 침투 불가능한 폐쇄성을 보여 주기 위해 노력하는 반응을 보일 때, 수치심은 다른 부분들로 퍼진다. 종기를 째지 않으면 생기는 일과 마찬가지로, 감염은 가장 무방비한 경로를 통해 다른 조직으로 확산된다. 개빈은 회사의 문제를 해결할 방법을 찾는 데 많은 시간을 쓰는 탓에 집에서 아내와 아이들에게 더 짜증을 내고, 친구들과 포커를 치는 시간이 줄었으며, 그가 유지하던 운동과 영성 훈련의 리듬이 어긋났음을 인정했다. 그는 취약성에 관심이 없었다. 그는 해결책에 관심이 있었다. 그는 자신에게서 취약하다는 느낌을 덜어 줄 (안전이 보장된) 묘책을 원했다.

개빈은 근본적으로 그가 부족하다고, 그의 한계를 드러내는 데 필요한 바를 가지고 있지 않다고 자신에게 말하고 있었다. 개빈의 수치심 수행원은 항시 일하며 조금도 물러서지 않았다. 우리가 만난 이후 몇 주가 지나 그의 아이디어와 인내심이 바닥나자(특히 그 자신에 대해 그러했다) 개빈은 상급 관리자들을 그의 곤궁함과 당혹감의 세계로 초청하는 대담한 조치를 취했다. 그는 그 결과에 충격을 받았다.

관리자들은 한 사람의 예외도 없이 안도와 활기로 반응했으며 아무런 비난도 하지 않았다. 그들은 회사의 곤경에 대한 해결책을 찾아내는 과정에 훨씬 더 빨리 참여하기를 원했었다. 그들은 그가 모든 답을 가지고 있지 않아서 실망했다고(그는 이런 반응이 나올까 봐 몹시 두려워했다) 이야기하지 않았다. 오히려 그들은 그가 기꺼이 자신의 결점을 인정하는 위험을 무릅쓰는 모습에 깊은 인상을 받았다고 이야기했다. 몇 주가 걸렸지만, 관리자들과 다른 동료 몇 명(개빈은 그들을 신뢰했고 자신의 문제를 드러내 보였다)의 협력으로 회사는 자립하여 다시 한번 이익을 낼 수 있게 되었다. 진전을 이루면서, 개빈은 자신의 사업 영혼 안에 수치심이 숨어 있는 곳을 찾아 그것을 무시함으로써, 그리고 자신이 더 이상 혼자라고 느끼지 않는 공동체에 참여함으로써 고객이 만족하는 제품을 효과적으로 만들어 내고 회사 안에서 사기를 높이며 그 모든 것의 무게에 부담감을 덜 느끼는 새로운 방법을 발견하였다. 이로 인해 그와 다른 모든 이의 불안이 감소했고, 그들은 다시 한번 회사를 번창하게 해 줄 창조적 수단을 검토할 수 있게 되었다.

개빈의 이야기는 하나님이 우리의 일 안에서 일하고 계심을 상기시켜 준다. 예수님은 직업을 통해 구원과 치유를 일으키신다. 그리고 수치심은 그 노력을 허물어뜨리려는 강한 의도를 품고 있다. 우리가 수치심을 경멸하기 위해 그것의 존재를 탐지하고, 즐겁고 공정하며 자비로운 지도자 역할을 통해 우리의 마음과 직업의 그 부분들을 밝히 드러내어 돌봄과 훈련과 격려를 받게 한다면 우리는 그곳에서 펼쳐지는 일에 깜짝 놀랄 것이다. 예를 들어, 우리가 인도하는 이들은, 수치심을 드러내어 치유와 창조성을 위한 공간을 마련하는 문화에서 풍성한 삶을 살아갈 것이다.

우리가 어떤 직업으로 부름받는지는 중요하지 않다. 우리에게 수치심과 끝내지 못한 용무가 남아 있다면 수치심은 우리를 찾아낼 것이다. 그리고 그 과정에서 수치심은 모습을 감춘 채로 남아 있으려 할 것이다. 수치심은 우리의 실수에서, 회복되지 않은 관계에서, 그리고 (공동체의 대인관계적 규율을 통해서가 아니라) 고립된 상태에서 우리의 감정 상태를 통제하려는 우리의 충동에서 우리를 찾아낼 것이다. 우리의 수치심 수행원은 개빈의 수행원이 그랬던 것처럼, 그리고 아주 오래전에 악이 아담과 하와에게 그랬던 것처럼 우리가 우리 자신이 부족하다고 생각하고 느끼고 감지하고 그 심상을 떠올리기를 원한다. 그것은 우리를 부추겨 하나의 이야기를 하고 싶게 만들 것이다. 그 이야기에서 우리는 버려질 위기에 처해 있으며 그 일이 일어나지 않도록 혼자 힘으로 할 수 있는 모든 것을 해야만 한다. 그것은 우리의 감각, 심상, 느낌, 생각, 행동을 서로에게서 분리해 정복함으로써 우리를 와해된 상태로 방치하려고 할 것이다. 그것은 우선 우리가 수치심을 느끼는 것에 대해 수치스럽게 느끼도록 내버려둠으로써 스스로를 강화할 것이다. 그것은 우리가 타인에게 우리의 가장 소중한 느낌을 맡긴다면 감정적 죽음을 맞게 되리라고 우리를 설득하려 할 것이다.

이것이 수치심의 업무다. 그것의 사명은 특히 우리의 직업적 소명을 통해 선하고 아름다운 세상을 창조하려는 모든 의도를 좌절시키는 것이다. 이 책을 읽은 후에, 수치심이 우리가 주의를 기울여야 할 유일한 대상이며 우리가 그렇게 한다면 삶이 풍성해지리라고 생각하고 싶어질 수도 있다. 분명 수치심은 깨어진 관계를 나타내는 유일한 증거가 아니다. 그러나 수치심이 우리가 어둠의 왕국에 대해 경험하는 많은 것의 근본 원인이 아니라는 증거는 거의 없다.

복음은 매우 다른 이야기를 한다. 즉, 우리는 하나님이 매우 기뻐하시는 아들들과 딸들이다. 그분은 기쁘게 우리가 있는 곳에 계신다. 그리고 분화된 동시에 연결된 부분들로 이루어진 통합된 전체—이는 놀라운 창조성을 발휘할 수 있다—를 구성하는 한 백성으로서 우리를 한데 모으는 것은 사랑의 업무다. 그 누구도 뒤처지거나 배제되지 않는다. 그러나 우리는 우리가 서로 다른 할 일을 가지고 있으며 어떤 일은 다른 일보다 더 눈에 띈다는 사실을 알고 있다.

현실의 삶에서 통합된 백성으로 살아가는 것은 어떤 모습일까? 우리 마음을 새롭게 하는 것(롬 12:1-2)은 나의 가정에서 일어나는 일을 어떻게 바꿀까? 문자 그대로 내 뇌의 연결 방식을 새롭게 하는 것, 즉 나의 신경망과 신체적 행동의 구체화된 개조는 어떻게 교회의 증언을 지역 사회에서 강화하고 더 영속적으로 만드는 것일까? 교육 환경에서 수치심을 명시적으로 다루면 어떤 결과가 나타날까? 실로 가르침과 배움은 가정에서 시작되고, 신앙의 가정에서 드러나며, 교육 기관에서 형식을 갖추고, 바라건대 결코 끝나지 않는다. 가르침과 배움이 사실상 삶 전체를 차지한다는 점을 고려하면, 우리가 수치심이 이 기관들에서 특별히 파괴적인 역할을 한다는 사실을 무시하는 것은 무책임한 행동이다.

우리의 영혼은 어떤 이야기를 하게 될까?

우리는 이제 다시 원점으로 돌아왔다. 우리는 수치심의 본질을 탐구하였고, 그것이 단순히 인간 실존의 소산이 아니라 의도적으로 사용된 인간 경험의 한 요소임을 보았다. 악은 우리의 마음, 관계, 공동체를 조용히 그리고 교묘하게 와해시키기 위해 수치심을 사용한다. 또한 우리는 수치심을 치유하기 위해서는 그것이 속기 쉬운 상태에 있는 우리를 찾아내기를 기다릴 것이 아니라 우리가 (예수님의 본을 따라) 기꺼이 그것을 찾아내려는 마음이 필요함을 보았다. 마지막으로, 우리는 우리의 이야기하기 훈련이 가정에서 시작되고 하나님의 가정에서 연마되며 그런 후에는 우리가 자리 잡는 모든 직업 영역으로 영입되는 과정을 살펴보았다. 이렇게 하여, 우리는 악이 수치심에 대해 품은 의도가 그저 우리의 대인관계적 삶을 비참하게 만드는 것만은 아님을 알게 된다. 그것은 하나님이 선하고 아름답게 되도록 의도하신 세상의 모든 것을 파괴하고 싶어 한다. 그것은 우리가 단순히 자신에 대해 나쁜 느낌을 받기를 원하는 만큼이나 예술가와 기술자와 교사인 우리의 창조성이 제대로 기능하지 못하게 만들고 싶어 한다.

이 책은 수치심에 관한 것이다. 수치심의 영혼에 관한 책이자 우리의 영혼을 해체하려는 수치심의 시도에 관한 책이다. 그러나 이 책의 주된 관건은 (우리가 예수님이 확실히 가져오시리라고 믿는 새 하늘과 새 땅을 가리키는) 새로운 마음, 새로운 가능성, 새로운 내러티브를 상상하기 위해 새로운 이야기, 소망과 창조성의 이야기, 수치심을 경멸하는 이야기를 하는 것이다. 예수님 안에서 오신 하나님을 통한 수치심의 치유는 우리 자신과 하나님, 가족, 친구, 적 사이의 관계를 재건하는 것일 뿐만 아니라 그보다 훨씬 더 많은 것임을 우리는 보았다. 수치심이 태초부터 하려고 애써 온 이야기 대신에 새로운 이야기를 하는 것은 우리를 해방시키는 일에서 가장 중요한 특징 중 하나다. 그것은 하나님이 처음으로 우리를 만들까 생각하실 때, 처음으로 우리가 그분이 사시는 것처럼 살아가는 모습을 마음속에 그리실 때 꿈꾸셨던 것과 마찬가지로 우리 각자의 직업에서 창조의 새로운 방식을 상상할 용기를 우리에게 불어넣는다.

이 치유와 새로워진 창조적 가능성은 오로지 깊이 연결된 공동체에서만 성취될 수 있다. 우리는 이것을 홀로 해낼 수 없다. 그러한 유형의 공동체를 형성하거나 발견하기란 쉽지 않은 일처럼 보일 수 있다. 내가 내 이야기를 하도록 도와줄 사람들, 우리가 이 책에서 탐구한 일들을 기꺼이 하려는 사람들을 어디에서 찾을 것인가? 이것들은 타당하지만 때로 어려운 질문들이다. 이 책의 지면에 묘사된 가능성이 실현될 것 같지 않을 때 낙담하기 쉽다. 나는 알고 있다. 참으로, 기꺼이 나와 함께 이 힘든 일을 하려는 사람들이 곁에 있음에도 불구하고, 수치심이 내가 바라는 것보다 더 크게 내 마음의 문을 두드리는 소리가 여전히 들리곤 한다.

그러나 예수님이 하시는 이야기에서 수치심은 최종 결론을 내리는 자가 아니다. 예수님은 우리를 그 이야기에 공동 저자로 참여하도록 초대하시며, 그 이야기에서는 우리의 수치심보다 하나님의 기쁨이 훨씬 더 우리의 주의를 끌어당긴다. 게다가 나는, 수치심이 당신이 믿기를 원하는 이야기와는 다른 이야기를 하는 이 삶에 참여하라고 (당신의 두려움에도 불구하고) 당신을 격려하고 싶다. 그럴 만한 가치가 있는 일임을 나 자신이 경험해서 알고 있기 때문이다. 그 작업은 때로 너무 힘들게 느껴지지만 그럴 만한 가치가 있다. 나의 이야기를, 수치심이 하게 했을 방식과는 매우 다르게 다시 하는 일이 주는 해방을 아는 것은 가치 있는 일이다. 나는 이 여정에 혼자이고 싶지 않으므로, 당신이 나와 함께해 주기를 청한다. 하나님이 어떻게 우리가 다같이 우리의 이야기들을 위대한 이야기(the great Story)의 일부로서(그분은 우리가 이 이야기에 참여하기를 간절히 바라신다) 다시 할 수 있게 하실지 나는 즐거운 마음으로 기대한다.

감사의 말

저술 프로젝트에 도움을 주고 기여를 한 이들에게 감사를 표할 때 명확하게 선을 긋기는 불가능하다. 실로 이 책에 생기를 불어넣는 작업을 지원하고 그것에 영향을 미친 많은 이와의 사이에 무한한 상호 작용이 오갔기 때문이다. 그들은 수치심이 분명히 실재한다는 개념뿐만 아니라 예수님 안에서의 하나님의 긍정으로 인해 우리가 우리의 삶에 관한 이야기를 할 때 수치심이 발언권을 가질 필요가 없다는 훨씬 더 큰 개념을 보여 주는 살아 움직이는 증거다.

그러므로 나는 그들의 인생을 내게 터놓고, 그들의 이야기의 중심에서―심지어 상당히 큰 수치심의 자리에서도―그들과 함께 있으면서 (알려짐을 통해 일어나는) 기쁨과 해방을 실감하게 되는 깊은 영광을 나에게 허락해 준 많은 이들로부터 시작하려 한다. 그 목록은 나의 환자들로부터 시작된다. 그들은 결코 이름 없고 얼굴 없는 이들이 아니다. 그들 덕분에 나는, 다른 이야기를 하려는 악의 시도에도 불구하고 목소리를 가다듬고서 선하고 아름다운 이야기를 하시는 하나님을 믿을 수 있다. 뿐만 아니라, 지난 몇 년 동안 나는 아주 많은 곳에 초대되어 강연하면서, 새로운 관계라는 불가해한 선물을 받곤 했다. 그들은 나를 그들의 공동체로 초대하고, 그들이 수치심을 경멸하고 직업적 창조성의 새로운 방안에 주목하는 힘든 작업을 하는 동안 나도 그들의 여정의 일부가 될 수 있도록 허락하며, 이 책을 집필하는 나에게 깊은 위로와 격려를 보냄으로써 나에게 영광을 베풀어 주었다. 내가 여기서 언급하는 공동체들은 그중 일부다. 노스캐롤라이나주 히코리의 고린도 개혁교회(Corinth Reformed Church), 콜로라도주 혼크릭에서 열린 '친구 목사 안식일 피정'(Friends Pastors' Sabbath Retreat)의 모임, 버크 컨소시엄(Burke Consortium)의 좋은 사람들, 바나바 국제 사역(Barnabas International), 미 해군성의 최고 정보 관리국(the Office of the CIO, US Department of the Navy), 켄트 아난(Kent Annan)과 아이티 동역자들(Haiti Partners), 리버티 대학교의 '상담 및 가족 연구 센터'(Center for Counseling and Family Studies)의 데이비드 젠킨스(David Jenkins)와 그의 동료들, 트리니티 포럼 아카데미(Trinity Forum Academy), 빌 헤일리(Bill Haley)와 코르헤이븐(Corhaven), 마이클과 에이미 먼로(Michael and Amy Monroe)그리고 태피스트리(Tapestry), 마이클 걸커(Michel Gulker)와 골로새 포럼(Colossian Forum), 스티브와 그웬 스미스(Steve and Gwen Smith)그리고 포터스 인(Potter's Inn). 이 외에도 다수의 공동체가 여기에 포함된다. 만약 내가 당신을 언급하지 않았다면, 그것은 단지 모든 사람을 열거할 수 없기 때문이다. 그렇지만 내가 당신과 함께했다면, 지금 이 책을 들고 있는 당신이야말로 이 책이 빛을 보게 된 중요한 이유 중 하나라는 사실을 알아주기 바란다.

그럼에도 불구하고 특별히 언급해야 할 공동체가 있다. 지난 3년 동안 나는 세상에서 그들 자신의 선하고 아름다운 지대를 창조하는 재능 있는 친구들로 이루어진 시즌즈 위크엔드(Seasons Weekend)라는 팀을 돕는 특권을 누렸다. 이 책을 쓰는 시기에, 내가 새로 얻은 친밀한 가족인 이 팀은 가장 효과적으로 나를 붙들고 나에게 영향을 끼치며 나를 변화시켰다. 그래서 니콜 존슨(Nicole Johnson)에게, 일단의 동료 순례자들을 한데 모으는 일에 대한 그녀의 비전에 감사를 전한다. 그 순례자들의 호흡이야말로 이 책의 본문을 낳는 데 아주 결정적인 도움을 주었다.

뉴질랜드에 강연 차 머무는 동안, 그곳에서 우리가 보낸 시간을 정리하는 대화를 하다가, 새 친구인 스콧 밀른(Scott Milne)이 나를 보면서 말했다. "모두들 책 한 권은 있어요. 당신은 그 일을 해냈죠. 당신은 다음 책을 써야 해요. 수치심에 대한 책은 완성되어야만 합니다." 강하고 확신에 찬 격려로 표현된 행군 명령에 나는 잘 응답한 것 같다. 그것이 그날 내가 뉴질랜드 북섬에서 받은 것이다. 나는 스코티와 제니에 대해, 그리고 우리가 뉴질랜드에 머무는 동안 그들이 불어넣어 준 다정함과 기쁨과 희망에 대해 대단히 고맙게 여기고 있다.

다시 한번, 나의 대리인 레슬리 넌 리드(Leslie Nunn Reed)가 이 일을 해냈다. 내가 계속 바뀌는 출판 세계에서 길을 찾고 있을 때, 그녀는 줄곧 침착하게 나를 인도하며 내 곁에 있어 주었다. 내가 쓰는 책 말미에는 늘 그녀에게 감사를 전하는 말이 들어갈 것이다. 그녀의 도움 없이 책을 쓰는 일은 상상하기 어렵다.

이 프로젝트를 가능하게 한 미국 IVP의 모든 이에게 대단히 감사한다. 데이비드 짐머만(David Zimmerman)은 미국 IVP에 있는 동안 처음으로 이 프로젝트를 구상하고 소개한 장본인이다. 제프 크로스비

(Jeff Crosby)가 이 프로젝트에 대해 보여 준 순전한 열의와 기쁨과 (그의 표현을 빌리면) 황소 같은 우직함(bullishness)은 그가 생각하는 것보다 더 많은 자신감을 내게 주었다. 남들이 찾는 사람이 되는 일에 견줄 만한 것은 결단코 존재하지 않는다. [음, 사람들이 제시 제임스(Jesse James: 19세기 미국 서부의 전설적인 무법자. 갱단 두목으로 많은 범죄를 저질렀다—역주)를 찾았던 것과 같은 경우를 말하는 것이 아니다. 물론 당신은 내가 의미하는 바를 알겠지만.] 특히 편집자가 바뀌는 시기에 필요한 지원을 제공해 준 알 수(Al Hsu)에게 감사를 드린다.

그리고 헬렌 리(Helen Lee)가 있다. 글쓰기에 대한 나의 신경증을 참아 주는 동시에, 솔직함과 다정함과 유머로 편집 과정을 효과적으로 이끌 수 있는 매우 유능한 편집자가 있다는 것은 얼마나 순전한 기쁨인가. 이 책에서 읽은 글이 얼마만큼 좋았든 그것은 상당 부분 헬렌의 작업 덕분이다. 미래에 그녀와 함께 일할 기회가 다시 오기를 고대한다.

마지막으로, 나의 가장 가까운 가족, 친구들, 동료들의 목소리가 늘 내 곁에 있다. 여러 상황에서 그들은 자신이 이 책의 출판에 대해 기대하는 바를 이야기하면서 내가 글을 쓰는 데 많은 영감을 주었을 뿐만 아니라 큰 격려가 되어 주었다. 내가 이 저작이 세상에 나오도록 하기 위해 가장 많은 에너지가 필요할 때 그 필요를 채워 준 아주 많은 이에게 감사를 전한다. 나의 삶이 지금의 모습을 갖춘 것은 오로지 당신이 그 안에 있기 때문이다.

토론의 길잡이

1장 수치심에 관한 우리의 문제들

1. 수치심의 특징(감정적 특성, 판단/정죄의 어조, 숨기, 자기 강화, 고립/단절) 중에서 어느 것이 익숙하게 느껴집니까?
2. 당신이 그 특징을 접한 경험의 사례를 이야기해 보십시오.
3. 2번 질문에 답하고자 생각했을 때 당신에게서 나타난 즉각적 반응은 무엇입니까?
4. 수치심의 치유를 위해 필요한 반직관적 행동들에 대해 어떤 인상을 받았습니까?

2장 수치심은 어떻게 마음을 겨냥하는가

1. 마음의 기본적 정의에 대한 당신의 반응을 묘사해 보시오. 그 정의에서 어떤 부분이 새롭게 다가옵니까? 어떤 부분이 도움이 됩니까?
2. 마음의 아홉 가지 영역 중 어느 영역에 대해 호기심을 느낍니까? 어느 영역에 대해 불편함을 느낍니까?
3. 당신은 자신의 마음과 삶의 어떤 부분에서 이 장이 설명하는 더 큰 **통합**을 알기를 간절히 바랍니까?

4. 당신은 당신이 주의를 기울이는 대상에 얼마나 잘 주의를 기울입니까? 이것은 당신에게 어떠한 도전을 제기합니까?
5. 당신이 겪은 수치심의 경험을 반영하는 암묵 기억 혹은 외현 기억은 무엇입니까?
6. 이 책을 읽으면서, 당신의 삶에서 감정이 행하는 역할에 대해 무엇을 알게 되었습니까?
7. 당신은 가장 친밀한 벗들과의 관계에서 어떤 형태의 애착을 경험합니까? '당신의' 이야기가 타인들과 공유될 때 가장 잘 이해된다는 점은 당신에게 어떤 인상을 줍니까?

3장 기쁨, 수치심, 그리고 뇌
1. 당신의 일상에서 기쁨을 경험하는 때는 언제입니까? 하루 중 기쁨이 존재하지만 당신이 의식하지 못하는 짧은 순간을 기록해 둔다면 어떻겠습니까?
2. 당신과 만날 때마다 한결같이 기쁨을 나타냄으로써 당신의 삶에 기쁨을 퍼뜨리는 사람들은 누구입니까?
3. 수치심 경험이 기쁨과 호기심의 감각을 와해시켰던 때를 묘사해 보십시오. 그 경험이 초래한 신체적·감정적·인지적 결과를 기억나는 대로 이야기해 보십시오.
4. 이 장에서 접한 수치심의 특징 중 어떤 것이 익숙하게 여겨집니까?
5. 2장에 나오는 마음의 통합의 영역들의 개념을 고려할 때, 당신이 수치심과 맞닥뜨리는 순간 가장 쉽게 '와해될' 영역은 어느 것입니까? 당신의 경험에서 이에 대한 증거를 찾아보십시오.

4장 당신이 살고 있는 수치심의 이야기

1. 당신이 언제나 자신의 이야기를 하고 있음을 알고서 어떤 인상을 받았습니까?
2. 이 책은 우리가 말 이상의 것들로 이야기를 한다는 점을 보여 줍니다. 당신은 이야기하기의 요소(감각, 심상, 느낌, 생각, 말, 행동) 중 어느 것에 주의를 기울이고 그에 따라 반응합니까?
3. 당신이 자신의 이야기를 하다가 특정 부분(언제나 그렇듯이, 감각, 심상, 느낌, 또는 생각 중에서)을 언급하는 것을 깨닫고 놀란 적이 있습니까?
4. 당신은 어떤 형태의 이야기(큰, 중간 범주의, 작은)에 가장 많이 주의를 기울인다고 생각합니까?
5. 당신이 태어나기 전과 태어난 이후 이른 시기에 당신에 대해 오간 이야기 중에서 어떤 부분이 당신이 지금 자신의 인생에 대해 생각하는 방식에 중대한 영향을 끼친 것 같습니까?
6. 당신은 어떤 이야기 안에 살고 있다고 생각합니까? 당신의 마음속을 스쳐 지나가는 것의 흔적은 당신이 **정말로** 살고 있다고 생각하는 큰, 중간 범주의, 작은 이야기에 대해 무엇을 알려 줍니까?
7. 당신이 자신의 이야기를 잘할 수 있도록 늘 경청해 주는 사람들이 있습니까? 당신에게 이러한 관계가 없다면, 현재 당신의 삶 속에 있는 사람 중 누구와 그러한 유형의 관계를 형성하고 싶습니까?
8. 당신은 누군가가 그 사람의 이야기를 잘할 수 있도록 경청하고 있습니까? 그 사람은 누구입니까?
9. 당신의 수치심 수행원을 묘사해 보십시오. 그 수행원은 당신에게 무슨 말을 합니까? 당신을 어떻게 바라봅니까? 수행원의 어조는? 판단의 빈도는?

10. 당신의 수치심 수행원은 어떤 식으로 당신의 기쁨과 창조성의 경험을 '꺾어' 버립니까?

5장 수치심과 성경 내러티브

1. "남자와 여자가 벌거벗었으나 부끄러워하지 아니하[였음]"을 숙고할 때 어떤 느낌이 듭니까?
2. 뱀이 여자와 나누는 대화에서 점점 명확해지는 특징을 상상해 보십시오. 그 만남이 진행되는 동안 그녀는 무엇을 느꼈을지 이야기해 보십시오.
3. 수치심이 아담과 하와가 선악과를 먹기 전에 에덴동산의 이야기에 들어왔다는 개념에서 당신은 어떤 인상을 받았습니까?
4. 창세기 3장에 나오는 수치심의 전파는 어떤 면에서 당신 자신의 삶에 익숙한 것으로 느껴집니까?
5. 당신은 숨기 위해 어떤 방책을 사용합니까? 당신은 누구를 피해 숨습니까? 당신의 최고의 날에 당신은 누구 앞에서 완전히 솔직해질 수 있기를 바랍니까?
6. 하나님이 아담에게 하신 대로, 당신의 행방에 대해 묻고 당신을 부르며 다가오는 사람들이 있습니까? 그들은 누구입니까?

6장 수치심의 치료법 – 취약성

1. 당신 자신을 의도적으로 취약하게 한 경험이 있습니까?
2. 당신이 취약함을 피하기 위해 사용하는 행동 방식은 무엇입니까?
3. 하나님이 우리를 찾고자, 우리에게 알려지고자, 우리와 함께 머물고자 오셨음을 숙고할 때 어떤 심상이 떠오르고 어떤 감정을 느낍니까?
4. 수치심은 어떤 방식으로 당신의 삶 안으로 "조용히 그리고 교묘하게" 들어옵니까?

5. 당신의 삶에서 다른 사람에게 취약하게 노출하기가 두려운 부분은 무엇입니까?
6. 당신의 삶에서 수치심을 느끼는 부분들을 취약하게 드러내서 보여 줄 두세 사람을 선택해 보십시오. 그들은 누구입니까?
7. 그 사람들과 취약하게 공유할 당신 삶의 이야기/사건 세 가지를 열거해 보십시오.

7장 구름같이 둘러싼 치유하는 증인들

1. 당신에게 "구름같이 둘러싼 허다한 증인들"은 누구입니까? 지금 당신 곁에 있는 사람들과 이미 세상을 떠난 사람들을 모두 포함해서 생각해 보십시오.
2. 효과적으로 수치심을 경멸하기 위해 당신 자신의 구름같이 둘러싼 증인들을 형성하고자 할 때 예견되는 어려움은 무엇입니까?
3. 기쁨에 넘치시고 반갑게 맞이해 주시며 초대하시는 삼위일체 하나님에게서 당신의 주의를 돌려 수치심 쪽으로 끌어당기는 감각, 심상, 느낌, 생각 또는 행동은 무엇입니까? 그중에서 특히 두드러지는 방해 요소가 있는지 살펴보십시오.
4. 수치심에서 당신의 주의를 돌려 예수님께로 향하게 하는 수단으로서 당신은 어떤 상상력의 행위를 연습하고자 합니까?
5. 수치심 목록 만들기를 연습하십시오. 당신이 카드에 표시를 할 때마다, 당신이 무엇을 느끼고 싶고 하고 싶은지 주목하십시오. 수치스러운 사건과 그것에 수반되는 비난에서 주의를 돌려 당신의 삶에 집중할 때, 당신은 무엇을 감지하고 느낍니까?
6. 수치심이 비난을 가하는 순간에 굴하지 않고 오히려 "너는 내 사랑하는 아들/딸이다. 나는 네가 지상에 있어서, 너의 아버지가 되는 특권이 나에

게 있어서 몹시 기쁘다"라고 말하는 마음의 소리와 심상에 계속 주의를 기울이십시오. 이때 무엇에 주목하게 되는지 살펴보십시오.
7. 당신의 삶에서 일어난 사건을 누군가에게 고백하고 그 사람에게 "맞아요, 당신이 잘못했어요"라고 말해 달라고 부탁할 수 있습니까?
8. 당신이 자리 잡은 여러 공동체(가족, 직장, 친구, 신앙 단체, 스포츠 팀 등)을 말해 보십시오. 취약성 즉 감추인 수치심을 드러내는 일과 관련하여, 각 집단의 전반적 태도는 어떻습니까?
9. 치유의 공동체는 교회에 한정되지 않습니다. 당신에게 치유의 장소가 되는 공동체는 어디에 있습니까?

8장 양육 공동체에서 수치심을 저지하라

1. 당신의 삶에서 발달상 초기에 경험한 기쁨의 기억을 이야기해 보십시오.
2. 당신이 원가족 안에서 수치스러운 경험을 한 경우를 이야기해 보십시오.
3. 당신이 자란 원가족은 어떠한 식으로 수치심을 다루는 건강한 방법을 제시했습니까?
4. 당신의 원가족은 느낌에 대해, 특히 취약한 느낌에 대해 이야기하기를 얼마만큼 실행했습니까?
5. 교회 환경에서 당신이 현재 접하는 대상 중에 어느 것에서 기쁨이 강조되는 것을 경험합니까? 당신은 얼마나 자주 기쁨을 성경 이야기의 중요한 요소로 여깁니까?
6. 수치심이 중요한 역할을 한 교회에서 어떤 경험을 겪었습니까?
7. 신앙의 공동체에서 수치심이 '경멸'당하고 치유되는 모습을 본 적이 있습니까? 어떤 구체적 조치를 통해 그 일이 일어났습니까?
8. 당신이 받은 교육 경험을 기억해 볼 때 수치심은 어떤 식으로 나타나기

시작했습니까?

9. 수치심을 거래의 수단으로 이용하지 않는 뛰어난 교육자였던 교사, 코치, 혹은 교수를 만난 적이 있습니까? 그 교육자가 행한 유익한 일을 구체적으로 설명해 보십시오.
10. 결과보다는 노력을 칭찬하는 데 강조점을 두는 것이 더 도움이 된다는 드웩의 개념에서 어떤 인상을 받았습니까?
11. 효과적인 배움은 확실성보다는 가능성에 관한 것이라는 랭거의 개념에 대해 당신은 어떻게 반응했습니까?
12. 당신이 무언가 새로운 것을 배우려 하는데 수치심이 그 시도를 저지하는 경우가 있습니까?

9장 직업적 창조성을 새롭게 하라

1. 당신의 직업적 소명에는 어떤 영역들이 포함됩니까?
2. 당신은 어느 직업 영역에서 더 기꺼이 위험을 감수하기고, 실수를 저지를 가능성을 무릅쓰고, 창조적이 되기를 바랍니까?
3. 당신의 수치심 수행원은 하나님이 창조적 책무에 참여하라고 당신을 부르실 때 어떻게 방해합니까?
4. 당신이 자신의 삶에서 더 훌륭한 지도자가 될 수 있는 환경을 조성해 준 사람은 누구입니까? 그 사람이 당신의 성장을 촉진하기 위해 취한 조치는 무엇이었습니까? 명확하고 구체적으로 이야기해 보십시오.
5. 당신이 하루의 대부분과 한 주의 대부분을 보내는 직장의 전반적 문화는 수치심의 문화를 얼마만큼 반영합니까? 취약성과 창조성으로 초대하는 문화를 얼마만큼 반영합니까? 이러한 특징들을 구체화하는 명시적 행동에는 어떤 것이 있습니까?

6. 이 책, 특히 9장을 읽은 후에, 당신은 어떤 직업적 창조성의 영역에 대해 더 알고 싶어졌습니까? 그러한 호기심을 알아챈 순간 당신에게 나타난 구체화된 반응은 무엇입니까?

7. 당신이 더 알고 싶은 직업 분야를 더 많이 탐구하기 위해 당신이 구체적으로 할 수 있는 일은 무엇입니까? 수치심이 그러한 호기심을 멈추려고 시도한 결과로 당신의 의식에 개입되는 감각, 심상, 느낌, 생각은 무엇입니까?

8. 당신이 하나님과 함께하라는 부르심에 답하면서 말하기 시작한 새로운 창조의 이야기를 지지할 공동체를 세우고자 한다면, 그 공동체의 모습은 어떠하겠습니까?

주

1장 수치심에 관한 우리의 문제들

1) Daniel J. Siegel, *The Developing Mind* (New York: Guilford, 1999), pp. 117-120.

2장 수치심은 어떻게 마음을 겨냥하는가

1) Curt Thompson, *Anatomy of the Soul* (Carol Stream, IL: Tyndale House, 2010), p. 5.
2) *Scientific American*의 2012년 3월 호, 7월 호, 10월 호, 12월 호를 보라.
3) Daniel J. Siegel, *The Mindful Brain* (New York: W. W. Norton, 2007), pp. 4-5.
4) Alex Eccleston et al., "Epigenetics", *Nature Insight* (447, no. 7143, 2007), pp. 396-440.
5) Daniel, J. Siegel, *Mindsight* (New York: Bantam, 2010), pp. 71-75. 『마음을 여는 기술』(21세기북스).
6) Diana Fosha, Daniel J. Siegel, and Marion F. Solomon, *The Healing Power of Emotion* (New York: W. W. Norton, 2009), pp. vii-xiii. 『감정의 치유력』(NUN).
7) Louis Cozolino, *The Neuroscience of Human Relationships* (New York: W. W. Norton, 2006), pp. 86-87. 『뇌 기반 상담 심리학의 이론과 실제』(시그마프레스).
8) Siegel, *The Developing Mind*, pp. 77-88.
9) Timothy Wilson, *Strangers to Ourselves* (Cambridge, MA: Harvard University Press, 2002), p. 6. 『내 안의 낯선 나』(부글북스).

3장 기쁨, 수치심, 그리고 뇌

1) Leo Tolstoy. Peter Sekirin, *Divine and Human* (Grand Rapids: Zondervan, 2000), p. 18에 인용됨.
2) C. S. Lewis, *The Weight of Glory and Other Addresses* (New York: Harper Collins, 1949), pp. 35-38. 『영광의 무게』(홍성사).
3) Allan Schore, *Affect Regulation and the Repair of the Self* (New York: W. W. Norton, 2003), pp. 37-41.
4) E. James Wilder, Edward Khouri, Chris Coursey, and Sheila D. Sutton, *Joy Starts Here* (East Peoria, IL: Shepherd's House, 2013), pp. 6-8. 『기쁨은 여기서 시작된다』(두란노서원).
5) Carol Dweck, *Mindset: The Psychology of Success* (New York: Ballantine, 2006), pp. 70-74. 『마인드셋』(스몰빅라이프).
6) Robert Browning, *Selected Poems*, ed. Daniel Karlin (New York: Penguin Classics, 2000), p. 115.
7) Michael Lewis, *Shame: The Exposed Self* (New York: Simon & Schuster, 1992), pp. 91-94.
8) 같은 책, pp. 94-96.
9) Schore, *Affect Regulation*, pp. 154-163.
10) Daniel J. Siegel and Mary Hartzell, *Parenting from the Inside Out* (New York: Penguin, 2003), p. 215.
11) Silvan Tomkins, *Affect Imagery Consciousness: The Complete Edition* (New York: Springer, 2008), pp. xviii-xix.
12) John Gottman, *The Seven Principles for Making Marriage Work* (New York: Three Rivers Press, 1999), pp. 29-31.
13) Daniel J. Siegel, *The Developing Mind* (New York: Guilford, 1999), p. 279.

5장 수치심과 성경 내러티브

1) Lesslie Newbigin, *The Gospel in a Pluralist Society* (Grand Rapids: Eerdmans, 1989), pp. 8-11. 『다원주의 사회에서의 복음』(IVP).
2) Curt Thompson, *Anatomy of the Soul* (Carol Stream, IL: Tyndale House, 2010), pp. 207-220.
3) C. S. Lewis, *A Grief Observed* (New York: Bantam Books, 1976), p. 9. 『헤아려

본 슬픔』(홍성사).
4) Michael Polanyi, *Personal Knowledge* (Chicago: University of Chicago Press, 1958), pp. 272-275.
5) David Benner, *The Gift of Being Yourself* (Downers Grove, IL: InterVarsity Press, 2004), p. 20.

6장 수치심의 치료법 — 취약성

1) Brené Brown, *Daring Greatly* (New York: Gotham, 2012), pp. 32-56. 『마음 가면』(더퀘스트).
2) 같은 책, pp. 111-171.
3) Daniel J. Siegel, *The Neurobiology of We: How Relationships, the Mind, and the Brain Interact to Shape Who We Are* (Louisville, CO: Sounds True Audio Learning Course, 2008).
4) Curt Thompson, *Anatomy of the Soul* (Carol Stream, IL: Tyndale House, 2010), pp. 16-18.
5) David Benner, *The Gift of Being Yourself* (Downers Grove, IL: InterVarsity Press, 2004), pp. 61-70.

7장 구름같이 둘러싼 치유하는 증인들

1) 나는 이 본문의 대인관계 신경생물학적 특징들을 Curt Thompson, *Anatomy of the Soul* (Carol Stream, IL: Tyndale House, 2010), pp. 226-228에서 탐구한다.

8장 양육 공동체에서 수치심을 저지하라

1) Carol Dweck, *Mindset: The Psychology of Success* (New York: Ballantine, 2006), pp. 70-74.
2) Ellen Langer, *The Power of Mindful Learning* (New York: Perseus, 1997), pp. 133-135. 『마음 챙김 학습 혁명』(더퀘스트).
3) Donald L. Nathanson, David Boulton의 인터뷰, *Children of the Code* (September 8, 2003). www.childrenofthecode.org/interviews/nathanson.htm.

9장 직업적 창조성을 새롭게 하라

1) Donald L. Nathanson, *Shame and Pride: Affect, Sex, and the Birth of Self* (New

York: W. W. Norton, 1992), pp. 326, 360.
2) C. S. Lewis, *The Last Battle* (New York: HarperCollins, 1956), pp. 198-203. 『마지막 전투』(시공주니어).
3) N. T. Wright, *Surprised by Hope* (New York: HarperCollins, 2008), p. 46. 『마침내 드러난 하나님 나라』(IVP).
4) David Schrader, 저자와의 개인적 의사소통, 2012년 봄. Dave는 지도력과 업무 발달 및 성과에 초점을 둔 세계적 규모의 컨설팅 업체인 Full Circle Group의 파트너다.

참고 도서

Benner, David. *The Gift of Being Yourself* (Downers Grove, IL: InterVarsity Press, 2004.).

Brown, Brené. *Daring Greatly* (New York: Gotham, 2012). 『마음 가면』(더퀘스트).

Cozolino, Louis. *The Neuroscience of Human Relationships* (New York: W. W. Norton, 2006). 『뇌 기반 상담 심리학의 이론과 실제』(시그마프레스).

Dweck, Carol. *Mindset: The Psychology of Success* (New York: Ballantine, 2006). 『마인드셋』(스몰빅라이프).

Eccleston, Alex, Natalie DeWitt, Chris Gunter, Barbara Marte and Deepa Nath. "Epigenetics", *Nature Insight* 447, no. 7143 (2007).

Fosha, Diana, Daniel J. Siegel and Marion F. Solomon, *The Healing Power of Emotion* (New York: W. W. Norton, 2009). 『감정의 치유력』(NUN).

Gottman, John. *The Seven Principles for Making Marriage Work* (New York: Three Rivers Press, 1999).

Karlin, Daniel. *Robert Browning: Selected Poems* (New York: Penguin, 1989).

Langer, Ellen. *The Power of Mindful Learning* (New York: Perseus, 1997). 『마음챙김 학습 혁명』(더퀘스트).

Lewis, C. S. *A Grief Observed* (New York: Bantam Books, 1976). 『헤아려 본 슬픔』(홍성사).

_____. *The Last Battle* (New York: HarperCollins, 1956). 『마지막 전투』(시공주니어).

_____. *The Weight of Glory* (New York: HarperCollins, 1949). 『영광의 무게』(홍성사).

Lewis, Michael. *Shame: The Exposed Self* (New York: Simon & Schuster, 1992).

Nathanson, Donald L. *Shame and Pride: Affect, Sex, and the Birth of Self* (New York: W. W. Norton, 1992).

_____. Interview by David Boulton, *Children of the Code* (September 8, 2003), www.childrenofthecode.org/interviews/nathanson.htm.

Newbigin, Lesslie. *The Gospel in a Pluralist Society* (Grand Rapids: Eerdmans, 1989). 『다원주의 사회에서의 복음』(IVP).

Polanyi, Michael. *Personal Knowledge* (Chicago: University of Chicago Press, 1958).

Schore, Allan. *Affect Regulation and the Repair of the Self* (New York: W. W. Norton, 2003).

Serkin, Peter. *Divine and Human* (Grand Rapids: Zondervan, 2000).

Siegel, Daniel J. *The Developing Mind* (New York: Guilford, 1999).

_____. *The Mindful Brain* (New York: W. W. Norton, 2007).

_____. *Mindsight* (New York: Bantam, 2010). 『마음을 여는 기술』(21세기북스).

_____. *The Neurobiology of We: How Relationships, the Mind, and the Brain Interact to Shape Who We Are* (Louisville, CO: Sounds True Audio, 2008).

Siegel, Daniel J., and Mary Hartzell, *Parenting from the Inside Out* (New York: Penguin, 2003).

Thompson, Curt. *Anatomy of the Soul* (Carol Stream, IL: Tyndale House, 2010).

Tomkins, Silvan. *Affect Imagery Consciousness: The Complete Edition* (New York: Springer, 2008).

Wilder, E. James, Edward Khouri, Chris Coursey and Sheila D. Sutton, *Joy Starts Here* (East Peoria, IL: Shepherd's House, 2013). 『기쁨은 여기서 시작된다』(두란노서원).

Wilson, Timothy. *Strangers to Ourselves* (Cambridge, MA: Harvard University Press, 2002). 『내 안의 낯선 나』(부글북스).

Wright, N. T. *Surprised by Hope* (New York: HarperCollins, 2008). 『마침내 드러난 하나님 나라』(IVP).

옮긴이 김소영은 연세대학교 영어영문학과를 졸업하고 장로회신학대학원에서 신학을 공부했다. 현재 시골에 살면서 번역 일을 하고 있다. 옮긴 책으로 『십자가란 무엇인가』 『우상의 시대 교회의 사명』(이상 IVP)이 있다

수치심

초판 발행_ 2019년 9월 19일

지은이_ 커트 톰슨
옮긴이_ 김소영
펴낸이_ 신현기

펴낸곳_ 한국기독학생회출판부
등록번호_ 제313-2001-198호(1978.6.1)
주소_ 04031 서울시 마포구 동교로 156-10
대표 전화_ (02)337-2257 팩스_ (02)337-2258
영업 전화_ (02)338-2282 팩스_ 080-915-1515
홈페이지_ http://www.ivp.co.kr 이메일_ ivp@ivp.co.kr
ISBN 978-89-328-1721-7

ⓒ 한국기독학생회출판부 2019

책값은 뒤표지에 있습니다.
무단 전재와 복제를 금합니다.